Frank Faulbaum · Peter Prüfer · Margrit Rexroth

Was ist eine gute Frage?

Frank Faulbaum
Peter Prüfer · Margrit Rexroth

Was ist eine gute Frage?

Die systematische Evaluation
der Fragenqualität

VS VERLAG FÜR SOZIALWISSENSCHAFTEN

Bibliografische Information der Deutschen Nationalbibliothek
Die Deutsche Nationalbibliothek verzeichnet diese Publikation in der
Deutschen Nationalbibliografie; detaillierte bibliografische Daten sind im Internet über
<http://dnb.d-nb.de> abrufbar.

1. Auflage 2009

Alle Rechte vorbehalten
© VS Verlag für Sozialwissenschaften | GWV Fachverlage GmbH, Wiesbaden 2009

Lektorat: Frank Engelhardt

VS Verlag für Sozialwissenschaften ist Teil der Fachverlagsgruppe
Springer Science+Business Media.
www.vs-verlag.de

Umschlaggestaltung: KünkelLopka Medienentwicklung, Heidelberg
Druck und buchbinderische Verarbeitung: Krips b.v., Meppel
Gedruckt auf säurefreiem und chlorfrei gebleichtem Papier
Printed in the Netherlands

ISBN 978-3-531-15824-2

Inhalt

Vorwort

Die Qualität von Fragen ist eine wichtige Determinante der Qualität einer Umfrage und damit der Datenqualität. Ihre Evaluation und Optimierung ist daher ein zentrales Anliegen der Umfrageforschung (vgl. Alwin 2007; Dillman 2007; Fowler 1997, 2001; 2008; Schuman & Presser 1981; Presser et al. 2004). Was eine gute Frage ausmacht, ist allerdings nicht so einfach zu beantworten. Der Grund liegt nicht zuletzt darin, dass die Fragenqualität nicht nur durch Merkmale der Frage und ihrer Ausführungsmodalitäten, sondern auch durch zahlreiche Merkmale der Befragten, insbesondere ihres Leistungsvermögens und ihrer Kompetenz beeinflusst wird. Die Qualität einer Frage hat also sehr viel damit zu tun, in welchem Ausmaß es gelingt, die Eigenschaften der Befragten, die in den Befragten ablaufenden Prozesse der Informationsverarbeitung und die zu erwartenden Wechselwirkungen mit den Merkmalen der Frage beim Entwurf der Frage zu berücksichtigen. Dies bedeutet für einen Fragendesigner eine besondere Herausforderung insbesondere bei allgemeinen Bevölkerungsumfragen, die sich durch eine besondere soziokulturelle Heterogenität auszeichnen und in denen außerdem mit systematischen Unterschieden in der physischen und psychischen Verfassung der Befragten zu rechnen ist.

Es ist das besondere Anliegen dieses Buches, den Fragenkonstrukteur bei der Bewältigung dieser Herausforderung, nicht zuletzt durch den Anstoß von Reflektionen über mögliche Probleme des Entwurfs, zu unterstützen. Im Mittelpunkt des Buches steht ein Fragenbewertungssystem, mit dem er in die Lage versetzt werden soll, Frage für Frage eines Fragebogens in Hinblick auf mögliche Gefährdungen der Fragenqualität zu überprüfen und damit eine sukzessive Mängelbeseitigung herbeizuführen. Grundlage dieses Fragebewertungssystems ist ein umfangreicher Katalog von Problemen, die nach einem ersten Entwurf einer Frage auftreten können. Die Probleme werden an Hand zahlreicher Beispiele aus Bevölkerungsumfragen erläutert, aber auch an Hand eigener Beispiele erläutert.

Empfehlungen zur Fragenformulierung fehlen in keinem Lehrbuch der empirischen Sozialforschung und sind Gegenstand zahlreicher Überlegungen zur Verbesserung der Datenqualität in Umfragen (vgl. z.B. Fowler 1995; 2001; Porst 2008; Schuman & Presser 1981), wobei diese Empfehlungen auf unterschiedlichen Begründungen beruhen. Herangezogen werden dabei sowohl empirische Befunde, vorzugsweise von Experimenten, und theoretische Ansätze, aber auch Plausibilitätsgesichtspunkte. Auf Grund ihres Allgemeinheitsgrades, der in der Regel nur durch eine Differenzierung nach Administrationsformen oder nach der Dimension sensitiv/nicht sensitiv abgeschwächt ist, vernachlässigen Empfehlungen in der Regel die besonderen Leistungen, die von Befragten

mit unterschiedlichem soziokulturellen Hintergrund und unterschiedlicher physischer Verfassung erbracht werden müssen. Hinzu kommt, dass die bekannten
Regeln sich eher auf Mindestanforderungen beziehen und nicht darauf, wie die
Qualität über die Erfüllung dieser Mindestanforderungen hinaus noch weiter
verbessert werden kann. Das hier vorgestellte Fragebewertungssystem (FBS)
nimmt in seinem Aufbau Anregungen des QAS (Question Appraisal System)
von Willis und Lessler (1999; vgl. auch Lessler & Forsyth 1996) auf. Es basiert
auf der Annahme, dass es beim Entwurf von Fragen in erster Linie darauf ankommt, die zur verzerrungsfreien Beantwortung der Frage notwendige Leistung
zu ermöglichen und die dabei auftretenden Hindernisse in ihren Auswirkungen
zu minimieren. Im Grundsatz handelt es sich also um eine Schwächenanalyse
von Fragen.

Die Bewertung der Fragen erfolgt an Hand eines Bewertungsbogens, der als
Formular von der Homepage des VS Verlags unter „OnlinePlus" herunter gela-
den werden kann. Die Adresse lautet: www.vs-verlag.de.

Das Fragebewertungssystem wird in Teil II des Buches vorgestellt. Ihm ist
in Teil I ein theoretischer Teil vorangestellt, der die wichtigsten Aspekte der
Fragenqualität behandelt und über die Evaluation durch Fragebewertungssysteme hinaus auch die übrigen Verfahren der empirischen Evaluation von Fragen
vorstellt. Teil I soll den theoretischen Hintergrund und die theoretischen Ergän-
zungen für Teil II liefern. Er beginnt mit einer Darstellung der unterschiedlichen
Aspekte des Begriffs der Frage und einer umfassenden Charakterisierung des
Fragebegriffs. In diesem Zusammenhang werden die unterschiedlichen Antwortformate, Skalen und Administrationsformen ausführlich dargestellt. Darauf
aufbauend wird der Versuch unternommen, den Begriff der Fragenqualität zu
präzisieren und die Bedeutung der Fragenqualität für die gesamte Qualität einer
Umfrage zu verdeutlichen. Danach werden die möglichen Ursachen von Qualitätsgefährdungen in Fragen vorgestellt, soweit diese nicht in Merkmalen des
Befragten lokalisiert sind. Da die Forschung in diesem Bereich kontinuierlich
voranschreitet, verbindet sich mit der Vorstellung der Ursachen auch die Aufforderung an den Designer von Fragen, die Forschungsarbeiten auf diesem Ge-
biet weiter zu verfolgen und im Frageentwurf zu berücksichtigen.

Das Buch wird dem Leser/Nutzer den berechtigten Eindruck vermitteln,
dass der Entwurf einer guten Frage eigentlich Aufgabe von erfahrenen Experten
ist und umfangreiches Wissen und praktische Erfahrungen erfordert. Die Autoren des Fragebewertungssystems verfügen über eine mehr als 30jährige Erfahrung in der wissenschaftlichen Fragebogenberatung und der Evaluation von
Fragen. Diese Erfahrungen sind in das System eingeflossen. Sie sind in zahlreichen Pretestberichten dokumentiert, die an dieser Stelle nicht zitiert werden

dürfen, weil die Rechte beim Primärforscher liegen. So ergibt sich für den bewussten Leser eventuell der Eindruck, dass die gewählten Beispiele nur auf Plausibilitätsüberlegungen beruhen und weniger auf Fakten. Auch wenn es für den Leser manchmal den Anschein hat, dass ein im Fragebewertungssystem dargestelltes Problem in seiner Bedeutung überbetont wird, wird doch zumindest eine Diskussion über das Problem angestoßen. Der erste Entwurf von Fragen wird in der Regel durch die inhaltlichen Interessen des Forschers bestimmt, wobei der Entwurf von Fragen vor allem durch den Wunsch bestimmt ist, eine theoretische Vorstellung unmittelbar in eine sprachliche Form zu bringen, die zwar dem Forscher selber zu genügen scheint, aber die Befragten und ihre Leistungsfähigkeiten oft nur unzureichend berücksichtigt. Unter dem Gesichtspunkt der Fragen- und Datenqualität ist es aber dringend erforderlich, die Frage in allen ihren Aspekten auf die Befragten abzustimmen, ein Gesichtspunkt, den insbesondere Dillman (2007) in den Mittelpunkt seiner Empfehlungen zum maßgeschneiderten Design (tailored design) stellt. Eine mit dem Fragebewertungssystem verbundene Absicht besteht darin, das Problembewusstsein des Fragendesigners in Bezug auf diese Thematik. zu schärfen. Mit gleicher Zielsetzung eignet es sich auch für die Lehre im Bereich der Konstruktion von Erhebungsinstrumenten.

Beim Lesen des Buches sollte nicht vergessen werden, dass es die *einzelne Frage* in den Mittelpunkt stellt und *nicht etwa den Fragebogen*. Daher treten spezifische auf den gesamten Fragebogen bezogene Probleme wie z.B. Navigationsprobleme in der Darstellung in den Hintergrund. Das Fragebewertungssystem konzentriert sich nur auf solche Aspekte der Frage, die der Fragenkonstrukteur beim Textentwurf berücksichtigen sollte. Das Layout des Textes wird dabei ebenfalls ausgeklammert, seine Auswirkungen werden aber in Teil I angesprochen.

Wenn im Text des Buches von *dem Befragten* die Rede ist, so ist damit nicht das männliche Geschlecht gemeint. Vielmehr werden damit in generalisierter Form beide Geschlechter angesprochen. So bezeichnet das Wort „Interviewer" sowohl den männlichen Interviewer als auch die weibliche Interviewerin. Eine Diskriminierung des weiblichen Geschlechts ist definitiv nicht beabsichtigt.

Am Schluss sei noch Rolf Porst (GESIS-ZUMA) für den langjährigen Erfahrungsaustausch und Herrn Dr. Oliver Walter, Leibniz-Institut für die Pädagogik der Naturwissenschaften (IPN), Kiel, für die Überlassung einer Abbildung der logistischen Funktion gedankt. Unser Dank gilt ferner Frau Maria Wardenga für die Hilfe bei der Textbearbeitung und der Erstellung von Registern sowie Herrn Prof. Dr. Peter Mohler (GESIS-ZUMA) für die freundliche Gewährung der notwendigen Unterstützung.

Teil I: Die Optimierung der Fragenqualität

1 Was ist eine Frage?

1.1 Verschiedene Aspekte des Fragebegriffs

Eine Präzisierung des Begriffs der Fragenqualität setzt zunächst eine Einigung darüber voraus, was unter einer Frage zu verstehen ist. Erst, wenn die die Qualität bestimmenden Merkmale bzw. Dimensionen einer Frage identifiziert sind, lässt sich über eine Optimierung und mögliche Gefährdungen der Fragenqualität hinreichend präzise sprechen. Sofern in der Literatur die Qualität von Fragen behandelt wird (vgl. z.B. Biemer & Lyberg 2003; Fowler 1995, 2001; Presser et al. 2004; Prüfer & Rexroth 1996, 2000; Sudman & Bradburn 1982), wird der Begriff der Frage normalerweise implizit vorausgesetzt.

Fragen sind nicht nur wichtige Bestandteile der Alltagskommunikation, sondern werden zu zentralen *Instrumenten* des Umfrageforschers, sobald dieser sich entschlossen hat, im Rahmen eines geeigneten Umfragedesigns Daten mit Hilfe von Interviewmethoden zu erheben. Natürlich könnten auch bestimmte alternative nonverbale Aktivitäten des Forschers wie das Setzen einer experimentellen Bedingung, etwa durch Verabreichung eines Medikaments, im allgemeinen Sinn als Frage, nämlich als Frage an die Natur, verstanden werden, deren Antwort mit Hilfe von Beobachtungs- und Messverfahren registriert wird. In den Ausführungen dieses Buches wird der Gebrauch des Begriffs „Frage" auf seine Rolle in der sprachlichen Kommunikation und – noch spezifischer – auf seine Rolle im *standardisierten* Interview eingeschränkt. *Standardisierung* bedeutet, dass für alle Befragten die gleichen Befragungsbedingungen gelten:

- gleiche Einleitungstexte
- gleiche Fragen und gleiche Antwortkategorien
- gleiche Reihenfolge der Fragengleiche Befragungshilfen (z.B. Listen, Kärtchen, etc.) bei Interviewer-administrierten Interviews
- gleiches Layout des Fragebogens (bei selbst-administrierten Befragungen)

- gleiche graphische Elemente, Bilder, Ton- und Videodokumente (bei selbst-administrierten computerunterstützten Interviews)

Wenn im Zusammenhang mit standardisierten Interviews von Fragen die Rede ist, so werden unter diesem Begriff alle sprachlichen Ausdrücke subsumiert, die der Beschaffung von Informationen mit Hilfe der sprachlichen Kommunikation dienen. Dazu gehören nicht nur Fragen im engeren Sinne wie „In welchem Jahr sind Sie geboren?", sondern auch *Aufforderungen* wie „Sagen Sie mir bitte, in welchem Jahr Sie geboren sind" oder *Wünsche* wie „Ich hätte nun gerne von Ihnen gewusst, in welchem Jahr Sie geboren sind". Alle angeführten Ausdrücke dienen dem gleichen Ziel, nämlich der Beschaffung der Information über das Geburtsjahr. In diesem Sinne wird der Begriff der Frage auch in diesem Buch verwendet. Grundsätzlich können sich Fragen auf alle Aspekte vergangener, gegenwärtiger und zukünftiger innerer und äußerer Realität des Befragten beziehen. Sehr oft wird eine Frage ausschließlich mit dem Fragetext identifiziert. Dass eine Frage mehr ist als nur ein Text wird sofort deutlich, wenn man sich die unterschiedlichen Perspektiven verdeutlicht, unter denen der Begriff der Frage thematisiert werden kann. Jede der im Folgenden dargestellten Perspektiven stellt eine andere Eigenschaft der Frage in den Mittelpunkt der Betrachtung.

Betrachtet man den Begriff der Frage zunächst unter dem Aspekt der mit einer Umfrage verfolgten Ziele, so handelt es sich bei einer Frage um ein *Instrument zur Erhebung von Daten*, das gewöhnlich Bestandteil eines umfassenderen Erhebungsinstruments *(Fragebogen)* ist. Darüber hinaus gibt es aber eine ganze Reihe anderer Aspekte, die jeweils unterschiedliche Merkmale thematisieren.

So handelt es sich etwa aus *linguistischer Sicht* bei einer Frage um eine *Sprechhandlung,* die durch eine nach bestimmten grammatikalischen Regeln wohlgeformte sprachliche Äußerung realisiert wird. Im Fall eines persönlich-mündlichen Interviews wird diese Handlung im Rahmen einer nach eindeutig festgelegten Regeln verlaufenden Konversation (siehe unten) vollzogen. Beispiele für Sprechhandlungen sind nicht nur Fragen, sondern auch Aufforderungen, Behauptungen, Erläuterungen, Antworten bzw. Erwiderungen des Befragten, etc. Nach Austin (1962) besteht ein wesentliches Merkmal einer Sprechhandlung darin, dass eine gewisse Kraft auf den Hörer ausgeübt wird. Er spricht in diesem Zusammenhang von einer *illokutionären Kraft*. Mit der Sprechhandlung wird ein *illokutionärer Akt* mit bestimmten konventionellen Wirkungen vollzogen wie etwa die Erzeugung einer Antwort auf eine Frage. Daneben kann es auch nicht-konventionelle Wirkungen geben wie z.B. demütigen, erschrecken, provozieren. Austin spricht in diesem Zusammenhang von *perlokutionä-*

ren Akten. Wirkungen dieser Art stellen in einem Interview in der Regel nicht-intendierte Nebeneffekte dar, die es zu kontrollieren gilt.

Die Auffassung einer Frage als einer zielgerichteten Äußerung themati-siert die *Handlungsperspektive*. Grundsätzlich können in Bezug auf eine Hand-lung folgende Aspekte unterschieden werden (vgl. hierzu auch Rescher 1967):

- der *Akteur* (Antwort auf die Frage: *Wer* tat es?)
- der *Aktionstyp* (Antwort auf die Frage: *Was* wurde getan?)
- die *Aktionsmodalität* (Antwort auf die Frage: *Wie* wurde es getan?)
- der *Aktionskontext* bzw. der *Situationsbezug* (Antwort auf die Frage: *Unter welchen Bedingungen* und in welchem *situativen Kontext* wurde es getan?)
- die *Finalität* bzw. *Zielgerichtetheit* (Antwort auf die Frage: *Zu welchem Zweck* wurde es getan?)
- *die Intentionalität* einer Aktion (Antwort auf die Frage: *In welchem menta-len Zustand* wurde die Handlung ausgeführt?)

Unter der Aktionsmodalität kann auch der *Mittelbezug* bzw. der oben bereits erwähnte *instrumentelle* Aspekt subsumiert werden. *Wie* eine Handlung ausge-führt wird, wird auch durch die Instrumente bestimmt, die bei ihrem Vollzug verwendet werden. Der Aspekt, dass einige Handlungen wie etwa das Stellen einer Frage an Personen ausgeübt werden, wird gelegentlich durch Einführung einer Beziehung zwischen der Handlung und dem, der oder das die Handlung „erleidet" (*Objekt* bzw. der *Adressat* der Handlung) thematisiert und als Kom-ponente in die Beschreibung einer Handlung einbezogen (vgl. die Theorie der linguistischen Rollen von Fillmore 1970). Die Auffassung einer Frage als ziel-gerichteter Handlung ermöglicht es, eine Frage in Abhängigkeit davon, ob das mit ihr verbundene Ziel erreicht wurde oder nicht, als erfolgreich oder nicht erfolgreich einzustufen.(vgl. Abschnitte 1.2 und 2.1 unten).

Unter *behavioristischer* Perspektive stellt die Äußerung einer Frage einen Reiz dar, der zu einer Reaktion des Befragten führt. Diese Reaktionen können verbale Äußerungen, nonverbale emotionale Reaktionen oder andere Reaktions-arten darstellen. Der Behaviorismus hat im Verlauf seiner Entwicklung zwar unterschiedliche Schulen gebildet, doch würde es sich aus behavioristischer Sicht bei der Beantwortung einer Frage in jedem Fall um ein Verhalten handeln, das unter Einsatz von Verstärkungen (reinforcements) gelernt wurde.

Unter *semiotischer (zeichentheoretischer)* Perspektive (vgl. Morris 1946) stellen Äußerungen im Interview auf einem Zeichenträger wie Papier oder eiem Bildschirm realisierte Zeichen oder Zeichenfolgen dar, die einen syntaktischen, einen semantischen und einen pragmatischen Bezug besitzen. Der *syntaktische Bezug* besteht darin, dass Zeichen nach bestimmten grammatikalischen Regeln erzeugt sind und insofern wohlgeformte sprachliche Ausdrücke darstellen. Einen *semantischen Bezug* haben Zeichen insofern, als sie etwas bedeuten, wobei zwischen der *designativen* Bedeutung (dem bezeichneten Gegenstand) und der *detonativen* Bedeutung (Sinn) unterschieden wird (vgl. Frege 1892; Morris 1938). Der *pragmatische Bezug* thematisiert die Beziehung zwischen den Zeichen und ihren Nutzern. Er besteht darin, dass Zeichen in bestimmter Weise verwendet werden, etwa um bestimmte Ziele zu verfolgen bzw. bestimmte Wirkungen zu erzielen. Betrachten wir z.B. Fragen in einem Fragebogen als Zeichen, so stehen diese ebenfalls in einem syntaktischen, semantischen und pragmatischen Bezug. Der syntaktische Aspekt bezieht sich also auf den grammatikalischen Aufbau der Frage, der zweite auf die Bedeutung der Frage und der dritte Aspekt auf die Frageverwendung.

Von einem *kommunikationstheoretischen Gesichtspunkt* aus gesehen handelt es sich bei Fragen um an einen *Nachrichtenträger* gebundene *Nachrichten*, welche *Informationen* von einem *Sender* (Forscher, Interviewer) an einen *Empfänger* bzw. *Adressat* (Befragter) übertragen. Die in diesen Nachrichten übermittelten Informationen sind syntaktischer, semantischer und pragmatischer Natur. Nachrichtenträger können unterschiedliche Sinneskanäle betreffen: den visuellen Informationskanal, etwa über auf Papier verteilte Druckerschwärze in Form von Buchstaben oder die Verteilung von Bildpunkten auf dem Bildschirm, oder den auditiven Sinneskanal über akustische Wellen.

Unter der Perspektive des *experimentellen Forschungsdesigns* stellt eine Frage eine Einflussnahme auf einen Teil der objektiven Realität des Befragten dar mit dem Ziel, das Ergebnis dieser Einflussnahme zu registrieren und entspricht damit der allgemeinen Definition eines Experiments (vgl. z.B. Bredenkamp 1969; Rasch, Guiard & Nürnberg 1992). Die Einflussnahme besteht im Stellen der Frage. Das Ergebnis der Einflussnahme ist im vorliegenden Fall die Reaktion des Befragten. Alle Merkmale, die unkontrolliert das Antwortverhalten beeinflussen, stellen dabei Störvariablen dar. In diesem Sinn würden Merkmale einer Einstellungsfrage, die eine sozial erwünschte Antwort provozieren, Störvariablen darstellen. Eine gute Frage wäre dann eine solche, bei der die Effekte der Störvariablen gar nicht vorhanden oder minimiert sind.

Unter *testpsychologischer* Perspektive wird dem Befragten durch eine Frage zugleich eine *Aufgabe* gestellt, die es zu lösen gilt. Unter dieser Perspektive hängt die Beantwortung einer Frage vom Problemlösungsverhalten des Befragten sowie von seiner Fähigkeit bzw. Kompetenz ab, das Problem überhaupt lösen zu können. In jedem Fall muss vom Befragten eine *Leistung* erbracht werden, um die Frage zu beantworten. Unter dieser Perspektive lassen sich alle theoretischen Ansätze und Konzepte der Testpsychologie wie z.B. der Aufgabenschwierigkeit auf Fragen übertragen.

Die *entscheidungs- und spieltheoretische* Perspektive thematisiert einerseits die Entscheidungssituation des Forschers, für den die Entscheidung für eine Frageform eine *Entscheidung unter Ungewissheit* zwischen verschiedenen alternativen Frageformen darstellt, da er die mentalen, emotionalen und sozialen Bedingungen, unter denen ein Befragter antwortet, nicht kennt. Andererseits thematisiert sie aber auch die Entscheidungssituation des Befragten, der unter Kosten/Nutzen-Gesichtspunkten die Entscheidung treffen muss, ob er antworten soll oder nicht und der im Fall einer positiven Entscheidung zwischen unterschiedlichen Antwortalternativen wählen muss.

Unter *psychometrischer* Perspektive stellt eine Frage ein *Messinstrument* dar, mit dessen Hilfe die Messung einer Eigenschaft des Befragten durchgeführt wird. Die resultierende Messung besteht in der Antwort des Befragten. Diese Messung kann auf verschiedenen Skalenniveaus erfolgen. Als Messung unterliegt die Frage den Gütekriterien, die eine Messung erfüllen sollte.

Unter dem Aspekt der *Interviewer-Befragten-Interaktion* ist eine Frage Teil einer Konversation mit einer klaren Rollenverteilung zwischen Interviewer und Befragungsperson, die bestimmten impliziten und/oder expliziten Regeln bzw. einer bestimmten *Konversationslogik* (vgl. Grice 1975; Schwarz 1996, 1997) folgt. Zentrales Prinzip der Konversation ist das *Kooperationsprinzip (cooperative principle)*. Dieses Prinzip besagt, dass Teilnehmer an einer Konversation von der impliziten Vereinbarung ausgehen, ihre Beiträge so zu gestalten, dass das Ziel der Konversation unterstützt wird. Weitere Unterprinzipien sind die Maxime der Quantität, nach der die Teilnehmer ihre Beiträge so informativ wie notwendig gestalten sollten, die Maxime der Qualität, nach der die Teilnehmer keine Beiträge leisten sollten, die sie für falsch halten, die Maxime der Relation, nach der die Konversationsteilnehmer nur relevante Beiträge zur Konversation liefern sollten und die Maxime der Art und Weise (manner), nach der die kommunikativen Beiträge der Teilnehmer klar verständlich sein sollten.

1.2 Zusammenfassende Charakterisierung einer Frage

Die in Abschnitt 1.1 beschriebenen Perspektiven, unter denen der Begriff der Frage thematisiert werden kann, stellen wichtige Gesichtspunkte dar, die sich folgendermaßen zusammenfassen lassen:

- Eine Frage kann als eine Handlung aufgefasst werden, mit deren Ausführung ein Forscher als Akteur bestimmte Ziele verfolgt. Das primäre Ziel besteht darin, vom Befragten bestimmte Informationen (Auskünfte) zu erhalten.
- Diese Handlung kann in der folgenden Weise näher beschrieben werden: Einem Befragten wird eine an einen Zeichenträger (z.b. Papier, Bildschirm) gebundene sprachliche Äußerung (Fragetext) über einen Informations- bzw. Sinneskanal (z.b. akustisch, visuell) nachrichtlich übermittelt. Realisierungsformen des Fragetextes auf dem Zeichenträger werden in der Regel unter dem Begriff des *Layouts* subsumiert.
- Der Fragetext beinhaltet einen syntaktischen, semantischen und pragmatischen Bezug. Er beschreibt eine Aufgabe, um deren Lösung der Befragte gebeten wird. Die Lösung erfordert die Erbringung einer Leistung, die in der Beschaffung von Informationen besteht. Mit dem Fragetext werden dem Befragten gleichzeitig die Antwortformate mitgeteilt, mit deren Hilfe er die gewünschten Informationen übermitteln soll. Beispiele für Aufgaben sind „Erinnern von Ereignissen", „Schätzungen von Häufigkeiten", „Bewertungen von Aussagen auf einer Antwortdimension".
- Eine Frage beeinflusst bzw. stimuliert den Befragten, d.h. sie ruft bei ihm bestimmte Wirkungen hervor, die nicht ausschließlich auf die Beschaffung von Informationen bezogen sein müssen, sondern auch andere Arten von Reaktionen (z.B. emotionale Reaktionen: Angst, Bedenken, Überraschung) beinhalten können.
- Eine Frage wird – bezogen auf einen bestimmten Befragten – als Handlung des Forschers zu einem bestimmten Zeitpunkt, an einem bestimmten Ort und unter bestimmten situativen Randbedingungen ausgeführt (z.B. zu einer bestimmten Uhrzeit in einem Telefonlabor, das in bestimmter Weise ausgestattet ist).
- Die Frage erreicht den Befragten ebenfalls an einem bestimmten Ort, zu einer bestimmten Zeit und unter bestimmten situativen Randbedingungen, die bekannt oder unbekannt sein können. Um eine Frage zu stellen, kann der Forscher verschiedene Hilfsmittel oder Instrumente einsetzen. Beispiele für Hilfsmittel sind etwa menschliche oder technische Operatoren (Interviewer, Computer), die die Frage administrieren.

- Die Frage wird im Rahmen einer Konversation gestellt, die in der Regel aus mehreren Fragen besteht und die nach bestimmten Regeln erfolgt (vgl. die in Abschnitt 1.1 beschriebene konversationslogische Perspektive). Die Konversation wird durch einen Fragebogen gesteuert. Die Frage ist Teil des Fragebogens und nimmt dort innerhalb der Abfolge der Fragen eine bestimmte Position ein. Mit einer Frage verbunden sind oft orientierende Einführungen, Interviewerinstruktionen und Befragtenhinweise.

Die Komponenten „Administrationsform", „Informations- bzw. Sinneskanal" und „Art der eingesetzten Technologie" werden unter dem Begriff *„Befragungsart bzw. Befragungsmodus"* *(mode)* zusammengefasst. Sie stellen unterschiedliche Modalitäten der Ausführung einer Frage dar und werden gemeinhin für den gesamten Fragebogen und dessen Anwendung im Interview festgelegt. In einigen Fällen empfiehlt es sich allerdings, während des Interviews die Administrationsform zu wechseln. So ist es z.b. durchaus üblich, bei sensitiven Fragen vom Interviewer-administrierten Modus in den selbst-administrierten Befragungsmodus zu wechseln.

1.3 Grundlegende Typen von Fragen und Antwortskalen im Überblick

In der empirischen Sozialforschung wird der Begriff der Frage oft in einer Weise verwendet, die alle Aktivitäten umfasst, welche der Beschaffung der gewünschten Informationen dienen. Dazu gehören alle Arten von Bitten oder Aufforderungen, sowie alle Arten von Mitteilungen, die dem Befragten übermittelt werden, um die gewünschten Informationen zu erhalten, wie z.B. zu bewertende Aussagen (Items) oder Antwortvorgaben und Skalen. Auch Intervieweranweisungen (bei Interviewer-administrierten Befragungsarten) und Hinweise an den Befragten (bei selbst-admininistrierten Befragungsarten), die die konkrete Ausführung einer Frage steuern, sind als Dimensionen des allgemeinen Fragebegriffs eingeschlossen.

Je nach Antwortformat, in dem der Befragte seine Antwort mit den vom Forscher erbetenen Informationen übermitteln soll, werden Fragen grob eingeteilt in:

- *Geschlossene Fragen (closed-ended questions):*
  Alle Antwortmöglichkeiten sind durch Antwortvorgaben abgedeckt.
  Voraussetzung: Universum der Antwortalternativen ist bekannt.

- *Offene Fragen (open-ended questions)*:
  Fragen ohne Antwortvorgaben.
- *Hybridfragen (auch: halboffene Fragen):*
  Feste Antwortvorgaben mit der Möglichkeit, zusätzliche, in den Antwortka-
  tegorien nicht vorgesehene Antworten zu geben (Beispiel: Sonstiges, und
  zwar…).
  Voraussetzung: Universum der Antwortalternativen ist nicht vollständig
  bekannt.

Andere Einteilungsprinzipien basieren auf dem Typ der in der Frage gewünschten Information. Eine populäre Einteilung unterscheidet zwischen den folgenden Fragetypen:

- *Faktfragen (factual questions):*
  Fragen nach gegenwärtigen oder vergangenen Fakten, wobei sich diese
  Fakten auf Ereignisse oder das Verhalten des Befragten beziehen können
  (vgl. Tourangeau, Rips & Rasinski 2000).
  Beispiel:
  Haben Sie im letzten Monat persönlich einen Arzt aufgesucht? (Ja/Nein)
  Beziehen sich Faktfragen auf das Verhalten des Befragten, wird gelegentlich von *Verhaltensfragen* gesprochen.
- *Wissensfragen (knowledge questions)*:
  Wissensfragen beziehen sich auf Kenntnisse des Befragten, z.B. die Bekanntheit einer Produktmarke oder einer Institution.
- *Einstellungs- und Meinungsfragen:*
  Beurteilungen bzw. Bewertungen von bestimmten Aussagen (Items) auf
  verschiedenen Antwortdimensionen.
  Beispiel (Einstellung zum Beruf): Für wie wichtig halten Sie die folgenden
  Merkmale für Ihren Beruf und ihre berufliche Arbeit? (sehr wichtig/eher
  wichtig/eher unwichtig/sehr unwichtig)
- *Überzeugungsfragen:*
  Fragen nach Überzeugungen, Einschätzungen gegenwärtiger, vergangener
  oder vermuteter zukünftiger Realität.
  Beispiele: Was glauben Sie: Gewinnt Angela Merkmal die nächste Bundestagswahl? (Ja/Nein)

Einteilungen dieser Art sind nicht unproblematisch, weil eine Trennung nicht immer ohne Willkür möglich ist. So könnte eine Faktfrage nach einem vergangenen Ereignis unter der Bedingung, dass der Befragte das Ereignis nicht erinnern kann, zu einer Antwort führen, die eine Überzeugung wiedergibt. Der Befragte ist dann davon überzeugt, dass das Ereignis stattgefunden hat, obwohl er es nicht erinnern kann. Es erscheint daher sinnvoller, die vom Befragten geforderten kognitiven Leistungen in die Einteilung einzubeziehen. So erörtern Tourangeau, Rips & Rasinski (2000) Faktfragen im Zusammenhang mit verschiedenen Arten der Urteilsbildung.

Antworten auf Fragen können unter verschiedenen Gesichtspunkten gedeutet werden. Grundsätzlich erfordern bestimmte Fragen konventionell, d.h. nach den in der Gesellschaft gelernten Konversationsregeln bestimmte Arten von Antworten. Einige Fragen können z.b. angemessen nur mit „Ja" oder „Nein" beantwortet werden. Es ist wichtig, dass bei der Konstruktion von Fragetexten und Antwortkategorien die Sprachkonventionen im Hinblick auf das Verhältnis von Frage und Antwort beachtet werden. Bei geschlossenen Fragen werden den Befragten verschiedene *Antwortalternativen (auch: Antwortkategorien, Antwortvorgaben)* präsentiert. Beziehen sich diese Vorgaben auf eine bestimmte Dimension oder Eigenschaft, so stellen sie Ausprägungen eines Merkmals dar und lassen sich als Werte auf einer *Skala* auffassen, womit sie den Status von *Messungen* erhalten. Statistisch gesehen handelt es sich um Werte von Variablen.

Unter einer *Skala* wird in der Messtheorie die strukturtreue Abbildung einer Menge von empirischen Objekten oder Phänomenen in die Menge der reellen Zahlen verstanden, d.h. eine eindeutige Zuordnung von Zahlen, die bezüglich einer Eigenschaft eine bestimmte Relation zwischen den Objekten respektiert (vgl. Suppes & Zinnes 1962; Orth 1975). Beispiele für Relationen sind Äquivalenzrelationen, Ordnungsrelationen, lineare Relationen, etc. Skalen können nach ihren *Skalen- bzw. Messniveaus* differenziert werden, wobei die Skalenniveaus sowohl axiomatisch als auch über die Klassen *zulässiger Transformationen* charakterisiert werden können. Zulässige Transformationen sind numerische Transformationen, die angewendet auf eine Skala, immer wieder zu einer Skala des gleichen Typs führen (vgl. Stevens 1946). Eine *Nominalskala* erlaubt die Einordnung von Objekten in Kategorien bzw. Klassen, d.h. Befragte können auf der Basis einer auf einer Nominalskala vorgenommenen Messung klassifiziert werden. Eine Nominalskala lässt also nur eineindeutige Transformationen zu. Eine *Ordinalskala* ermöglicht darüber hinaus eine Ordnung von Objekten bezüglich einer Eigenschaft. Sie ist eindeutig bis auf monotone Transformationen.

Die Messung auf einer *Intervallskala* erlaubt nicht nur eine Anordnung von Objekten, sondern auch die Angabe exakter Abstände zwischen diesen, wobei der Nullpunkt verschieblich ist. Charakterisiert werden kann sie durch positive lineare (affine) Transformationen. Bei einer *Verhältnis- oder Ratioskala* ist der Nullpunkt absolut. Die Klasse zulässiger Transformationen umfasst ebenfalls alle positiven linearen Transformationen, wobei allerdings die additive Konstante der linearen Transformation auf Null gesetzt ist. Eine *absolute* Skala schließlich erlaubt nur identische Transformationen. Beispiele sind z.B. Zählskalen, Häufigkeiten, Wahrscheinlichkeiten, etc. Die Auffassung von Antworten als Messungen eröffnet die Möglichkeit, Antworten auf Fragen unter psychometrischen Gesichtspunkten zu betrachten und damit formale Definitionen von Gütekriterien der Messung einzuführen.

Fragen haben den Status von *Indikatoren*, wenn die Fragen im Rahmen der Operationalisierung zur Messung einer theoretischen Variablen[1] ausgewählt wurden.

Messungen werden in Interviews über *Abstufungen auf einer Antwortskala (response scale)* erhoben. Antwortskalen, auf denen *Urteile* abgestuft werden können, heißen auch *Rating-Skalen*. In den meisten Fällen handelt es sich um Abstufungen in Form diskreter Kategorien. In diesem Fall spricht man auch von *Kategorialskalen (category scales)*. Kategorialen Einstufungen können kontinuierliche Bewertungen des Befragten auf einer Dimension zugrunde liegen, die der Befragte in kategoriale Formate einfügen muss. In diesem Fall übersetzt der Befragte seine Bewertung auf einer latenten Antwortskala in beobachtbare diskrete Kategorien. Dabei wird bei ordinalen Skalen oft angenommen, dass die kategorialen Antworten in Abhängigkeit von *Schwellenwerten (thresholds)* gegeben werden (vgl. Muthén 1983). Abbildung 1 zeigt das Beispiel einer Antwortskala mit drei Abstufungen.

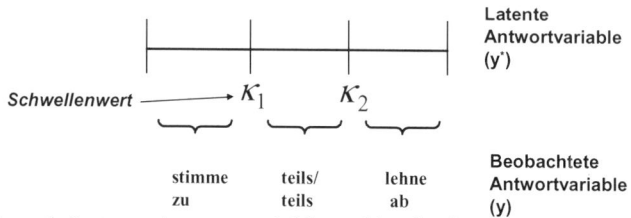

Abbildung 1: Latente Antwortvariable und beobachtete Antwort

---

[1] Der Begriff der theoretischen Variablen kann nicht ohne Weiteres mit dem Begriff der latenten Variablen gleichgesetzt werden, da zwischen latenten Antwortvariablen und latenten Konstruktvariablen unterschieden werden muss (vgl. Muthén 1983).

Im Grenzfall kann eine Antwortskala auch dichotom sein wie etwa eine „Ja/Nein"-Skala. Werden die Abstufungen auf der Antwortskala numerisch dargestellt bzw. benannt und nur die Endpunkte verbalisiert, so spricht man auch von einer *numerischen Skala*. Sind alle Abstufungen verbalisiert, so heißt die Skala *Verbalskala*. Antwortskalen beziehen sich immer auf eine bestimmte *Antwortdimension*. Wichtige, oft verwendete Antwortdimensionen sind:

- Grad der Zustimmung (Zustimmungsskalen)
- Wichtigkeit (Wichtigkeitsskalen)
- Zufriedenheit (Zufriedenheitsskalen)
- Häufigkeit (Häufigkeitsskalen)
- Intensität (Intensitätsskalen; Grad der Stärke)
- Ausmaß, in dem eine Aussage auf einen Sachverhalt zutrifft („Trifft zu"-Skalen)
- Wahrscheinlichkeit (Wahrscheinlichkeitsskalen)
- Sympathie (Sympathieskalen)
- Interesse (Interessenskalen)

Antwortdimensionen stellen Eigenschaften dar, die durch Adjektive bezeichnet werden, die in ihrer Intensität durch Adverbien bzw. *adverbiale Modifikatoren (adverbial modifiers, intensifiers, qualifiers)*, abgestuft werden können. Zwischen den unmodifizierten Adjektiven und den modifizieren Adjektiven wird gelegentlich ein linearer Zusammenhang angenommen (Cliffsches Gesetz; vgl. Cliff 1959; Kristoff 1966). Bei der Einführung adverbialer Modifikatoren sollte stets bedacht werden, dass diese ebenfalls Träger von Bedeutungen, in diesem Fall quantitativer Bedeutungen, sind, die prinzipiell bei unterschiedlichen soziokulturellen Teilgruppen der Stichproben zu einem unterschiedlichen Verständnis führen können (vgl. Kristoff, ebda; Wegener, Faulbaum & Maag 1982).

Abbildung 2 zeigt den Aufbau einer 7stufigen numerischen Skala, bei der nur die Endpunke benannt sind und die adverbialen Modifikatoren die jeweils extremen Bewertungen kennzeichnen.

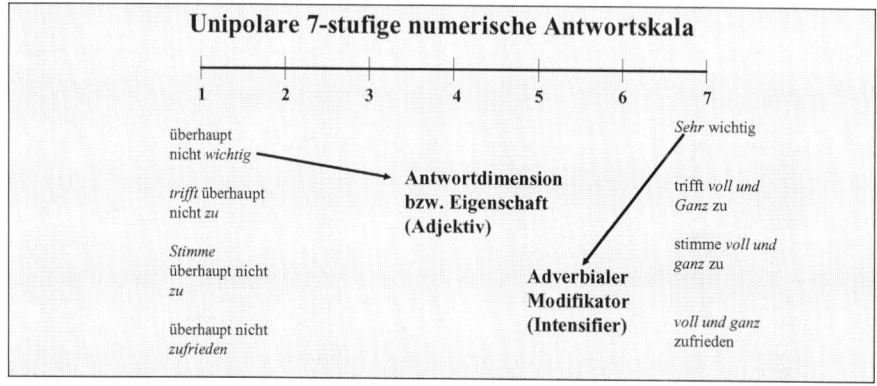

Abbildung 2: Aufbau einer 7-stufigen numerischen Skala

Ein bekanntes Beispiel für eine Verbalskala stellt jener Typ einer 5-stufigen Antwortskala dar, die von Likert (1932) in seiner Methode der summierten Ratings verwendet wurde (vgl. Abbildung 3).

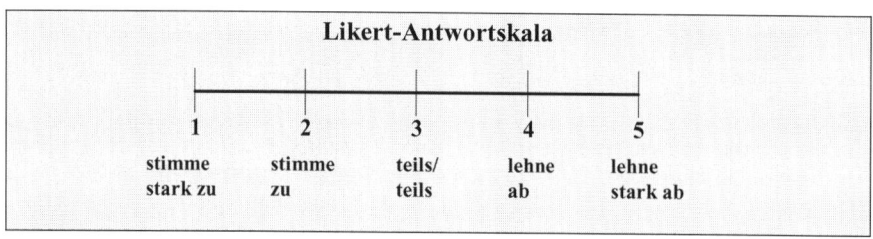

Abbildung 3: Antwortskala vom Likert-Typ

Gelegentlich wird auch eine Antwortskala, welche die „Trifft-zu"-Dimension verwendet, als Likert-Skala bezeichnet (vgl. Bortz & Döring 2005). Prinzipiell lassen sich Verbalisierungen auch bei mehr als fünf Abstufungen vornehmen. Abbildung 4 zeigt eine 7-stufige Verbalskala, deren Benennungen (labels) nach einer Untersuchung von Rohrmann (1978) als gleichabständig angesehen werden konnten (vgl. Faulbaum 1984a).

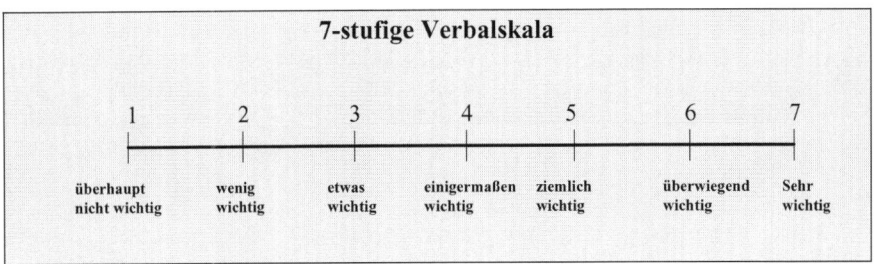

Abbildung 4: Beispiel für eine 7-stufige Verbalskala

Unter messtheoretischen Gesichtspunkten entsteht eine Skala aus Antwortvorgaben erst dann, wenn den Vorgaben numerische Werte zugeordnet worden sind. Antwortvorgaben wie „immer", „oft", „manchmal", „selten", „nie", die den Befragten ohne numerische Werte präsentiert werden, werden zu einer Skala im messtheoretischen Sinn als numerische Repräsentation also erst, nachdem der Forscher den Kategorien Zahlen zugeordnet hat. Bei Schätzungen und Berechnungen haben die Befragten oft zwar konkrete Zahlen wie Anzahl der Arztbesuche im Kopf, müssen diese aber in bestimmte Antwortformate übertragen. Dabei kann es dann zu Informationsverlusten kommen: Der Befragte hat etwa eine Schätzung auf einer kontinuierlichen Skala im Kopf und der Forscher transformiert diesen Wert in einen Wert auf einer Ordinalskala.

Skalen können unipolar oder bipolar sein. Ein Beispiel für eine bipolare 7stufige Skala ist in Abbildung 5 wiedergegeben:

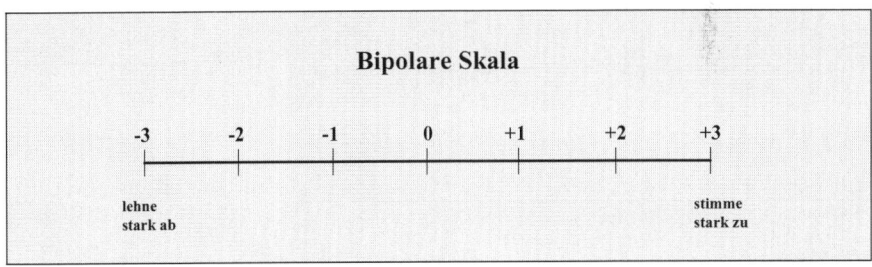

Abbildung 5: Beispiel für eine bipolare Skala

Antwortskalen beziehen sich oft auf durch Aussagen verbalisierte Fakten, Überzeugungen, Meinungen und Einstellungen sowie Verhaltensweisen. Im Rahmen einer Frage wie z.B. „Für wie wichtig halten Sie..." bzw. einer Bitte wie z.B.

„Bitte sagen Sie mir, wie stark Sie der Aussage zustimmen", werden die Befragten um die Bewertung der Items auf der Skala gebeten. Insbesondere in Webfragebögen wird auf die numerischen Bezeichnungen der Abstufungen oft verzichtet. Abbildung 6 zeigt ein Beispiel aus einem Webfragebogen, wo nur die Endpunkte verbalisiert sind und die Abstufungen durch sog. *Radioknöpfe* (radio buttons) dargestellt sind.

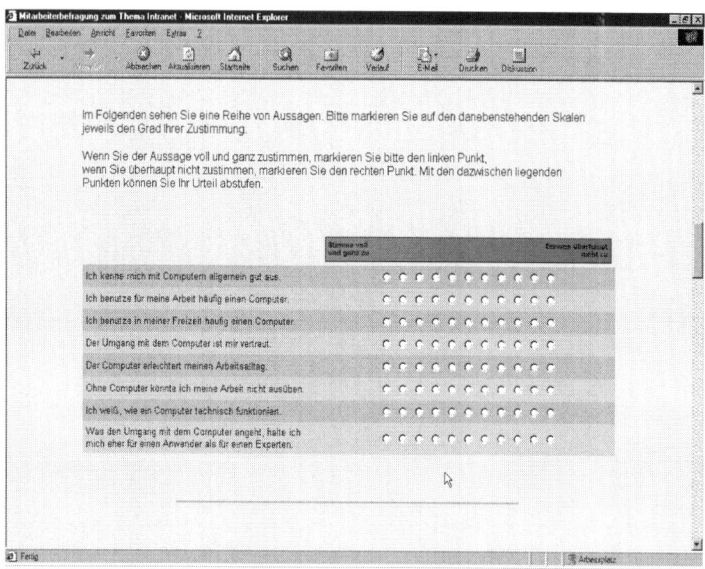

Abbildung 6: Darstellung der Abstufungen durch Radioknöpfe

Neben Ordinalskalen, die ab ca. fünf Abstufungen statistisch wie metrische Skalen behandelt werden können (pseudometrische Skalen; vgl. Bentler & Chou 1985), gibt es auch die Möglichkeit, kontinuierliche Urteile mit Hilfe von visuellen Analogskalen zu erfassen (vgl. Couper, Tourangeau & Conrad 2007). Bei einer *visuellen Analogskala (VAS)* werden kontinuierliche Abstufungen durch Markierungen auf einer Linie vorgenommen (vgl. Abbildung 7).

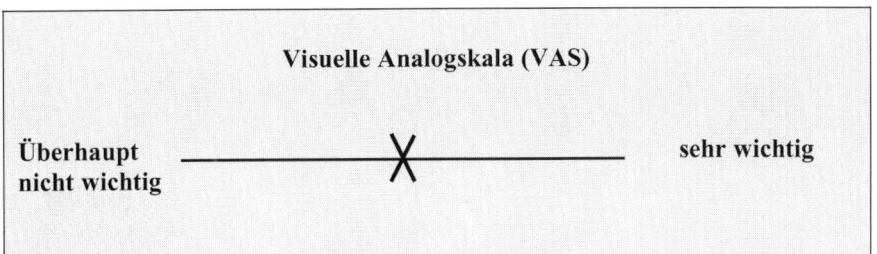

Abbildung 7: Visuelle Analogskala

Die Ausprägung kann dann direkt gemessen werden. Visuelle Analogskalen sind auch als Online-Tool verfügbar (vgl. Reips & Funke 2008). Eine ähnliche Skala stellt die *Schiebereglerskala* dar, die auch in vielen CAPI- und CASI-Programmen verwendet wird:

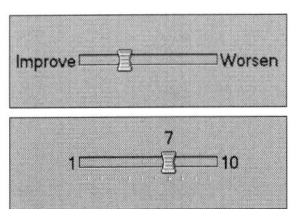

Auch *psychophysische Skalen (Magnitudeskalen)* können zur metrischen Skalierung von Urteilen verwendet werden. Bei der *Magnitudemessung* werden die Befragten gebeten, das *relative Verhältnis* ihrer subjektiven Einschätzungen (z.b. Einschätzungen der Intensität der Bevorzugung bestimmter politischer Parteien), Einschätzungen des sozialen Ansehens von Berufen, Einschätzungen der Wichtigkeit verschiedener beruflicher Merkmale) in mindestens einer *Antwort- bzw. Reaktionsmodalität vorzunehmen* (in Bezug auf die Anwendung in den Sozialwissenschaften vgl. Hofmans et al. 2007; Lodge 1981, Saris 1988; Wegener 1982, Wegener, Faulbaum & Maag 1982, Wegener 1980, 1983). Modalitäten können Zahlen, Tonstärken, Gewichte, etc. sein. Abbildung 8 gibt ein Beispiel für eine Magnitudemessung in der Modalität „Linien".

Für wie wichtig halten Sie die folgenden Merkmale für die berufliche Arbeit und den Beruf?

Hohes Einkommen

VERGLEICHSLINIE ————————

Eine Tätigkeit, bei der man selbständig arbeiten kann

ANTWORTLINIE ——————

Gibt mir das Gefühl, etwas Sinvolles zu tun

ANTWORTLINIE ——————————

Ein Beruf, bei den man anderen helfen kann

ANTWORTLINIE ——————————————

Abbildung 7: Beispiel für Magnitudemessung in der Modalität „Linien"

In dem abgebildeten Beispiel wird darum gebeten, zunächst eine Vergleichlinie und anschließend Linien im Verhältnis zu dieser Vergleichslinie zu ziehen, die die Stärke ihrer Urteile der übrigen Stimuli im Verhältnis zur Stärke des Urteils in Bezug auf die Vergleichslinie wiedergeben.

Zahlreiche weitere Antwortformate werden mit unterschiedlichen Folgen für die zu erwartende Datenqualität in Fragen eingesetzt wie z.B. die Auswahl mehrerer Alternativen aus einer vorgegebenen Menge von Antworten, die eine Bedingung erfüllen, z.B. die Menge kultureller Einrichtungen einer Stadt, von denen man Kenntnis besitzt (sog. „check-all-that-apply"-Fragen), oder auch Fragen, bei denen Antwortalternativen geordnet werden sollen.

Grundsätzlich stellt die Überführung einer Antwort in ein bestimmtes For-mat für den Befragten eine Aufgabe dar, die eine mehr oder weniger aufwändige

Leistung erfordert. Durch den Einsatz von Computern als Administratoren haben sich die Möglichkeiten der Skalendarstellung bei selbst-administrierten Interviews stark erweitert. So zeigt Abbildung 9 ein Beispiel für eine sog. „drop-down"-Box.

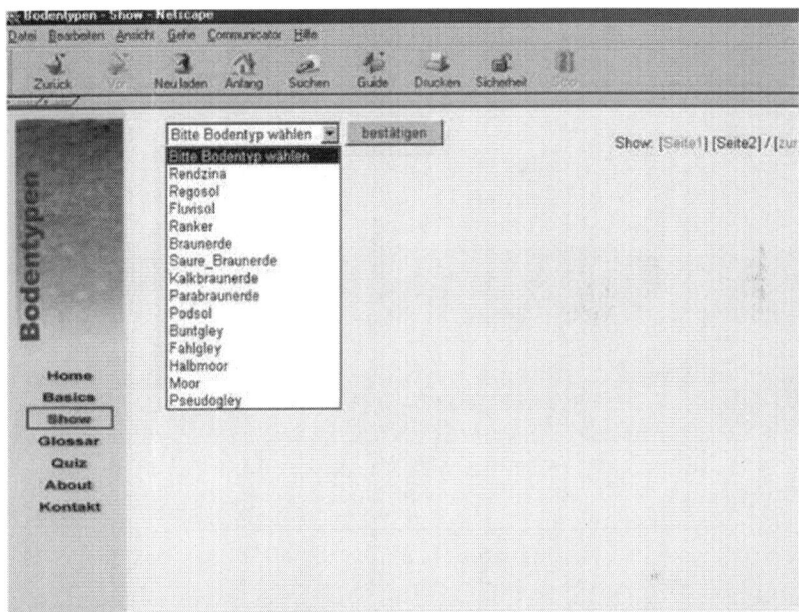

Abbildung 9: „drop-down"-Box

1.4 Varianten der Ausführungsmodalität: Befragungsarten (Modes)

1.4.1 Zum Begriff der Befragungsart

Fragen können in unterschiedlicher Weise ausgeführt werden, wobei sich die unterschiedlichen Ausführungsvarianten in der Regel nach der Vorentscheidung richten, die bereits im Umfragedesign für die Durchführung der Erhebung getroffen wurde. Die verschiedenen Ausführungsvarianten des standardisierten Interviews werden auch als *Befragungsarten* (auch: *Befragungsmodus oder mode*) bezeichnet. Grundsätzlich lassen sich Befragungsarten gemäß folgender Dimensionen differenzieren:

- nach der *Administrationsform*
- nach den im Interview vorwiegend eingesetzten *Informations- bzw. Kommunikationskanälen*
- nach der eingesetzten *Befragungstechnologie*

Die Administrationsform bestimmt, *wer* die Fragen stellt und *wer* die Antworten registriert bzw. dokumentiert. Dabei können zwei Klassen von Interviews unterschieden werden: *Interviewer-administrierte* Interviews und *selbstadministrierte* Interviews. Bei Interviewer-administrierten Interviews werden die Fragen von einem Interviewer vorgelesen und je nach Befragungstechnologie in einen Fragebogen eingetragen oder in einen Computer eingegeben. Bei selbst-administrierten Interviews liest der Befragte die Fragen selber von einem Nachrichtenträger ab und notiert die Antworten selber auf einem Nachrichtenträger. Bei Interviewer-administrierten Befragungen ist der bevorzugte Informationskanal der *auditive Kanal*. Daneben werden aber auch unbeabsichtigtes nonverbales Verhalten sowie sichtbare Merkmale des Interviewers über den visuellen Informationskanal übertragen. Interviewer-administrierte Umfragen können durchaus auch selbst-administrierte Elemente enthalten. So legt der Interviewer etwa bei der heiklen Frage nach dem persönlichen Nettoeinkommen dem Befragten gelegentlich ein Blatt mit der Frage vor, in die dieser die Antwort einträgt. Das Blatt wird dann, ohne dass der Interviewer einen Blick darauf wirft, in einen Umschlag gegeben. Ähnliches geschieht auch bei computerunterstützten Interviewer-administrierten Umfragen. In diesem Fall wird der Befragte gebeten, die Antwort selbst in den Computer einzugeben. Weitere selbstadministrierte Elemente in Interviewer-administrierten Interviews sind Befragungshilfen wie z.B. Skalenvorlagen, die dann vom Befragten über den visuellen Informationskanal verarbeitet werden.

Selbst-administrierte Interviews verwenden bevorzugt den visuellen Informationskanal. Auch hier gibt es Mischformen wie etwa bei Audio-CASI (ACASI) (siehe Abschnitt 1.4.2), bei denen der Befragte nicht nur Fragen vom Bildschirm liest, sondern zusätzlich auch die Fragen hört, also zusätzlich zum visuellen Kanal den auditiven Kanal nutzt. Insgesamt ergeben sich grob die in Abbildung 10 dargestellten Varianten.

Computerunterstützte Interviews beinhalten im Vergleich zu ihren Entsprechungen ohne Computerunterstützung keinen Wechsel des Sinneskanals, über den Informationen ausgetauscht werden, sondern nur einen Wechsel zu einer anderen Technologie. So handelt es sich etwa beim Wechsel von einem persönlich/mündlichen Interview ohne Computerunterstützung zu einem Interview, bei dem der Interviewer ein Notebook einsetzt, auch weiterhin um eine Interviewer-administrierte Form der Befragung, bei der ein Interviewer mündlich die Fragen stellt und die Antworten notiert. Ähnliches gilt für Telefonbefragungen.

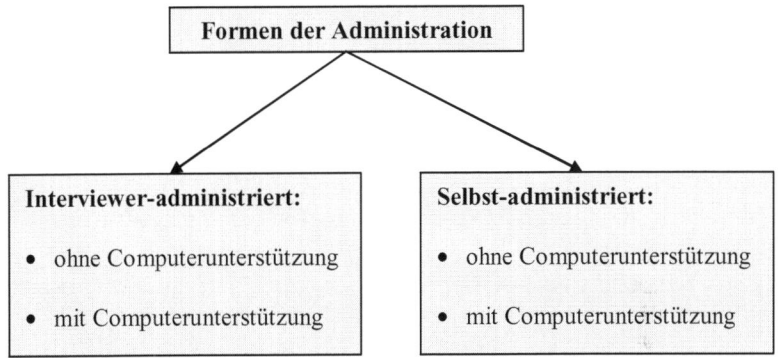

Abbildung 10: Formen der Administration und Befragungstechnologie

1.4.2 Computerunterstützte Interviewmethoden

Computerunterstützte Interviewmethoden gehören wegen verschiedener methodischer Vorteile zu den bevorzugten Befragungstechnologien und definieren zusammen mit den oben beschriebenen Administrationsformen und Sinneskanälen spezifische Befragungsarten. Sie werden in der internationalen Forschung mit unterschiedlichen alternativen Bezeichnungen belegt wie *CAI* (Computer Assisted Interviewing) – Methoden, *CASIC* (Computer Assisted Information Collection) bzw. *CADAC* (Computer Assisted Data Collection) (vgl. De Leeuw & Nicholls II1996; De Leeuw & Collins 1997).

A. Interviewer-administrierte Verfahren

Zu den Interviewer-administrierten computerunterstützten Interviewmethoden zählen:

- CAPI (Computer Assisted Personal Interviewing)

  - ➤ mit Hilfe von Notebooks
  - ➤ mit Hilfe von PDAs (Personal Digital Assistents)

- CATI (Computer Assisted Telephone Interviewing)

CAPI stellt die computerunterstützte Form der „Papier und Bleistift" („paper and pencil"; PAPI bzw. P&P) – Methode bzw. des traditionellen persönlich-mündlichen face-to-face-Interviews dar. In CAPI-Interviews sucht der Interviewer die Befragten mit einem tragbaren Computer, in der Regel einem Notebook, auf und führt das Interview unter Einsatz des Computers durch. Der Fragebogen wird dem Interviewer auf dem Monitor präsentiert und den Befragten vorgelesen. Die Antworten der Befragten werden vom Interviewer in den Computer eingegeben. Nach Beendigung des Interviews werden die Daten an einen zentralen Rechner geschickt, entweder direkt per Modem oder durch Versand von Disketten bzw. CD-ROMs. Interviewer-Instruktionen oder Adressmaterial kann auf dem gleichen Weg an den Interviewer übermittelt werden. Neben dem Notebook können auch sog. PDAs (Persönliche Digitale Assisenten) zum Einsatz kommen. Bei den PDAs handelt es sich um portable Rechner, die etwa so groß wie eine Handfläche sind (auch: „hand-held computer"), so dass sie bequem in einer Jacken- bzw. Hemdtasche getragen werden können (vgl. Schneid 2004). Zukünftig wird diese Technologie verstärkt mit der Mobilfunk-Technik verbunden sein. Dies hat vor allem Vorteile für erfahrungsorientierte bzw. ereignis- und situationsorientierte Auswahl (experience sampling).

Neben der Interviewer-administrierten Anwendung lassen sich PDAs auch selbst-administriert einesetzen. Ein Beispiel wäre eine Erhebung zum Thema „Fluglärm", bei der den Befragten PDAs zur Verfügung gestellt werden. Zu bestimmten Zeiten werden die PDAs angerufen und die Befragten gebeten, auf dem PDA einen Fragebogen zu beantworten. Der ausgefüllte Fragebogen wird dann via Mail direkt an das Umfrageinstitut geschickt.

CATI stellt die älteste Form des computerunterstützten Interviews dar (vgl. Couper & Nicholls II 1998). Heute werden Computernetzwerke eingesetzt, über welche die Interviewstationen (Telefonarbeitsplätze) miteinander verbunden sind. Alle Stationen können auf einen zentralen Rechner (Server) zugreifen, auf dem die Adressdateien mit den dazugehörigen Telefonnummern gespeichert sind. Die Interviewer sitzen, mit einer *Sprecheinrichtung (sog. Headsets)* versehen, an ihrem mit Telefon, Computer und Bildschirm eingerichteten Telefonarbeitsplatz und lesen die Fragen vom Bildschirm ab. Die Antworten der Befragten werden per Tastatur in den Computer eingegeben, der diese direkt auf den Server überträgt. Die Anwahl der Telefonnummern kann entweder über den Interviewer oder über den Rechner erfolgen (sog. Autodialing). Die gesamte Steuerung des Feldes wird durch eine CATI-Verwaltungssoftware übernommen, die sich auf dem Server befindet und die die Anruf-, Kontakt- und Terminverwaltung übernimmt. Bei Terminvereinbarung mit einer Zielperson wird die entsprechende Telefonnummer zum vereinbarten Termin auf einen freien Interviewer- bzw. Telefonarbeitsplatz gelegt. Das Verwaltungsprogramm kann so eingestellt werden, dass bei einem Besetztzeichen die Telefonnummer nach einem vorgegebenen, aber einstellbaren Zeitintervall (z.B. 10 Minuten) erneut vorgelegt wird. Auch die Anzahl der Kontaktversuche kann vorher eingestellt werden. In der Regel können vor Feldbeginn Quoten vorgegeben werden, die durch Kombinationen mehrerer Merkmale (z.B. Alterskategorien und Geschlecht) definiert sind. Sind die Quoten (z.B. 30 Männer im Alter zwischen 40 und 50 Jahren) in einer Quotenzelle erfüllt, so können unter dieser Quotenbedingung keine weiteren Interviews mehr durchgeführt werden.

CATI-Interviews können dezentralisiert auch vom Heimarbeitsplatz des Interviewers durchgeführt werden (vgl. Bergmann et al. 1994). Durch die Koppelung mit Videoaufnahmen des Gesprächspartners lassen sich die auditiven Merkmale der Befragten mit visuellen Merkmalen verbinden. Zunehmend werden Telefonumfragen auch über Handy-Nummern realisiert (vgl. Heckel 2007).

B. Selbst-administrierte Verfahren

Zu den selbst-administrierten computerunterstützten Verfahren zählen:

- CASI (**C**omputer **A**ssisted **S**elf-Administered **I**nterviewing)

- CSAQ (**C**omputerized **S**elf-**A**dministered **Q**uestionnaire):
  - DBM (**D**isk **B**y **M**ail)
  - Inter- und intranetbasierte Umfragen
    -E-Mail-Umfragen (EMS-Umfragen)
    -Webumfragen

- ACASI (Audio Computer-Assisted Self-Interviewing)

- T-ACASI (Telephone Audio Computer-Assisted Self-Interviewing)

- CAPAR (**C**omputer **A**ssisted **P**anel **R**esearch)

Selbst-administrierte Formen computerunterstützter Interviews gibt es seit den 80er Jahren. Kennzeichnend für diese Interviewmethoden ist, dass die Fragen in der Interviewsituation nicht vom Interviewer (telefonisch oder face-to-face) gestellt werden und dass die Antworten von den Befragten selbst und nicht von Interviewern in den Rechner eingeben werden. Der Fragebogen wird also nicht vom Interviewer appliziert, vielmehr wird der Interviewer durch ein interaktives Befragungsprogramm ersetzt, das den Befragten durch den Fragebogen führt. Als *CASI* wird gelegentlich, vor allem in den USA, die Variante bezeichnet, bei der die Interviewer ein Notebook zu den Befragten bringen und diese in die Selbst-Administration bzw. den Gebrauch des Computers einführen. Bei CASI ist der Interviewer also während des Interviews nur anwesend, der Befragte bedient aber den Computer selbst.

Wie oben bereits erwähnt, kann es, insbesondere bei sensitiven Fragen, durchaus sinnvoll sein, CASI auch innerhalb einer CAPI-Sitzung durchzuführen, indem der Interviewer dem Befragten den Computer für eine kurze Zeit zur Beantwortung bestimmter Fragen überlässt (vgl. z.B. Scherpenzel 1995). Eingesetzt wird diese Technik bei sensiblen Fragen und zur Reduktion von Einflüssen der *sozialen Erwünschtheit*. Diese Form entspricht gelegentlichen Vorgehensweisen bei PAPI, wenn der Interviewer/die Interviewerin dem/der Befragten bei heiklen Fragen einen Fragebogen zum Selbstausfüllen übergibt.

Eine CASI-Variante besteht darin, den Befragten die Fragen nicht nur visuell über den Bildschirm darzubieten, sondern zusätzlich auch akustisch über digitalisierte Sprache oder über ein Tonband. In diesem Fall spricht man von *Audio-CASI* bzw. *ACASI*. Eine weitere Variante, *T-ACASI*, stellt eigentlich eine Mischform dar Die Fragen werden zwar telefonisch gestellt, aber nicht durch einen Interviewer. Vielmehr sind die Fragen entweder vorher in akustischer Form auf Datenträger aufgenommen worden und werden zum Zeitpunkt des Interviews vorgespielt, oder aber sie werden zum Zeitpunkt des Interviews synthetisch erzeugt. In beiden Fällen ist der eigentliche Administrator das System. Die Befragten geben ihre Antworten durch Drücken von Tasten ein. T-ACASI (Telephone Audio Computer Assisted Self Interviewing) wird oft auch *IVR* (*I*nteractive *V*oice *R*esponse) (vgl. Couper, Singer & Tourangeau 2004; Steiger & Conroy 2008; Tourangeau, Steiger & Wilson 2002) oder *TDE* (*T*ouchtone *D*ata *E*ntry) bezeichnet. Dabei gibt es verschiedene Varianten in Abhängigkeit davon, ob die Befragten zunächst von einem Interviewer am Telefon kontaktiert und dann in ein IVR-System umgeleitet werden („recruit and switch"-Version) oder ob die Befragten über ein Tastentelefon eine gebührenfreie Nummer anrufen und sich direkt in das IVR-System einwählen. Der Anruf aktiviert dann eine Interviewsitzung. Der Fragebogen liegt im System in vorher aufgenommener Sprachversion vor und wird dem Befragten vorgelesen. Dieser gibt die numerischen Antworten durch Drücken der entsprechenden Taste ein und wird über eine ID identifiziert, die mit gespeicherten IDs abgeglichen wird. TDE wird z.B.

beim amerikanischen Bureau of Labor Statistics eingesetzt. Der Vorteil ist, dass Befragte Tag und Nacht während der gesamten Woche anrufen können. Werden die Antworten nicht durch Tastendruck, sondern sprachlich gegeben, so spricht man von *VRE* (*Voice Recognition Entry*).

Insofern IVR (Interactive Voice Recognition), TDE (Touchtone Data Entry) und T-ACASI auf einem auditiv/telefonischen Kontakt beruhen, lassen sich diese auch als selbst-administrierte Varianten von CATI-Interviews auffassen. Mit dieser Technologie werden bestimmte Vorteile verbunden. Dazu gehören reduzierte Verzerrungen der Stichprobe durch Effekte der sozialen Erwünschtheit (vgl. e.g. Gribble et al. 2000; Turner et al. 1998) sowie reduzierte Kosten, wenn die Befragen gleich mit dem IVR-System verbunden werden und nicht vorher von Telefoninterviewern kontaktiert werden, ehe sie an das System überstellt werden.

Für computerunterstützte selbst-administrierte Interviews ohne Anwesenheit des Interviewers wird oft die Bezeichnung *CSAQ* (*C*omputerized *S*elf-*A*dministered *Q*uestionnaire) verwendet (vgl. Ramos, Sedivi & Sweet 1998). Das Datenerhebungsinstitut bittet in diesem Fall die Befragungsperson, den Fragebogen auf ihrem eigenen Computer zu beantworten. Dabei kann dem Befragten die dazu notwendige Software entweder auf einer Diskette, einer sog. Field Disk bzw. einer CD-ROM zugeschickt werden oder über ein LAN (local area network), per Modem, E-Mail oder per Zugriff auf WWW-Seiten zugestellt werden.

Im Fall eines Disketten-Versands spricht man von *Disk-by-Mail* (*DBM–Umfragen*; vgl. Higgins, Dimnik & Greenwood 1987; Schneid 1995). Im Fall des Versands eines Fragebogens über elektronische Post (electronic mail, kurz: E-Mail) spricht man von *EMS- bzw. E-Mail - Umfragen (electronic mail surveys)*. In Disk-by-Mail–Umfragen werden Disketten versandt, auf denen ein Befragungsprogramm installiert ist. Die Befragten rufen eine Ausführungsdatei auf, wobei der Fragebogen geöffnet wird. Der Befragte geht Frage für Frage durch und beantwortet sie. Nach dem Ausfüllen des Fragebogens wird die Diskette wieder an das Umfrageinstitut zurückgeschickt. Der Versand erfolgte früher vorwiegend postalisch, heute aber in der Regel über ein Attachment zu E-Mails. Im Rahmen der Vorbereitung von computerunterstützten Telefonumfragen kann er zu Kontrollzwecken an den Auftraggeber erfolgen, der die Interviewertätigkeit am Computer simulieren kann, in dem er selbst die Antworten eingibt und dabei inhaltliche Probleme, Layout-Probleme und Probleme der Navigation feststellen kann (vgl. auch Test programmierter Fragebögen, Abschnitt 3.2.2).

Bei EMS-Umfragen werden an E-Mail-Nutzer E-Mails mit der Bitte geschickt, an einer Befragung teilzunehmen. Wenn sie zustimmen, wird ihnen über ein Interviewprogramm eine Anzahl von Fragen gestellt oder sie erhalten eine elektronische Form des Fragebogens, die sie später ausfüllen können. Auch diese Umfragen sind nur auf Populationen anwendbar, die Zugang zu einem E-Mail-Dienst haben.

Erfolgt die Befragung über den Zugriff auf Seiten des *World Wide Web*, so spricht man von *Webumfragen*. Wie andere Erhebungsverfahren (z.b. E-Mails, Newsgroups, Internet-Relay-Chat-Kanäle [IRC] zum synchronen Austausch von Mitteilungen sowie „Virtuelle Welten" als graphischer Simulation realer oder imaginärer Settings, in denen Personen kommunizieren können) basieren Webumfragen also auf einem Informationsdienst, in diesem Fall dem „World Wide Web" (vgl. Bandilla 1999). Dieser Dienst erlaubt Zugriffe auf durch Hyperlinks verbundene, ganz unterschiedliche Medientypen wie z.B. Texte, Grafiken, Videos und Klänge, ähnlich wie bei CASI-Erhebungen per Notebook. Hierin liegen sowohl Chancen als auch Risiken für die Qualität von Befragungen.

Unter *Online-Umfragen* werden Umfragen verstanden, bei denen Daten mittels eines Onlinefragebogens erhoben werden, unabhängig vom benutzten Internetdienst (WWW, E-Mail, etc.) und unabhängig von der Rekrutierungsform. Online-Befragungen lassen sich auch im *Intranet* eines Unternehmens bzw. einer Institution, etwa unter Mitarbeitern als Mitarbeiterbefragungen durchführen.

Eine weitere Variante computerunterstützter Selbstadministration stellt *CAPAR* dar. Eine bekannte Variante ist das *Tele-Interview* (vgl. Saris 1991, 1998). Dabei bekommen ausgewählte Haushalte einen Mikrocomputer und ein Modem zur Verfügung gestellt. In regelmäßigen Intervallen wählt das Modem des Rechners der Befragungsperson automatisch einen entfernten Rechner (remote computer) an und empfängt einen neuen Fragebogen. Nachdem die Fragebögen mit Hilfe der Befragungssoftware ausgefüllt wurden, werden die Daten direkt an den entfernen Rechner geschickt.

Neue Entwicklungen wie *CAMI* (Computer *A*ssisted *M*obile *I*nterviewing) versuchen alle Komponenten zu verbinden, die Befragten zur Verfügung gestellt werden müssen, wenn Fragen an beliebigen Orten über Notebook, Handy, etc. beantwortet werden sollen.

2 Die Qualität von Fragen und ihre Gefährdungen

2.1 Kriterien der Fragenqualität

Die Qualität einer Frage und ihrer Merkmale muss sich daran messen lassen, wie gut mit ihr die Ziele erreicht werden, die der Forscher mit ihr verbindet. Die durch Fragen erhobenen Auskünfte stellen zunächst einmal Ausprägungen von Variablen dar, die in statistischen Beschreibungen und Modellen (statistischen Hypothesen) des Forschers auftreten. Das primäre Interesse des Forschers muss also darauf gerichtet sein, dass diese Auskünfte *formal adäquat* sind, dass sie in Bezug auf jeden einzelnen Befragten Ausprägungen der ins Auge gefassten Variablen darstellen und nicht irgendeiner anderen Variablen (Problem der inhaltlichen Validität) und dass die Auskünfte in Bezug auf die gemessene Variable verzerrungsfrei gegeben werden (Problem der Reliabilität bzw. der theoretischen Validität). *Formal adäquate* Antworten oder *zulässige* Antworten sind solche, die mit den in den standardisierten Fragetexten vorgegebenen Antwortformaten kompatibel sind. Alle anderen Antworten werden als *nicht-adäquat* bezeichnet. Zu den nicht-adäquaten Antworten gehören alle Äußerungen der Befragten, die nicht in das Antwortformat passen wie z.B. Kommentare des Befragten, Äußerungen der Verwunderung, des Unverständnisses oder der Angst, „weiß-nicht"-Antworten, „trifft-nicht-zu"-Antworten, „keine Meinung" (bei Einstellungsfragen), sofern sie nicht explizit vorgegeben sind, oder Verweigerungen. Auch voreilige Antworten (vgl. Faulbaum 2004a; Holbrook et al. 2007) können zu den nicht-adäquaten Antworten gerechnet werden.

Der Entwurf jeder Frage und die Gestaltung aller in Abschnitt 2.1 genannten Aspekte einer Frage, insbesondere ihrer Ausführungsmodalitäten sollten also darauf abzielen, die oben erwähnten drei, voneinander nicht unabhängigen Kriterien so gut wie möglich zu erfüllen. In Abhängigkeit davon, in welchem Ausmaß diese Kriterien erfüllt sind, kann eine Frage bezüglich eines oder mehrerer Kriterien als mehr oder weniger erfolgreich angesehen werden. Die Erfüllung der Kriterien der inhaltlichen Validität und der Zuverlässigkeit der Antworten bzw. Messungen ist entscheidend für die Güte der Operationalisierung. Im Rahmen der Operationalisierung werden die Zusammenhänge zwischen theoretischen Variablen und empirischen Indikatoren und damit die empirische Bedeutung der theoretischen Variablen festgelegt. Die Spezifikation eines Zusammenhangs zwischen theoretischen Variablen und empirischen Indikatoren wird formal auch als *Messmodell (measurement model)* bezeichnet und stellt eine Aufgabe der *Operationalisierung* dar (vgl. Abbildung 11). Ein konkretes Beispiel

für ein Messmodell findet sich in Kapitel 3 (Abbildung 22). Ist für einen Indikator der Messfehler 0 und der Einfluss der theoretischen Variablen 1.0, so misst
der Indikator kein Konstrukt, sondern sich selbst. In diesem Fall ist die theoretische Variable identisch mit dem empirischen Indikator.

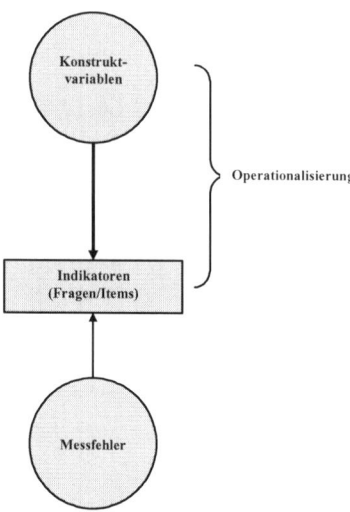

Abbildung 11: Grundstruktur eines Messmodells

Notwendige Voraussetzungen für die Erfüllung der oben genannten Qualitätskriterien der formalen Adäquatheit, der inhaltlichen Validität und der Zuverlässigkeit bzw. theoretischen Validität für einen Befragten sind:

Erfolgreiche Interpretationsleistung
Unmittelbares Ziel der Spezifikation eines Fragetextes einschließlich orientie-
render Texte (z.B. „Wenn Sie einmal denken an…"; „Das Land hat hohe Aus-
gaben im sozialen Bereich…"), Szenarios, Indizierungen der Frageform (Frage-
zeichen oder Wendungen wie „Ich möchte Sie bitten…"), Itemtexte, Anweisungen zur Handhabung des Antwortformats (z.B. „Mit den Zahlen von 1 bis 5
können Sie Ihr Urteil abstufen"), der Antwortformate selbst und der Befragungshilfen ist es, dem Befragten eindeutig mitzuteilen, was er zu tun hat, d.h.
die Aufgabe zu beschreiben, die er zu lösen hat. Eine erfolgreiche Interpretati-

onsleistung liegt vor, wenn der Befragte in der Lage war, dem so verstandenen gesamten Fragetext eine inhaltliche Bedeutung zuzuordnen, die mit der intendierten Bedeutung des Forschers übereinstimmt, d.h. der Fragetext muss vom Befragten so interpretiert werden wie vom Forscher intendiert. Ist dies nicht der Fall, dann wird die im Fragetext beschriebene Aufgabe eventuell missverstanden und der Befragte bearbeitet nicht die im Text beschriebene Aufgabe, sondern eine andere. Dies kann konkret heißen, das in einem Urteil ein anderer Gegenstand beurteilt wird als der vom Forscher intendierte Gegenstand, das eine Frage plötzlich eine emotionale Konnotation bekommt, die nicht intendiert war, etc. Voraussetzung für die Beurteilung der Interpretationsleistung ist, dass der Forscher selbst ein eindeutiges Verständnis des Fragetextes hat.

Ernsthafte und erfolgreiche Lösung der im Fragetext beschriebenen Aufgabe
Eine Frage bzw. die Bitte um eine Auskunft stellt den Befragten vor eine im Fragetext formulierte Aufgabe, die er lösen muss und für deren Lösung er unterschiedliche Operationen bzw. Aktivitäten mentaler oder nicht-mentaler Art durchführen und damit gewisse Leistungen erbringen muss. Beispiele für Aufgaben sind das Erinnern an ein vergangenes Ereignis, die Durchführung einer Schätzung, die innere Beobachtung eines emotionalen Zustandes, Bewertung von Aussagen, Auskünfte über den Wasserverbrauch einschließlich des möglichen Heraussuchens einer Wasserrechnung etc. Die erfolgreiche Bewältigung der Aufgabe nach erfolgreicher Interpretation des Fragetextes setzt voraus, dass der Befragte einen ernsthaften Lösungsversuch unternimmt, d.h. dass er sich entscheidet, die Lösung der Aufgabe in Angriff zu nehmen und dass tatsächlich eine Lösung gefunden werden kann.

Aufrichtige Mitteilung des Ergebnisses im vorgegebenen Antwortformat
Das Ergebnis der Bearbeitung der Aufgabe muss aufrichtig, d.h. verzerrungsfrei im Rahmen des vorgegebenen Antwortformats kommuniziert werden. Ob eine verzerrungsfreie adäquate Antwort für den Befragten überhaupt möglich ist, hängt auch vom Antwortformat ab.

Die während der Beantwortung einer Frage zu erbringenden Leistungen werden oft in dem in Abbildung 12 dargestellten Modell des *Antwortprozesses* zusammengefasst (vgl. Tourangeau 1984, 1987; Tourangeau, Rips & Rasinski 2000). Um eine Frage beantworten zu können, muss die Frage zunächst wahrgenommen werden. Dabei stellt die akustische oder visuelle Wahrnehmung eines Fragetextes eine Leistung des Befragten dar, die nicht immer ohne geeignete Bewegungen des Körpers und des Wahrnehmungsorgans erbracht werden kann, das den Übertragungskanal kennzeichnet, auf dem die Frage kommuniziert wird. So erfordert die visuelle Wahrnehmung eines Textes bei selbst-administrierten Fragen die Fähigkeit zu lesen und damit bestimmte Blickbewe-gungen auszuführen (vgl. hierzu Jenkins & Dillman 1997). Das Hören einer Frage am Telefon erfordert, dass das Telefon an das Ohr gehalten werden kann, das das Telefon in der durch die Klingeldauer vorgegebenen Zeit erreicht wer-den kann etc. Diese Beispiele zeigen, dass die Leistung eventuell nicht von allen Befragten erbracht werden kann, sofern nicht vorher eine Anpassung an die Leistungsfähigkeit der Befragten erfolgt ist.

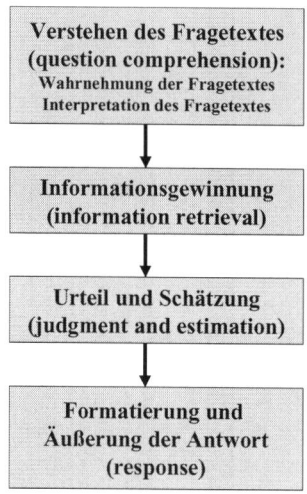

Abbildung 12: Modell des Antwortprozesses

An der Erzeugung einer Antwort sind ferner kognitive Prozesse des Sprachver-stehens inkl. des Abrufs syntaktischen (grammatikalischen), semantischen und pragmatischen Wissens und des Aufbaus semantischer Repräsentationen, der Informationsgewinnung einschließlich Erinnerungen und der Datierung von Ereignissen, der Urteilsbildung einschließlich der Auswahl von Entscheidungs-alternativen und Prozessen der Informationsintegration sowie die Schätzung einschließlich eventuell geforderter Berechnungen beteiligt. Schließlich muss die Antwort formatiert und die formatierte Antwort geäußert werden. Ob die gefundene Lösung (Antwort) tatsächlich geäußert wird oder nicht, muss als bewusste Entscheidung des Befragten angesehen werden, der diese Entscheidung noch einmal auf dem Hintergrund möglicher Nachteile für sich selbst überprüft, wozu insbesondere die Konsequenzen für sein Selbstkonzept[2] gehören. Das dargestellte Modell kann in mehrerer Hinsicht weiter detailliert, modifiziert und/oder erweitert werden. So ist davon auszugehen, dass für die Lösung der im Fragetext erforderlichen Aufgabe spezifische mentale Prozesse wie z.b. Schlussfolgerungsprozesse sowie beobachtbare Handlungen wie z.b. das Heraussuchen einer Rechnung, eines Vertrags, etc. erforderlich sein können. Ferner ist noch nicht festgelegt, *wie* die dargestellten Prozesse ausgeführt werden (z.b. parallel oder sequentiell) und wie die Abläufe aufeinander bezogen sind. Im Rahmen der „dual processing"-Ansätze (vgl. Kahnemann & Frederick 2002; Stanovich 1999; Evans 2008) wird etwa zwischen automatisch ablaufenden und bewusst ablaufenden Prozessen unterschieden. Eine solche Unterscheidung hätte z.b. Konsequenzen für die Fähigkeit der Befragten, mentale Prozesse bewusst abzubrechen.

Die hier zur Anwendung kommenden kognitionspsychologischen Modellvorstellungen basieren auf dem Paradigma der Informationsverarbeitung, das sich, nicht zuletzt befördert durch Entwicklungen in der Linguistik und der Informatk in der kognitiven Psychologie durchgesetzt hat und auch in der Umfrageforschung zur Erklärung des Befragtenverhaltens herangezogen wird (vgl. Hippler, Schwarz & Sudman 1987; Schwarz 1997, 2007; Tourangeau 1984, Tourangeau et al. 2000). Fortschritte im Bereich der neurophysiologischen Forschung legen außerdem neurophysiologische Beschreibungen des Antwortprozesses nahe (vgl. z.B. Crites et al. 1996).

Die erfolgreiche Beantwortung einer Frage setzt die Realisierung aller in Abbildung 12 dargestellten Schritte voraus. Im Extremfall wird keiner der beschriebenen Schritte realisiert und der Befragte gibt stattdessen eine willkürliche Antwort. Ob eine Frage ernsthaft beantwortet wird und die zur Beantwortung erforderlichen Prozesse durchlaufen werden, ist allerdings nicht direkt beobachtbar. Dies kann auch nicht aus den Konversationsregeln und einer impliziten oder expliziten Kooperationsvereinbarung zwischen Interviewern und Befragten abgeleitet werden, sondern wird vom Forscher vielmehr oft fälschlicherweise unterstellt. Die Zulässigkeit bzw. Adäquatheit einer Antwort (vgl. hierzu Prüfer & Rexroth 1996) ist zwar ein notwendiger, aber nicht hinreichender Indikator für die Ernsthaftigkeit der Fragebantwortung und damit für den *Erfolg einer Frage*. Hinreichend ist sie darum nicht, weil der Befragte eine adäquate Antwort

---

[2] vgl. den Überblick über Selbst und Identität von Leary 2007

geben könnte, ohne dass ein erfolgreicher Lösungsversuch vorliegt und die in der Frage geforderte Leistung erbracht wurde (vgl. Krosnick 1991; Krosnick & Alwin 1987) oder weil er nicht aufrichtig antwortet und den wahren Wert kommuniziert. Verschiedene Analysen des Problems der sog. *Nonattitudes* (vgl. Converse 1964) zeigen, dass Befragte in Einstellungsfragen eine Meinung äußern, also eine adäquate Antwort geben, auch wenn sie gar keine Meinung haben (vgl. auch Bishop, Oldendick & Tuchfarber 1980; Krosnick et al. 2002). Auch andere Arten adäquater Antworten werden eventuell nur darum gegeben, weil z.B. Nichtwissen verschleiert werden soll. Andererseits zeigen Studien, dass die Wahl von in den Antwortvorgaben vorgesehenen „weiß-nicht"-Kategorien kein wirkliches Nichtwissen widerspiegelt, sondern auch dann erfolgt, wenn der Antwortprozess unvollständig oder gar nicht durchlaufen wurde (weak oder strong satisficing, vgl. Abschnitt 2.5).

2.2 Fragenqualität und Messfehler

Die Ernsthaftigkeit der Fragebeantwortung und die Durchführung der zur Beantwortung notwendigen Prozesse und Handlungen ist die Voraussetzung dafür, dass die Antwort des Befragten nicht willkürlich erfolgt, sondern sich auf den ernsthaften Versuch bezieht, den seiner eigenen Beurteilung nach *wahren Wert* zu finden, auch wenn es sich im Ergebnis de facto dann doch nicht um den wahren Wert handelt. So kann das Ergebnis einer in der Frage geforderten Erinnerungsleistung das Datum eines Ereignisses sein, das zwar vom Befragten für das wahre Datum gehalten wird, sich aber nach externer Validierung als ein anderes als das wahre Datum herausstellt. Möglicherweise ist sich der Befragte auch gar nicht sicher, dass es sich um das wahre Datum handelt. Vielleicht sieht er sich nur imstande, ein Intervall angeben, in dem das gesuchte wahre Datum liegt. Ein wahrer Wert in diesem Sinne entspricht einer *platonischen Auffassung* des wahren Werts (vgl. Sutcliffe 1965) in dem Sinne, dass dessen Existenz unterstellt wird. Im Vergleich dazu repräsentiert die Konzeption des wahren Wertes in der klassischen Testtheorie (siehe unten) eine *operationalistische* Auffassung (vgl. hierzu Lord & Novick 1968). Beide Auffassungen sind aber miteinander nicht unvereinbar.

Neben der ernsthaften Suche nach einem wahren Ergebnis, ist für den Frageerfolg bestimmend, dass der Befragte das Ergebnis aufrichtig und so gut er kann im vorgegebenen Antwortformat mitzuteilen versucht. Dieser Versuch kann auch scheitern, indem es dem Befragten beim besten Willen nicht gelingt, sein für wahr gehaltenes Ergebnis zu kommunizieren. In jedem Fall kann die

Vorgabe eines Antwortformats für den Befragten eine Einschränkung seiner Ausdrucksmöglichkeiten bedeuten. Zahlreiche empirische Befunde zeigen den Einfluss der Gestaltung von Antwortskalen auf das Antwortverhalten (vgl. Abschnitt 2.5.5).

Die Verschiebung vom wahren Ergebnis zum mitgeteilten Ergebnis kann systematisch oder zufällig sein. Auch der der zuletzt genannte Fall einer *zufälligen* Abweichung kann unter der Bedingung auftreten, dass die Frage aus Gründen mangelnder Motivation, Ermüdung, Desinteresse, etc. gar nicht ernsthaft bearbeitet wird.

Ein Beispiel für eine *systematische Verschiebung* wäre gegeben, wenn der Befragte das Ergebnis noch einmal in Hinblick auf Nachteile für seine Selbstdarstellung oder in Bezug auf ihre Konformität mit gesellschaftlichen Normen überprüft und lieber einen anderen Wert mitteilt (soziale Erwünschtheit).

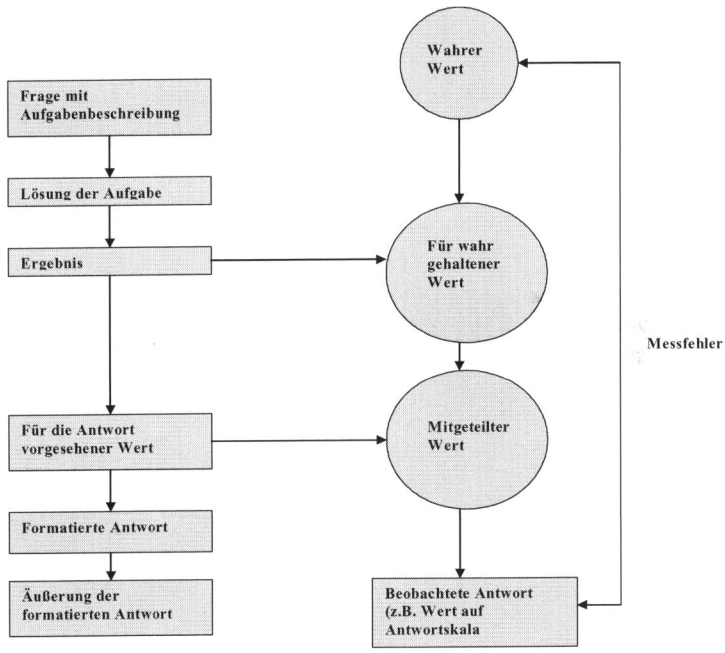

Abbildung 13: Weg vom wahren Wert zur beobachteten Antwort

Der Zusammenhang zwischen wahren Werten und beobachteten Antworten wird durch eine *Antwortfunktion (response function)* beschrieben, die die beobachteten Antworten bzw. bei diskreten, in der Regel ordinalen Antwortskalen die Antwortwahrscheinlichkeiten durch die wahren Werte vorhersagt.

Auf jeder Stufe des Weges vom wahren Wert zur beobachteten Antwort können also Verzerrungen nicht ausgeschlossen werden. Abbildung 13 zeigt die verschiedenen Stufen dieses Weges. In Abbildung 14 haben wir versucht, diesen Weg am Beispiel einer Frage nach dem Sterbedatum des Großvaters bei einer älteren Befragungsperson nachzuzeichnen.

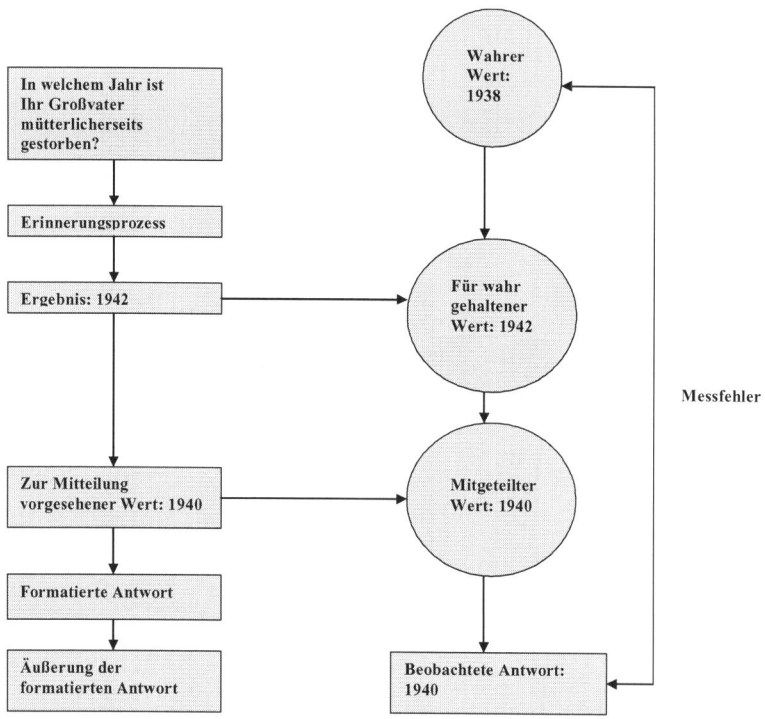

Abbildung 14: Beispiel für einen Weg vom wahren Wert zur Antwort

Die auf jeder Stufe möglichen Verzerrungen können entweder zufälliger oder systematischer Natur sein. So könnte in dem in Abbildung 14 dargestellten Beispiel die Abweichung des für wahr gehaltenen Werts vom tatsächlichen wahren Wert systematisch durch organisch oder psychisch bedingte Erinnerungslücken bedingt sein. Es könnte auch sein, dass der Befragte sich während des Erinnerungsprozesses auf „falsche" cues verlässt. Prinzipiell können hier als Erinnerungseffekte auch sog. *Telescoping-Effekte* (vgl. Neter & Waksberg 1964) auftreten, die dazu führen, dass ein Ereignis näher oder ferner datiert wird als dem realen Datum entspricht. Der hier unterstellte Erinnerungseffekt hätte eventuell vermieden werden können, wenn man den Befragten gebeten hätte, sein Familienstammbuch herauszusuchen und einzusehen, oder wenn man bestimmte Erinnerungshilfen gegeben hätte. Die Abweichung des für wahr gehaltenen Werts vom tatsächlich mitgeteilten Wert könnte dadurch bedingt sein, dass der Befragte sich unsicher war und sich dafür entscheidet, lieber ein zwei Jahre weiter zurück liegendes Datum zu nennen. Es kann angenommen werden, dass sich Variablen wie soziale Erwünschtheit oder der Wunsch, sich kompatibel mit dem eigenen Selbstkonzept darzustellen, vor allem in einer bewusst herbeigeführten Abweichung zwischen dem für wahr gehaltenen Wert und dem mitgeteilten Wert auswirken. Interviewereffekte und Effekte der Ausführungsart können diese Wirkung moderieren.

Während in dem in Abbildung 14 dargestellten Beispiel der wahre Wert ein prinzipiell empirisch validierbarer platonischer ist, ist dies bei theoretischen Variablen wie z.B. Einstellungsmessungen nicht der Fall. Der wahre Wert auf einer Einstellungsdimension ist prinzipiell nicht beobachtbar. Es erscheint in diesem Fall auch theoretisch fraglich, ob ein Unterschied zwischen wahrem Wert und für wahr gehaltenen Wert sinnvoll ist. Bei einer Einstellung handelt es sich um eine Konstruktvariable, für die der ontologische Status unklar ist: Soll angenommen werden, dass es sich bei einem Wert auf dieser Variablen um einen realen, im Befragten lokalisierten Wert handelt oder eher um einen theoretischen Wert oder eine empirische Generalisierung beobachteter Verhaltensweisen im Kopf des Forschers?

In der klassischen Testtheorie (vgl. Bohrnstedt 1983; Gulliksen 1950; Lord & Novick 1968; Rost 2004; Steyer & Eid 2001; Zeller & Carmines 1980) wird ein beobachteter Messwert x_i zerlegt in einen *wahren Wert (true value)* τ_i und in einen statistisch unabhängigen *zufälligen Fehler*, so dass gilt:

$$x_i = \tau_i + \varepsilon_i$$

Nimmt der Fehler für eine einzelne Messung den Wert 0 an, so repräsentiert die beobachtete Messung den wahren Wert. Gemäß der operationalistischen Konzeption des wahren Werts in der klassischen Testtheorie ist für ein Individuum i der wahre Wert definiert als der Mittelwert (Erwartungswert) der Messungen μ_i, der sich ergeben würde, wenn i unter den gleichen Bedingungen unendlich oft gemessen worden wäre, so dass in der Zerlegung des Messwerts der wahre Wert durch den Erwartungswert μ_i dargestellt wird:

$$x_i = \mu_i + \varepsilon_i$$

Der Erwartungswert des Fehlers (die mittlere Abweichung der Messerte vom wahen Wert) würde dagegen den Wert 0 annehmen. Beim Fehlerkonzept der klassischen Testtheorie wird der Fehler also als ein *Zufallsfehler* angesehen, der um den Erwartungswert 0 herum streut. Die auf Seite 45 unten dargestellte Messwertzerlegung kann allerdings zunächst unabhängig davon behauptet werden, welche Auffassung des wahren Werts τ_i unterstellt wird.

Auf der oben dargestellten Zerlegung der beobachteten Messung basiert der Begriff der *Zuverlässigkeit bzw. Reliabilität* ρ. Die Reliabilität ist definiert als das Verhältnis der Varianz der wahren Werte (wahre Varianz; true variance) σ_τ^2 zur Varianz der beobachteten Werte (beobachtete Varianz; observed variance) σ_x^2:

$$\rho = \frac{\sigma_\tau^2}{\sigma_x^2} = \frac{\sigma_x^2 - \sigma_\varepsilon^2}{\sigma_x^2} = 1 - \frac{\sigma_\varepsilon^2}{\sigma_x^2}.$$

Sie spiegelt das Ausmaß wider, in dem die Messungen um die wahren Werte herum zufällig schwanken.

Die Quadratwurzel aus der Reliabilität $\sqrt{\rho}$ wird als *theoretische Validität* bezeichnet. Sie entspricht der Korrelation zwischen einem empirischen Indikator und *wahren Variablen (true variable)* bzw. den Werten der Konstruktvariablen, die er mutmaßlich misst, wenn die Messung inhaltlich valide ist.[3] Bei der klassischen Testtheorie handelt es sich um eine Fehlertheorie quantitativer Messungen. Sind die Messungen diskret und die theoretischen Variablen stetig,

---

[3] Zwischen einer wahren Variablen und einer Konstruktvariablen kann statistisch nicht unterschieden werden (vgl. Alwin & Jackson 1980).

muss die Wahrscheinlichkeit der Antworten im Rahmen der *Latent-Trait-Theorie* (auch: *Item-Response-Theorie*, kurz: *IRT*) bzw. der *probabilistischen Testtheorie* modelliert werden (vgl. Hambleton, Swaminatham & Rogers 1991; Skrondal & Rabe-Hersketh 2004). Werden sowohl die theoretischen als auch die latenten Variablen als diskret vorausgesetzt, muss die Reliabilität im Rahmen der *Latent-Class-Modellierung* bestimmt werden (vgl. speziell zur Reliabilität van de Pol & de Leeuw 1986).

Sind die Abweichungen der beobachteten Werte von den wahren Werten nicht zufällig, so bedeutet dies, dass zum wahren Wert eine weitere systematische Komponente hinzugefügt werden muss. Ohne besondere Vorkehrungen im Design kann nicht unterschieden werden zwischen dem wahren Wert und dem durch die systematische Zusatzkomponente verzerrten wahren Wert.

2.3 Fragenqualität, inhaltliche Validität und Spezifikationsfehler

Der ernsthafte und erfolgreiche Versuch, den Fragetext zu verstehen, ist notwendige Voraussetzung dafür, dass der Indikator, den der Forscher zur Messung einer Variablen im Rahmen des Prozesses der Operationalisierung ausgewählt hat, *auch für den Befragten* genau dieser ausgewählte Indikator ist. Gelingt es dem Befragten nicht, den Fragetext in der von Forscher intendierten Weise zu interpretieren (erste Stufe des Antwortprozesses, vgl. Abbildung 12) bedeutet dies nicht unbedingt, dass der Fragetext mehrdeutig war, sondern oft nur, dass der Fragetext zwar für den Befragten genau eine Interpretation besitzt, diese aber von der intendierten Interpretation des Forschers abweicht. Das kann z.B. dann passieren, wenn im Text auftretende einzelne Begriffe oder Textteile abweichend vom Forscher interpretiert werden. Darüber hinaus kann es weitere Ursachen geben wie die, dass der Befragte eine vom Forscher unterschiedene interne semantische Repräsentation des Textes aufbaut, Wissen anders als der Forscher in vorgegebenen Wissensstrukturen einfügt, die Informationen des Textes nicht in der erforderlichen Weise integriert, etc.

Eine niedrige Korrelation einer beobachteten Variablen mit einer wahren Variablen und damit ein hoher Messfehler und eine niedrige Zuverlässigkeit sprechen bereits für eine niedrige inhaltliche Validität der beobachteten Variablen. Allerdings setzt die Bestimmung der theoretischen Validität bereits voraus, dass der Indikator, auf den sie sich bezieht, tatsächlich der vom Forscher gewählte Indikator ist. Dies muss nicht der Fall sein, denn praktisch könnte der Fall eintreten, dass auf Grund einer vom Forscher unterschiedenen Interpretation des Fragetextes durch die Befragten ein anderer Indikator als der, den der

Forscher im Sinn hatte, diese niedrige theoretische Validität aufweist. Auf der anderen Seite könnte bei einem niedrigen Messfehler vollkommen zuverlässig das falsche Konstrukt gemessen werden.

Der Begriff der inhaltlichen Validität thematisiert die inhaltliche Relevanz der Variablen für das, was gemessen werden soll. Sie wird maßgeblich beeinflusst durch die Art des Frageverständnisses. Während die *theoretische Validität* die Stärke des Zusammenhangs zwischen einem Indikator und einer ausgewählten theoretischen Variablen ausdrückt, beeinflusst die *inhaltliche Validität* die inhaltliche Bedeutung des Indikators für die theoretische Variable. Eine inhaltliche Validität, die nicht die intendierte inhaltliche Validität des Forschers wiedergibt, stellt eine Bedrohung für die inhaltliche Güte der Frage als Indikator dar, da der Forscher die Frage wegen ihrer inhaltlichen Relevanz für die theoretische Variable ausgewählt hat. Die Beurteilung dieser inhaltlichen Relevanz basiert auf seinem eigenen Verständnis des Fragetextes, das von dem der Befragten abweichen kann. Misst der Indikator ein anderes Konstrukt als das intendierte, so liegt ein Spezifikationsfehler vor. Ein *Spezifikationsfehler* kann angenommen werden, wenn der zu messende Inhalt vom tatsächlich gemessenen Inhalt abweicht. Ob dies der Fall ist, hängt aber vom Frageverständnis der Befragten der Haupterhebung ab, über das der Forscher keine direkte Kenntnis hat, auch wenn er im Rahmen eines Pretests (vgl. Abschnitt 3.2.1) bereits gewisse Hinweise sammeln konnte.

Ist die Interpretation der Frage durch den Befragten entscheidend dafür, ob der Indikator der vom Forscher intendierte Indikator ist, so ist die Wirkung der Frage nach korrektem Verständnis entscheidend dafür, ob der korrekte Indikator auch das intendierte Konstrukt misst. Unerwünschte, vom Forscher zunächst nicht beabsichtigte Effekte wie das Anstoßen von Bedenken, ob die Antwort den gesellschaftlichen Normen entspricht oder mit dem eigenen Selbstbild kompatibel ist, können systematisch von bestimmten Dispositionen des Befragten abhängen, so dass die beobachteten Messungen eher Indikatoren für diese Dispositionen sind als für das intendierte Konstrukt des Forschers sind.

2.4 Fragenqualität und Umfragequalität

2.4.1 Zum Begriff der Umfragequalität

Der Entwurf eines Erhebungsinstruments ist als Teil des *Umfrageprozesses* (*survey process*; vgl. Lyberg et al. 1997; Biemer & Lyberg 2003; Groves et al. 2004; Weisberg 2005) maßgeblich mitverantwortlich für die Gesamtqualität einer Umfrage. Abbildung 15 gibt einen Überblick über die Stufen, die neben der Fragebogenkonstruktion und dem Entwurf von Fragen in einer Umfrage durchlaufen werden müssen.

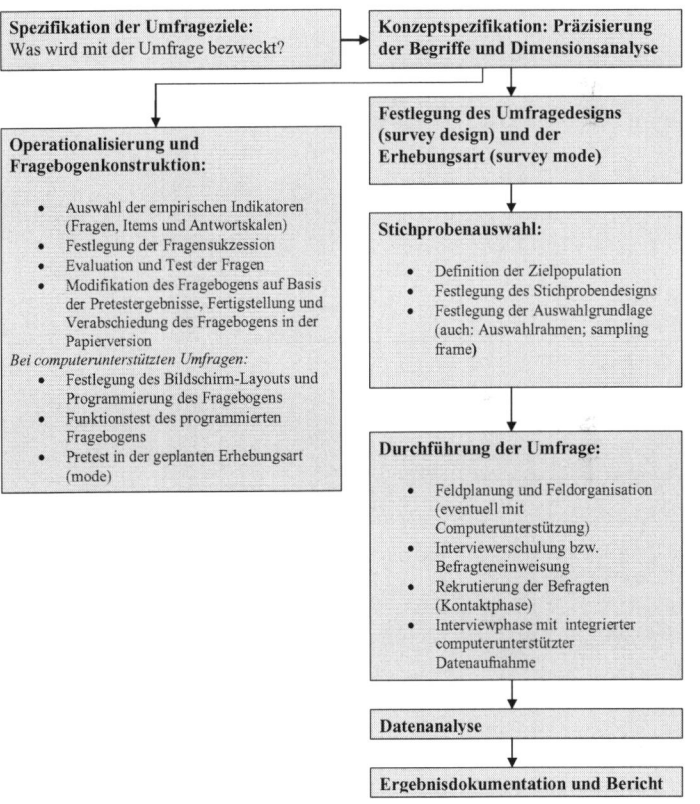

Abbildung 15: Umfrageprozess

Nicht nur die Art und Weise, wie der Fragebogen konstruiert wird, sondern auch die Art und Weise, wie die übrigen Schritte des Umfrageprozesses realisiert werden, d.h. die konkrete Ausgestaltung der einzelnen Schritte, hängt insbesondere von der Befragungsart und ihren spezifischen Anforderungen ab. So erfordert z.b. eine computerunterstützte Telefonumfrage eine Auswahlgrundlage für die Telefonnummern und schließt die Verwendung von visuellen Befragungshilfen aus; Befragungen ohne Interviewer stellen spezifische Anforderungen an die Fragebogengestaltung, etc. In Bezug auf die Durchführung der Umfrage bedarf es gegebenenfalls der Setzung der relevanten Parameter in der Verwaltungssoftware, einer um die technischen Schulungskomponenten erweiterten Schulung der Interviewer und – bei selbst-administrierten Umfragen – eine Einweisung der Befragten in die technische Handhabung wie die Bedienung, die Navigation durch den Fragebogen, etc.

Die Optimierung einer Umfrage beinhaltet die Optimierung aller ihrer Teilschritte und bezieht sich damit auf ihre *Prozessqualität (process quality;* vgl. Kaase 1999; Lyberg et al. 1997; Biemer & Lyberg 2003; Weisberg 2005). Das Konzept der Umfragequalität lässt sich weiter präzisieren, wenn man sich verdeutlicht, worin die unmittelbaren Ziele einer Umfrage bestehen. Diese können zwar sehr unterschiedlich sein, in der Regel geht es aber darum, Aussagen über Parameter (Erwartungswerte, Varianzen, etc.) in einer genau definierten Population auf der Basis von Stichprobendaten zu machen; d.h. es werden Schätzungen bestimmter Quantitäten in einer Population vorgenommen, z.b. der Prozentsatz der Wähler einer bestimmten Partei, der Prozentsatz der Käufer eines bestimmten Produkts, der Prozentsatz der Familien, die in einer bestimmten Großstadt wohnen, etc.

Eine Möglichkeit, die Qualität einer Umfrage zu messen (*survey measurement*), wäre die, die tatsächlichen Schätzungen der Parameter mit denen zu vergleichen, die man erhalten würde, wenn die Umfrage unter idealen Bedingungen hätte durchgeführt werden können, d.h., wenn die Ziele der Messung optimal hätten umgesetzt werden können (vgl. Hansen, Hurwitz & Pritzker 1967; Groves 1991; Dippo 1997). Die Differenz zwischen der Umfragemessung unter den tatsächlichen Bedingungen und der unter den idealen Bedingungen definiert den *totalen Umfragefehler (total survey error)*. Dieser setzt sich wiederum aus verschiedenen Fehlerkomponenten zusammen.

Die idealen Bedingungen einer Umfrage sind gegeben, wenn alle Fehler bzw. Verzerrungen, die in Umfragen auftreten können und die den totalen Umfragefehler beeinflussen können, minimiert sind. Abbildung 16 gibt einen Überblick über die verschiedenen Fehlerarten in Umfragen.

Die Minimierung der Fehler erfolgt innerhalb der verschiedenen Stufen des Umfrageprozesses (zu den Fehlertypen vgl. auch Kalton, Kasprzyk & McMillen 1989; Groves 1991).

Der *totale Umfragefehler (total survey error)* lässt sich zunächst in zwei große Komponenten zerlegen:

- *Stichprobenfehler (sampling error):*
  entsteht dadurch, dass statt der totalen Population eine Stichprobe beobachtet wurde.
- *Nicht-Stichprobenfehler (nonsampling errors):*
  umfassen alle anderen Arten von Fehlern.

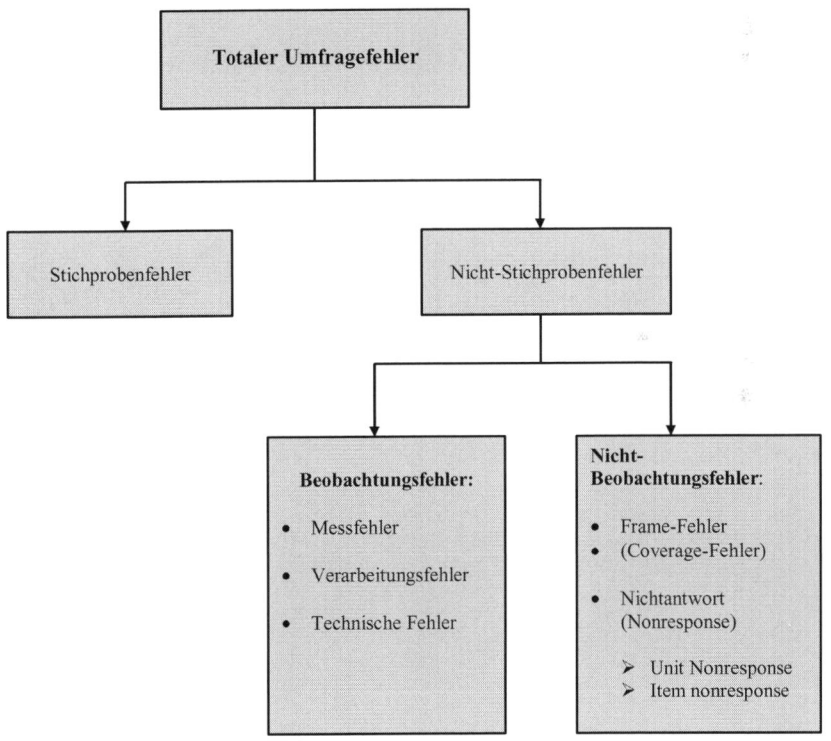

Abbildung 16: Zerlegung des Umfragefehlers

Der Nicht-Stichprobenfehler lässt sich wiederum unterteilen in *Nicht-Beobachtungsfehler* und *Beobachtungsfehler*. Die zuerst genannte Klasse von Fehlern tritt auf, wenn es nicht gelingt, Daten aus bestimmten Teilen der Population zu erhalten, während Beobachtungsfehler dann entstehen, wenn ein Element der Stichprobe ausgewählt und gemessen wurde, der endgültig in den Datensatz aufgenommene Wert aber vom wahren Wert abweicht. Beobachtungsfehler beinhalten verschiedene Arten von *Ausfällen* bzw. *Nichtantwort (nonresponse)*. Eine Untersuchungseinheit der Zielpopulation kann aus der Erhebung herausfallen, weil sie gar nicht in der Auswahlgrundlage erscheint (undercoverage), oder in der Auswahlgrundlage sind Einheiten aufgeführt, die gar nicht zur Zielpopulation gehören (overcoverage). Fehler dieser Art heißen Fehler der Auswahlgrundlage (frame) bzw. *Frame-Fehler*. Nonresponse kann entweder den gesamten Fall (*unit nonresponse*) oder nur bestimmte Fragen/Items (*item nonresponse*) betreffen.

Messfehler (measurement errors) sind Fehler in der Erhebungsphase (vgl. Abschnitt 2.2.). *Verarbeitungsfehler (processing errors)* sind Fehler, die bei der Codierung, der Transkription, der Ersetzung fehlender Werte (Imputation) und der Behandlung von Ausreißerwerten sowie anderer Typen der Datenbehandlung vor der Verwendung von Daten in der statistischen Analyse und der Parameterschätzung entstehen. Unter der Bezeichnung *technische Fehler* werden alle Fehler zusammengefasst, die durch Probleme der in der Datenerhebungsphase eingesetzten technischen Systeme entstehen. Davon betroffen können insbesondere computerunterstützte Befragungen sein, wenn z.B. Interviewer in CAPI-Umfragen (vgl. Abschnitt 1.4.2) die technische Handhabung der Geräte nicht ausreichend geübt haben oder während des Interviews Soft- oder Hardwareprobleme auftreten. Diese Probleme können auch die Interviewsituation beeinflussen, die wiederum Auswirkungen auf den Messfehler haben kann. Der Messfehler gibt die Abweichung der Messung vom wahren Wert ab und kann im Prinzip aus mehreren zufälligen und systematischen Komponenten, z.B. solche, die auf Interviewermerkmale zurückzuführen sind, bestehen (vgl. Biemer & Stokes 1989; Biemer & Trewin 1997).

2.4.2 Die allgemeine Bedeutung der Fragenqualität für die Qualität einer Umfrage

Die Bedeutung der Fragenqualität für die Qualität einer Umfrage ergibt sich aus dem Sachverhalt, dass Fragen Handlungen des Forschers als Akteur sind und die Ergebnisse einer Umfrage *aggregierte Folgen* dieser individuellen Handlungen darstellen (vgl. Abbildung 17), die vom Forscher mit Unterstützung von *Umfrageoperatoren* (Interviewern, Computern, etc.) in bestimmter Weise (Befragungsart) an Personen (Befragten) vollzogen werden in der Absicht, von diesen Informationen über bestimmte Aspekte ihrer inneren und/oder äußeren Realität zu erhalten. Da die Erzeugung dieser Informationen sowie deren Mitteilung selbst wiederum von Handlungen der Befragten abhängen, handelt es sich im Grunde um eine Hintereinanderschaltung von zwei Handlungsträgern (Forscher und Befragter) und deren Handlungen. Die Ergebnisse dieser Handlungen, d.h. die Reaktionen der Befragten, liefern die Daten für eine *statistische Aggregation* und damit die Erreichung des *Umfrageziels*, nämlich die optimale Schätzung von Parametern in der Population, die Überprüfung statistischer Modelle oder die Exploration und Beschreibung von Datenstrukturen. Hieraus ist sofort ersichtlich, dass die Qualität der statistischen Ergebnisse durch die Qualität der Fragen maßgeblich bestimmt wird.

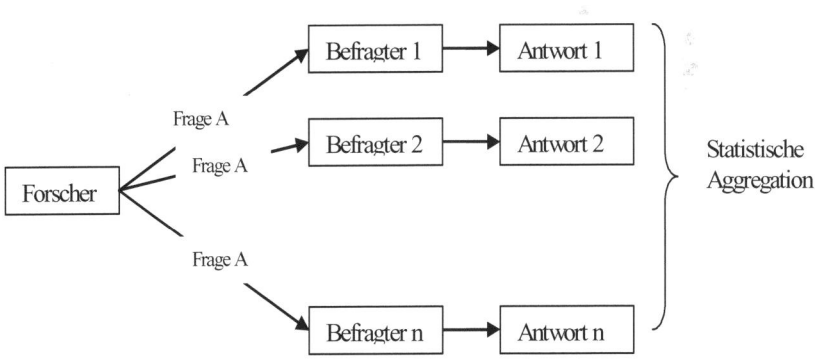

Abbildung 17: Statistische Aggregation von Ergebnissen einer Frage

Gefährdungen der Qualität einer Frage beeinflussen den totalen Umfrage-fehler über den Nicht-Stichprobenfehler, und zwar sowohl über den Beobach-tungsfehler als auch über den Nicht-Beobachtungsfehler. Die wichtigsten Fol-gen mangelnder Fragenqualität für die Umfragequalität sind:

Unvollständige Daten durch nicht-adäquate Antworten
Verschiedene Wirkungen der Frage wie Unverständnis, Überforderung, Bedro-hung (threatening), etc. können Befragte dazu veranlassen, die Antwort zu ver-weigern oder auf „weiß-nicht"-Antworten auszuweichen. Ob „weiß-nicht"-Antworten zu den fehlenden Werten gezählt werden, hängt von ihrer Rolle in der Forschungsfragestellung ab. Unterschiedliche Teilgruppen der Stichprobe können in unterschiedlichem Ausmaß hiervon betroffen sein.

Ausfälle durch Item Nonresponse führen zu einer Minderung der Umfrage-qualität. Für Reparaturversuche stehen Gewichtungsverfahren oder verschiede-ner Verfahren der Behandlung fehlender Werte (vgl. z.B. Rubin 1976; Särndal, Wretman & Swensson 1991; Little & Rubin 2002; Schafer 1997) zur Verfü-gung. Für alle Verfahren gilt, dass sie Annahmen über den Mechanismus vor-aussetzen, der die fehlenden Werte erzeugt („Missing-data"-Mechanismus). In jedem Fall können die in Abschnitt 2.1 erwähnten Qualitätsmängel bei Fragen zu Nonresponse führen, die nicht vollständig zufällig (missing completely at random bzw. MCAR) ist, sondern nur zufällig (missing at random bzw. MAR) oder sogar nicht-ignorierbar (non-ignorable) (vgl. Rubin & Little 2002) ist[4]. Da es unter Qualitätsgesichtpunkten besser ist, auf diese Verfahren verzichten zu können (vgl. Groves 2006), sollte auch die Optimierung der Fragenqualität hierzu einen Beitrag leisten.

---

[4] *MCAR:* Das Fehlen von Werten hängt nicht von den Werten der Variablen im Datensatz ab, seien sie beobachtet oder nicht. Die Menge der fehlenden Werte stellt in diesem Fall eine Zufalls-stichprobe aus der Nettostichprobe aller Befragten dar.
MAR: Das Fehlen von Werten hängt nur von den beobachteten Werten des Datensatzes ab.
NMAR: Die Verteilung der fehlenden Werten hängt von den fehlenden Werten ab.
Ignorierbarkeit: Gilt MAR und sind die Parameter des „Missing-data"-Mechanismus sowie die des Daten erzeugenden Mechanismus voneinander unabhängig heißt der „Missing-data"-Mechanismus ignorierbar.

Die quantitativen Auswirkungen von Item Nonresponse äußern sich in der Höhe des *Nonresponse-Fehlers (nonresponse bias)*. Das Ausmaß des Nonresponse-Fehlers kann für eine Stichprobe s nach folgender Formel bestimmt werden:

$$\overline{Y}_r = \overline{Y}_s + \frac{m_s}{n_s}(\overline{Y}_r - \overline{Y}_m)$$

wobei:

$\overline{Y}_r$: Mittelwert der Antwortenden (Respondenten) in Stichprobe s

Y_s : Mittelwert der vollständigen Stichprobe s

$\overline{Y}_m$: Mittelwert der Nichtantwortenden in Stichprobe s

n_s : Umfang der Gesamtstichprobe von s

m_s : Anzahl der Nichtantwortenden in der Stichprobe s

$\dfrac{m_s}{n_s}$: Nonresponse-Rate

Aus der Formel ist ersichtlich, dass der Nonresponse-Fehler unter den folgenden Bedingungen den Wert Null annimmt:

- Es gibt keinen Mittelwertsunterschied zwischen der Teilstichprobe der Antwortenden und der Gesamtstichprobe.
- Alle Elemente der Bruttostichprobe haben geantwortet.

Da Ziehungen aus der gleichen Zielpopulation unter verschiedenen Stichprobendesigns unterschiedliche Nonresponse-Raten produzieren und jedes Individuum ein potentieller Respondent oder Nichtrespondent ist, empfiehlt es sich, von einer individuellen Antwortwahrscheinlichkeit ρ_i auszugehen. Groves (2006) schlägt daher vor, die von Bethlehem (2002) vorgeschlagene Formel

$$Bias(\overline{y}) = \frac{\sigma_{y\rho}}{\overline{\rho}}$$

zu verwenden. In diesem Ausdruck ist $\sigma_{y\rho}$ die Kovarianz zwischen den Variablen y und der individuellen Antwortwahrscheinlichkeit *(propensity)*. $\overline{\rho}$ ist die mittlere Antwortwahrscheinlichkeit. Nach dieser Formel wächst das Ausmaß an Verzerrung mit wachsender Kovarianz zwischen der betrachteten Untersuchungsvariablen y und der Antwortwahrscheinlichkeit bei gleich bleibender durchschnittlicher Antwortwahrscheinlichkeit und sinkt mit zunehmender durchschnittlicher Wahrscheinlichkeit der Nichtantwort.

Mangelnde inhaltliche Validität

Durch ein vom Forscher abweichendes Verständnis der Frage kann die Frage zu einem Indikator für ein anderes Konstrukt werden als das, für welches die Frage eigentlich gedacht war (vgl. Abschnitt 2.3). So kann z.B. der Fall eintreten, dass eine Frage, die ursprünglich als Indikator für eine Einstellung gedacht war, zu einem Indikator für das Konstrukt „Soziale Erwünschtheit" wird. Dieses Problem wird dadurch verschärft, dass mögliche inhaltliche Verschiebungen für bestimmte Teilgruppen der Stichprobe unterschiedlich ausfallen können. Teilgruppen von Befragten mit einem bestimmten Migrationshintergrund könnten sich von Personen mit einem anderen Migrationshintergrund oder von Befragten der Mehrheitsgesellschaft in ihrem Verständnis der Frage unterscheiden. Ähnliches kann für unterschiedliche Altersgruppen gelten. Die Beispiele könnten beliebig erweitert werden. Ein besonderes Problem stellen die inhaltlich nicht validen adäquaten Antworten dar. Hinter ihnen können sich in Abhängigkeit von Eigenschaften des Befragten und der Frage nicht offen zugegebene Verweigerungen, nicht zugegebenes Nichtwissen oder Meinungslosigkeit oder weiter von den intendierten Inhalten unterschiedene Inhalte verbergen. In ihrem Ausmaß sind diese Erscheinungen ausgesprochen schwer einzuschätzen. Jeder nicht-intendierte systematische Nebeneffekt hat einen Einfluss auf die inhaltliche Validität.

Mangelnde interne Validität

Mit der mangelnden *inhaltlichen* Validität geht eine Bedrohung der *internen* Validität einher. Da unterschiedliche Wirkungen von Eigenschaften der Frage auf Befragte systematisch mit Unterschieden in den Ausprägungen von soziodemographischen und kulturellen Merkmalen, Einstellungen, Interpretationsrahmen (frames), organismischen Variablen etc. einhergehen können, ergibt sich grundsätzlich eine Bedrohung der Umfragequalität durch mangelnde *interne Validität*. So können z.B. die Verstehbarkeit der Frage, die Unterschiedlichkeit des Frageverständnisses, die Lösbarkeit und die Qualität der Lösung der im Fragetext beschriebenen Aufgabe mit bestimmten Merkmalen der Befragten systematisch *konfundiert* sein, ohne dass es eine Möglichkeit gibt, dies nach Beendigung der Umfrage festzustellen. In ähnlicher Weise können die verschiedenen Formen nicht-adäquater Antworten mit Merkmalen der Befragten wie z.b. Bildung, Erfahrung, Sprachkompetenz, kulturelles Hintergrundwissen, etc. konfundiert sein. Hierdurch wird aber die interne Gültigkeit reduziert, da die Antworten der Befragten und damit die Messungen nicht mehr eindeutig auf die eigentlichen Experimental- bzw. Untersuchungsvariablen zurückgeführt werden können.

Konfundierungen können auch im Zusammenhang mit fehlenden Werten auftreten. So ist nicht immer auszuschließen, dass fehlende Werte nicht nur von Merkmalen der Befragten, sondern auch von Merkmalen der Frage und ihrer Wechselwirkung mit Merkmalen der Befragten abhängen kann, so dass im Datensatz gefundene Einflussvariablen auf Nonresponse wie z.b. soziodemographische Variablen ihre eigentliche Ursache nicht in diesen Variablen, sondern in Interaktionen von Befragtenmerkmalen mit Eigenschaften der Frage haben. Ein Beispiel wäre dann gegeben, wenn weniger Gebildete die in der Frage geforderte Leistung nicht erbringen können und daher nicht antworten, so dass diese Teilgruppe aus der realisierten Nettostichprobe aus *Gründen der Fragenqualität* ausgeschlossen wird oder unterrepräsentiert ist. Die Frage stellt in diesem Fall eine Art Schwelle bzw. Hürde dar, die mit einer höheren Wahrscheinlichkeit von höher Gebildeten als von weniger Gebildeten übersprungen wird. Würde also festgestellt, dass vor allem weniger Gebildete verweigern, so könnte dies auch an der Kompetenz und nicht am Inhalt der Frage gelegen haben. Ähnliche Betrachtungen lassen sich nicht nur in Hinblick auf Kompetenz und Leistungsvermögen, sondern auch auf andere Eigenschaften der Frage wie Sensitivität oder das Verständnis anstellen.

Erhöhung des Messfehlers

Aufgrund von Eigenschaften der Frage können auch die zufälligen oder systematischen Abweichungen der beobachteten Messungen von den wahren Werten Reliabilität und theoretische Validität beeinflussen (vgl. Abschnitt 2.2). Die durch diese Abweichungen erzeugten Gefährdungen der Umfragequalität lassen sich an Hand der Werte im Datensatz nur schwer erkennen und auch nur unzureichend statistisch kontrollieren, sofern nicht spezielle Vorkehrungen im Rahmen der Operationalisierung und des Umfragedesigns getroffen wurden wie etwa die Aufnahme von Kontrollvariablen oder die Aufnahme weiterer Indikatoren für ein Konstrukt im Rahmen von Messmodellen mit multiplen Indikatoren. Auch spezifische experimentelle Designs zur Abschätzung des systematischen Fehlers kommen hier in Frage. Bei allen Verfahren handelt es sich nur um Reparaturversuche, die einen zusätzlichen Aufwand erfordern, der in der Regel nicht geleistet werden kann. Daher kommt auch unter diesen Gesichtspunkten den Verfahren zur Optimierung des Fragenentwurfs im Vorfeld der eigentlichen Umfrage eine zentrale Bedeutung zu.

2.5 Qualitätsgefährdungen von Fragen und ihre Ursachen

2.5.1 Grundlegende Aspekte

Gefährdungen der Fragenqualität sind Merkmale von Fragen und ihrer Ausführungsmodalitäten, von denen ein negativer Einfluss auf die Umfragequalität erwartet werden kann. Grundsätzlich sind die Wirkungen von Fragen auf die Befragten nicht nur von den Eigenschaften der Frage, sondern auch von Merkmalen der Befragten und damit auch von der Zielpopulation abhängig, über die Aussagen gemacht werden sollen. Es muss als grundlegendes Dilemma allgemeiner Bevölkerungsumfragen angesehen werden, dass die Wahrscheinlichkeit für das Erfüllen der in Abschnitt 2.1 aufgeführten Kriterien der Fragenqualität und damit des Erfolgs einer Frage zentral von einer Abstimmung zwischen der Frage und ihren Ausführungsmodalitäten und den physiologischen, psychologischen und soziokulturellen Merkmalen der Zielpopulation abhängt. Qualitätsgefährdungen lassen sich nur *relativ zu den Befragten* und ihren Eigenschaften definieren, d.h. relativ zur Zielpopulation. Handelt es sich etwa um eine Spezialpopulation, bei der die Befragten inhaltliche Experten im Bezug auf das zu untersuchende Thema sind, können unter Umständen auch komplizierte Sachverhalte oder Spezialwissen abgefragt werden. Handelt es sich bei den Befragten z.B. um Kinder, ist darauf zu achten, bei der Frageformulierung die intellektuelle Entwicklungsstufe zu berücksichtigen. Bei einer *allgemeinen Bevölkerungsumfrage* ist mit einer soziodemographischen Heterogenität der Population zu rechnen (unterschiedliche Bildungsgruppen, unterschiedlicher Sozialstatus, unterschiedlicher mentaler Zustand, unterschiedliche kognitive Leistungsfähigkeit, unterschiedliche Sozialisation, etc.). Nicht immer lassen sich Fragen finden, die für alle Teilgruppen die gleiche Qualität besitzen und deren Leistungsanforderungen von allen Teilgruppen gleichermaßen erbracht werden können.

Qualitätsgefährdungen entstehen in der Regel dadurch, dass Wirkungen von Merkmalen ausgeübt werden, die sich verzerrend auf den Antwortprozess (vgl. Abbildung 12) auswirken und die beim Frageentwurf nicht berücksichtigt wurden. Dazu zählt insbesondere, dass beim Fragenentwurf die zu erwartenden organischen, psychischen und soziokulturellen Merkmale sowie die zu erwartenden Verhaltensregelmäßigkeiten und empirisch gut bewährten Aussagen zum Befragtenverhalten nicht ausreichend bedacht werden. Dadurch kann sich ein Missverhältnis zwischen den zur beabsichtigten Wirkung erforderlichen Voraussetzungen und den tatsächlich vorhandenen Voraussetzungen des Befragten einstellen. Beseitigt werden kann dieses Missverhältnis nur durch Anpassung des Fragenentwurfs an die Voraussetzungen der Zielpopulation In den folgenden Abschnitten werden einige Ursachen für Qualitätsgefährdungen vorgestellt, sofern sie den Inhalt und die Gestaltung von Fragetexten und Antwortskalen, Layout und Administrationsformen betreffen.

2.5.2 Missverhältnis zwischen Leistungsanforderungen und Leistungskompetenz

Eine Frage stellt den Befragten vor eine Aufgabe, in Bezug auf die von ihm eine Lösung erbeten wird. Die Lösung wiederum erfordert die Erbringung bestimmter Leistungen. Jede Frage beinhaltet also bestimmte *Leistungsanforderungen*. Für die Qualität einer Frage ist von entscheidender Bedeutung, ob und in welcher Qualität diese Leistungen von den Befragten in der Interviewsituation tatsächlich erbracht werden können, d.h. entscheidend ist, in welchem Verhältnis die in der Frage beschriebenen Leistungsanforderungen zum Leistungsvermögen bzw. der Kompetenz des Befragten stehen. Eine Qualitätsgefährdung im Sinne einer Gefährdung des Frageerfolgs kann auftreten, wenn ein *Missverhältnis zwischen Leistungsanforderungen und Leistungsvermögen bzw. Kompetenz* besteht.

Wir haben in Abschnitt 2.1 die für die Beantwortung erforderliche Gesamtleistung grob in drei Teilleistungen zerlegt:

- die Interpretationsleistung
- die zur Lösung der im Fragetext beschriebenen Aufgabe zu erbringenden Leistung
- die zur Formatierung und Äußerung der Antwort zu erbringenden Leistungen (z.B. verbale Fähigkeit, Handhabung des Antwortformats)

Diese Leistungen können gemäß der Stufen des Antwortprozesses (vgl. Abbildung 12) noch einmal ausdifferenziert werden. Jede Frage stellt besondere Anforderungen an die Interpretationsleistung, die zur Lösung der Aufgabe erforderlichen Leistungen und die zur Formatierung und Äußerung der Antwort notwendigen Leistungen. In Bezug auf jede für die Erfüllung der Interpretationsleistung und der für die Lösung der im Fragetext beschriebenen Aufgabe geforderten Teilleistungen kann die Leistungs*fähigkeit* auf Grund organischer, psychischer und/oder sozialer Bedingungen beeinträchtigt sein, die durch Veranlagung, Krankheit. altersbedingten organischen Abbau und Sozialisation einschließlich der sozialen und kulturellen Lernprozesse verursacht sein können. Betroffen sein können die zum Verstehen notwendige Fähigkeit, semantisches und syntaktisches Wissen aus dem Gedächtnis abzurufen, Fähigkeiten zur Zwischenspeicherung von Informationen im Kurzzeitgedächtnis, der Abruf von Daten aus dem autobiographischen Gedächtnis (siehe Schwarz & Sudman 1993; Park & Schwarz 2000). Solche Fähigkeiten können durch verschiedene Faktoren wie Alter, durch den Forscher und die Administratoren nicht feststellbare Demenz, Krankheit, etc. eingeschränkt sein (zu den möglichen neurophysiologischen Einschränkungen im Alter vgl. die entsprechenden Beiträge in Park & Schwarz ebda). In Bevölkerungsumfragen ist immer bei einer Teilgruppe von Befragten mit solchen Beeinträchtigungen zu rechnen.

Der Zusammenhang zwischen latenter Fähigkeit und der Lösungswahrscheinlichkeit einer Aufgabe wird in den Latent-Trait-Modellen der Testtheorie problematisiert. Dort wird die Wahrscheinlichkeit der Lösung einer Aufgabe in Beziehung gesetzt zu einer latenten Fähigkeitsvariablen θ, unabhängig davon, auf welche mentalen Prozesse sich die Fähigkeit bezieht. Im Rasch-Modell, in der diese Beziehung durch eine logistische Funktion beschrieben wird (vgl. Abbildung 18), ist als *Schwierigkeit* einer Aufgabe jene Fähigkeitsausprägung definiert, bei der eine Aufgabe mit einer Wahrscheinlichkeit von 50% gelöst wird. Diese Definitionen lassen sich im Prinzip analog auf die Beantwortung von Fragen übertragen. Die Fähigkeit, eine Frage zu beantworten, setzt sich in diesem Fall aber zusammen aus der Fähigkeit, den Fragetext zu verstehen und der Fähigkeit, die im Text beschriebene Aufgabe zu lösen. Auch wenn die Annahme einer logistischen Funktion für die meisten Fragen eine unrealistische Annahme darstellt, birgt eine irgendwie geartete positive Beziehung bereits die Gefahr der Konfundierung zwischen dem Einfluss der (latenten) Konstruktvariablen und dem Einfluss der latenten Fähigkeit; d.h. die Antwort ist in diesem Fall keine Funktion der zu messenden Variablen, z.B. einer Einstellungsvariablen, allein, sondern hängt außerdem noch von einer Fähigkeitsvariablen ab.

Das Missverhältnis zwischen den Leistungsanforderungen der Frage und dem Leistungsvermögen der Befragten kann zu einer Überforderung und Belastung des Befragten werden, die schließlich zu den in Abschnitt 2.4.2 dargestellten Konsequenzen führen können. Führen die Belastungen zu nachlassender Konzentration, mangelnder Motivation und Ermüdung, besteht die Gefahr, dass Befragter zu bestimmten Antwortstrategien übergehen. Beispiele sind:

- Inhaltsunabhängige Zustimmungstendenz („Akquieszenz")
- Ratetendenz, d.h. zufällige Auswahl einer Antwort
- Bevorzugung bestimmter Kategorien (Extremkategorien, Mittelkategorie)
- Bevorzugung von Geschwindigkeit vor Genauigkeit
- Primacy- und Recency-Effekte[5]

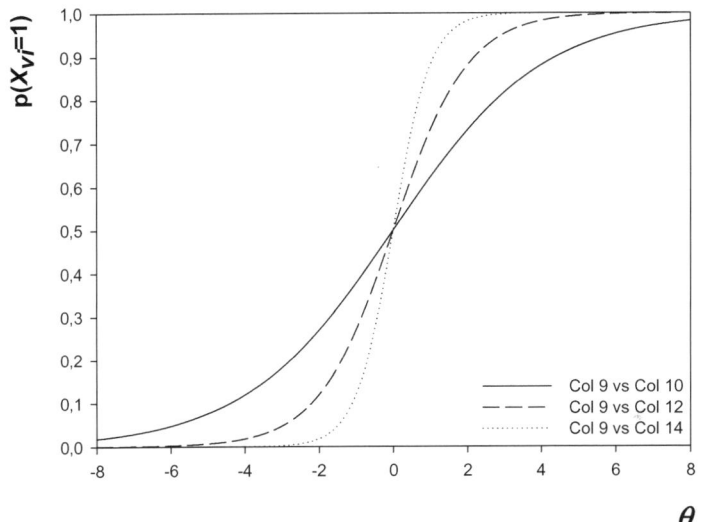

Abbildung 18: Logistischer Zusammenhang zwischen Fähigkeit und
Lösungswahrscheinlichkeit

Auch andere Strategien wie regelmäßiger Wechsel zwischen verschiedenen
Skalenwerten („Nun habe ich zwei Mal eine 1 gewählt, also wähle ich zur Ab-

---

[5] *Primacy-Effekt:* Aus einer Liste von Antwortalternativen wird vorzugsweise die zuerst genannte
Alternative ausgewählt.
Recency-Effekt: Aus einer Liste von Antwortalternativen wird vorzugsweise die zuletzt genannte
Alternative ausgewählt.

wechslung mal eine 2) sind möglich. Mit nachlassender Motivation, Konzentration oder Ermüdung auf Grund von Belastungen durch zahlreiche vorangegangene Fragen kann die Durchführbarkeit der geforderten Leistungen bzw. der zur Erfüllung der Aufgabe notwendigen mentalen Aktivitäten ganz oder teilweise unterbleiben. Krosnick (1991, 1999) hat für diesen Effekt den Ausdruck *satisficing* eingeführt. Darunter ist die Neigung der Befragten zu verstehen, zur Beantwortung der Frage notwendige kognitive Prozesse abzukürzen oder ganz einzustellen. Von *schwachem satisficing (weak satisficing)* kann gesprochen werden, wenn Befragte einen Teilprozess des Antwortprozesses abkürzen, von *starkem statificing (strong satisficing)*, wenn ein Teilprozess (z.B. retrieval) vollständig übersprungen wird. Satisficing tritt vor allem bei geringer Motivation oder Motivationsverlust, bei Ermüdung, bei schwierigen Fragen und Aufgaben oder, damit zusammenhängend, bei mangelnder Fähigkeit auf. Ein Grund kann z.b. ein sehr langes Interview sein, in dessen Verlauf die Personen auf Grund der Belastung zunehmend ermüden und die Motivation verlieren.

Da diese Erscheinungen wiederum mit bestimmten Merkmalen der Befragten wie Bildung, beruflichen und familiären Belastungen etc. einhergehen können, können auch diese dazu führen, dass nur adäquate Antworten bestimmter sozialer Gruppierungen als inhaltliche valide eingestuft werden können.

2.5.3 Wirkungen der Frageformulierungen (question wording)

Die Wirkungen von Frageformulierungen und Wortwahl auf das Antwortverhalten gehören zu den klassischen Untersuchungsthemen der Umfrageforschung. Bekannt sind die Studien von Schuman & Presser (1981) über die unterschiedlichen Wirkungen der Formulierungen „erlauben" und „nicht verbieten" in Einstellungsfragen.

Der Fragetext definiert die Interpretationsleistung des Befragten. Unabdingbare Voraussetzung dafür, dass Befragte einen Fragetext problemlos bearbeiten können, ist zunächst seine logische Korrektheit, die eng mit seiner grammatikalischen Korrektheit verbunden ist. Logische Korrektheit bedeutet, dass die im Text enthaltenen Aussagen logisch wahr sein sollten, also z.B. keine Widersprüche enthalten sollten. Grammatikalische Korrektheit bedeutet, dass der Text die Regeln der Grammatik der verwendeten Sprache respektiert. Abweichungen könnten den Befragten zu Überlegungen darüber veranlassen, wie die Frage wohl korrekt gelautet hätte, womit Spielräume des Frageverständnisses eröffnet würden. Auch die Komplexität des Fragetextes kann ein Problem darstellen, wenn man bedenkt, dass mit der Komplexität des Textes oft eine entsprechende Komplexität der kognitiven Leistung einhergeht. Dies ist etwa dann der Fall, wenn ein komplexes Ereignis beurteilt werden soll, das den Aufbau einer komplexen semantischen Repräsentation erfordert. Die Komplexität des Textes für den Befragten ergibt sich aus der Komplexität des notwendigen Verarbeitungsprozesses (Gedächtnisoperationen, Schlussfolgerungsprozesse, Auflösung von impliziten Voraussetzungen und semantischen Präsuppositionen, etc.). Die linguistische Struktur der Frage kann Auswirkungen auf das Befragtenverhalten haben. Holbrook et al. (2007) fanden Hinweise, dass die sprachliche Struktur von Fragen vorzeitige Antworten erzeugen kann (zur linguistischen Struktur von Fragen vgl. Graesser et al. 1996).

2.5.4 Variabilität der Bedeutungszuordnung

Eine besondere Bedrohung der inhaltlichen Validität erwächst daraus, dass Befragte mit Begriffen unterschiedliche Bedeutungen verbinden können. Dabei spielen vor allem zwei Varianten eine Rolle:

A. Unklare/unpräzise Formulierungen
B. Unterschiedliche Interpretationen eindeutiger Formulierungen

A. Unklare/unpräzise Formulierungen:

Sprachliche Ausdrücke, bei denen das, was sie bezeichnen, unklar ist, führen dazu, dass die Initiative zur Präzisierung dem Befragten überlassen wird, mit der Konsequenz, dass sich verstärkt Eigenschaften des Befragten auf das Verständnis auswirken können und die Bedeutung möglicherweise nicht mehr mit der intendierten Bedeutung des Forschers übereinstimmt. Tourangeau, Rips und Rasinski (2000) führen als Beispiel den Begriff „Kinder" an, bei dem unklar ist, durch welche Altersgruppe dieser Begriff definiert ist (vgl. ebda, S. 44). Viele weitere Beispiele ließen sich anführen. In einer Frage wie „Haben Sie ein Auto?" ist z.B nicht klar, was unter „haben" zu verstehen ist: Soll „haben" den Zustand des Besitzens bezeichnen oder den Zustand der Verfügbarkeit. Auch vage adverbiale Modifikatoren (siehe Abschnitt 1.3) oder Häufigkeitsangaben wie „sehr oft", „manchmal", etc. können für Befragte unterschiedliche Häufigkeiten bezeichnen (vgl. Schaeffer 1991; Bradburn & Miles 1979). Sie bezeichnen eher *Bereiche* von Skalenwerten, was wiederum dazu führen kann, dass sich bei mehreren Antwortvorgaben die bezeichneten Wertebereiche überschneiden können (vgl. Moxey & Sanford 1993) Dies hat wiederumg zur Folge, dass eine eindeutige Interpretation der Befragtenantworten nicht mehr möglich ist. Schließlich kann auch der Fall auftreten, dass ein Begriff für Befragte überhaupt nicht interpretierbar ist, weil er unbekannt ist, was z.B. bei Fachausdrücken der Fall ist, deren Bedeutung der Befragte nicht kennt.

Die von vagen Formulierungen ausgehenden Gefährdungen der Fragenqualität können dazu führen, dass Fragen/Items nicht für alle Befragen das Gleiche messen (Bedrohung der inhaltlichen Validität der erhobenen Daten) und dass die Güte der Messung nicht bestimmt werden kann, da der tatsächliche Messwert nicht bekannt ist.

Ein weiterer Typ von Unklarheit tritt insbesondere bei Fragen auf, die mehrere implizite Fragen beinhalten (*double-barreled questions*). Willis & Lessler (1999) geben folgendes Beispiel:

Glauben Sie, dass Minister, Politiker und andere kommunale Führungspersonen sich gegen das Rauchen aussprechen sollten?

Diese Frage besteht im Grunde aus drei impliziten Fragen, eine für jede der in der Frage angesprochenen Personengruppen. Die Vereinigung in einer Frage führt zu einem Interpretationsproblem.

Unklarheiten in der Frageformulierung lassen sich auch als schwer erfüllbare oder sogar unerfüllbare Leistungsanforderungen auffassen.

B. Unterschiedliche Interpretationen eindeutiger Formulierungen

Auch für den Forscher eindeutige Formulierungen können unterschiedliche Interpretationen besitzen. Unterschiedliche Interpretationen eindeutiger Formulierungen durch Befragte liegen dann vor, wenn verschiedene Befragte auf Grund unterschiedlicher Begriffsverwendung mit einem sprachlichen Ausdruck zwar eine eindeutige Interpretation verbinden, diese Interpretationen sich aber voneinander unterscheiden. Ein Begriff wie „Familie" mag für verschiedene soziale und kulturelle Gruppierungen der Gesellschaft eine unterschiedliche, aber dennoch eindeutige Interpretation besitzen, die von der des Forschers abweicht. Insofern kann hier nicht von einem genuin vagen oder unpräzisen Begriff gesprochen werden.

Tritt dieses Phänomen auf, besteht die Gefahr, dass fälschlicherweise eine Bedeutungsäquivalenz der Frage und der Antwortvorgaben über alle Befragten hinweg unterstellt wird. In diesem Fall wird eine Homogenität der Zielpopulation in Hinblick auf die Interpretationsleistung unterstellt. Beispiele sind die Unterstellung, dass adverbiale Modifikatoren gleiche Intensitäten darstellen oder dass Begriffe wie „politische Betätigung" unabhängig vom sozialen und kulturellen Hintergrund in gleicher Weise verstanden werden. Hier ergeben sich ähnliche Probleme der Sicherung der Bedeutungsäquivalenz wie in der interkulturell und international vergleichenden Umfrageforschung (vgl. Przeworski & Teune 1968; Faulbaum 1990; Johnson 2003; Beiträge in: Harkness et al. 2003; Smith 2003; Harkness, Penell & Schoua-Glucksberg 2004; Hambleton, Merenda & Spielberger 2005). Zur Feststellung der mit den Fragen verbundenen Interpretationen erweisen sich allgemein Verfahren zur Calibrierung der Fragebedeutung und die Anwendung kognitiver Pretestverfahren mit einer entsprechenden Repräsentanz der relevanten Teilgruppen sowie systematische Begleituntersuchungen zur Fragebedeutung als hilfreich.

2.5.5 Gestaltung von Antwortskalen und Antwortvorgaben

Die Gestaltung von Antwortskalen kann über unterschiedliche Merkmale die Güte einer Messung und den Erfolg einer Frage beeinflussen. Diese sollen im Folgenden kurz dargestellt werden:

Anzahl der Skalenpunkte

Krosnick und Fabrigar (1997) führen verschiedene Gründe dafür an, dass Skalen eher eine größere Anzahl von Skalenpunkten enthalten sollten. Für eine erhöhte Zahl von Skalenpunkten spricht, dass die Wahrnehmungen der Befragten in Bezug auf ihre Einstellungen auf einem Kontinuum von extrem positiv zu extrem negativ variieren. Um dieses Kontinuum auf eine Kategorialskala abzubilden und sog. Ceiling-Effekte oder Floor-Effekte zu vermeiden, muss die Anzahl der Punkte das gesamte Kontinuum abbilden. Ceiling-Effekte oder Floor-Effekte können dann resultieren, wenn das obere und/oder das untere Ende der Skala das Antwortkontinuum so begrenzen, dass sich alle Befragten, die gerne extremer geantwortet hätten, am unteren oder oberen Ende der Skala häufen mit der Folge, dass gestutzte (truncated) bzw. links oder rechts zensierte Antwortverteilungen entstehen.

Je feiner die Skala desto feiner können die Befragten ihre Einstellungen gegenüber verschiedenen Objekten differenzieren. Auf der anderen Seite kann durch zu viele Skalenpunkte die Klarheit der Bedeutungen der Antwortalternativen reduziert werden (vgl. Krosnick 1991). Die optimale Anzahl der Skalenpunkte sollte im mittleren Bereich liegen. Je nach kognitiver Differenzierung erscheint eine 7-Punkt-Skala oder eine 5-Punkte-Skala angemessen. Die Reliabilität ist am größten bei 7-Punkt-Skalen. Zusammenfassend kann man sagen, dass die Literatur unipolare numerische Skalen mit 5 oder 7 Skalenpunkten empfiehlt (vgl. hierzu auch Groves et al. 2004).

Diese Aussage über die optimale Anzahl von Punkten wird durch empirische Studien zum Einfluss der Anzahl der Abstufungen auf die Reliabilität gestützt. Masters (1974, zit. nach Krosnick 1997) fand, dass die *Reliabilität* bis zu vier Punkten anstieg und dann auf dem gleichen Niveau blieb. Birkett (1986) verglich 2-, 6-, und 14-Punkt-Skalen und fand, dass unter diesen Skalen 6-Punkt-Skalen die höchste Reliabilität aufwiesen. Ebenso fanden Komorita und Graham (1965), dass 6-Punkt-Skalen reliabler als 2-Punkt-Skalen waren. Auch die Studien von Alwin und Krosnick (1991) kamen zu dem Ergebnis, dass 7-9-Punkt-Skalen zuverlässiger sind als Skalen mit weniger Abstufungen. Bei Querschnittsuntersuchungen der Reliabilität unipolarer Skalen zeigte sich, dass die optimale Anzahl der Skalenpunkte zwischen 5 und 7 liegt.

Was die *Validität* angeht, so zeigen Simulationsstudien, dass Verzerrungen in den Daten mit zunehmender Anzahl von Skalenpunkten abnehmen (vgl. Krosnick 1997). Die Verbesserung erscheint relativ bescheiden jenseits von 5-7 Skalenpunkten.

Kontexteffekte und Ordnung der Antwortalternativen

Bei der Gestaltung von Antwortskalen bei *Itemlisten* ist auch das eventuelle Auftreten von *Kontexteffekten* zwischen den Bewertungen der Items zu berücksichtigen. So fanden Wedell & Parducci (1988) sowie Wedell et al. (1990), dass die Kontexteffekte desto geringer ausfallen, je höher die Anzahl der Skalenpunkte ist. Mehr Skalenpunkte übertragen mehr nützliche Information bei bis zu 7-9 Skalenpunkten. Dagegen sinkt der Informationsgehalt jenseits von 12 Skalenpunkten.

Gemäß Parducci's *„range-frequency"-Modell* (vgl. Parducci 1965, 1974) sind die Häufigkeiten, mit denen Befragte die Kategorien einer Kategorialskala wählen, auch abhängig von dem Antwortbereich (Maximum und Minimum), der den Befragten zur Formatierung ihrer Antwort zur Verfügung gestellt wird.

In mehreren Studien stellte sich heraus, dass Befragte negative Urteile vermeiden, so dass sich die Einstufungen auf Antwortskalen eher auf der positiven Hälfte der Skala häufen (*positivity bias*; vgl. Landy & Farr 1980; Sears 1983). Schwarz et al. (1985) fanden ebenfalls, dass der den Befragten angebotene Bereich der numerischen Werte einer Skala einen Effekt auf das Antwortverhalten hat. Sie fanden ferner, dass sich die Befragten auf Skalen, bei denen negative numerische Skalenwerte vorgesehen sind (-5 -4 -3 - 2 -1 0 +1 +2 +3 +4

+5) im Vergleich zu einer Skala von 0 bis 10 noch stärker auf der positiven Hälfte einstufen. Dies gilt sowohl, wenn die beiden Enden der Skala nicht klar gegensätzlich benannt sind als auch, wenn die beiden Pole gegensätzlich benannt sind (vgl. Schaeffer & Barker 1995). Wedell et al. (1987) fanden Anhaltspunkte für die Entstehung von Assimilationseffekten bei gleichzeitiger Darbietung von Stimuli im Vergleich zu Kontrasteffekten bei der sequentiellen Darbietung. Es gibt auch Hinweise darauf, dass Befragte Extremkategorien vermeiden. Auch die Anordnung der Antwortkategorien kann eine Wirkung auf deren Wahl haben (vgl. die Experimente von Schwarz et al. 1985; vgl. auch Stern, Dillman & Smith 2007). Krosnick & Alwin (1987) betonen, dass es für Befragte schwierig sein kann, sich mit allen vorgesehenen Antwortalternativen ernsthaft zu beschäftigen und dass in diesem Fall mit dem Effekt des satisficing gerechnet werden muss. Auch muss bei vielen Antwortalternativen, die im Gedächtnis zwischengespeichert werden müssten, mit Recency- und Primacy-Effekten gerechnet werden, also mit der Bevorzugung der letzten oder ersten Antwortkategorie. Recency-Effekte treten verstärkt bei oral vorgetragenen Antwortlisten sowie bei schwierigen Fragen und Antwortkategorien auf (vgl. z.b. Bishop & Smith 2001; Holbrook et al. 2007).

Skalenmittelpunkte und die Einbeziehung neutraler Kategorien

Ein immer noch kontroverses Thema ist die Einbeziehung neutraler Antwortkategorien wie z.b. „weder/noch" oder „teils/teils". Für Krosnick (1991) ist die Verwendung neutraler Kategorien eine Einladung für Befragte, die keine Meinung haben, diese Kategorie zu wählen. Auch ist es gerade diese Kategorie, auf die Befragte bei satisficing zurückgreifen. Wiederholt wurde nachgewiesen, dass die Einbeziehung neutraler Kategorien einen Effekt auf das Antwortverhalten hat (vgl. Schuman & Presser 1981; Bishop 1990). Die neutrale Kategorie kann unterschiedliche Konnotationen für die Befragten haben. Es spricht Einiges dafür, dass sie für einige Befragte eine Kategorie der Unentschiedenheit darstellt (vgl. Zaller 1992). Payne (1951) sieht in der Einführung einer Mittelkategorie vor allem eine Möglichkeit, jene Befragten auszusortieren, die keine Meinung haben.

Skalenmittelpunkte sollten eingeführt werden, wenn Individuen wirklich neutrale Positionen einnehmen können. Der Zwang, in der einen oder anderen Richtung zu antworten, kann zur Erhöhung des Messfehlers beitragen. Es sollte ferner bedacht werden, dass die Wahl neutraler Kategorien von den Erwartungen der Befragten und der Anordnung der Alternativen abhängen können. So fanden Stern, Dillman & Smyth (2007), dass die neutrale Kategorie häufiger gewählt wird, wenn die für das Beurteilungsobjekt günstigen Alternativen in der Reihenfolge der Antwortvorgaben zuerst aufgeführt werden.

Verbalisierung der Skalenpunkte

Die Beschränkung der Verbalisierung auf die Skalenendpunkte hat nach Krosnick (1997) verschiedene Vorteile. Der erste Vorteil besteht darin, dass numerische Werte präziser sind als verbale Benennungen, da letztere eine mehr oder weniger vage Bedeutung mit sich tragen. Zweitens aber sind numerische Skalenwerte leichter im Gedächtnis zu behalten, eine Eigenschaft, *die insbesondere bei Telefoninterviews von Wichtigkeit ist.*

Es gibt aber auch gute Gründe für die Annahme, dass die verbalen Benennungen *aller* Skalenpunkte die Datenqualität verbessert. Da im Alltag Bedeutungen selten durch Zahlen ausgedrückt werden, erscheinen verbale Benennungen natürlicher. Die Vergabe von Namen für alle Skalenpunkte kann daher dazu beitragen, die Bedeutung der Skalenpunkte zu klären und damit die Leichtigkeit zu erhöhen, mit der Personen antworten können.

Einige Studien zeigen, dass die in Querschnittserhebungen ermittelte *Reliabilität* durch verbale Benennungen gar nicht oder kaum beeinflusst wird (vgl. Finn 1972; Madden & Bourdin 1964, Faulbaum 1984a). Die längsschnittbezogene Reliabilität (Test-Retest-Reliabilität) scheint sich durch verbale Benennungen sogar zu erhöhen. (Alwin & Krosnick 1991; Krosnick & Berent 1993; Zaller 1988). Die Steigerungen sind am deutlichsten bei Befragten mit niedrigerem bis mäßigem Bildungsniveau, also gerade bei dem Personenkreis, der durch die Benennungen am meisten profitiert.

Verbale Benennungen erhöhen auch die *Validität* (Krosnick & Berent 1993; Dickinson & Zellinger 1980). Es gibt außerdem eine größere Varianz der wahren Werte (vgl. Alwin & Krosnick 1991). Rating-Skalen sind weniger anfällig gegenüber Kontexteffekten, wenn die Skalenpunkte benannt sind. Faulbaum (1984a) fand eine hohe Konstruktinvarianz in Bezug auf 7-stufige numerische und verbalisierte Skalen, d.h. die numerischen und verbalisierten Skalen maßen offensichtlich das gleiche Konstrukt.

Die Auswahl der Benennungen ist eine schwierige Aufgabe, wenn die Anzahl der Skalenpunkte hoch ist. Die Interpretation der adverbialen Modifikatoren kann außerdem für unterschiedliche soziale Gruppen unterschiedlich sein (vgl. Wegener, Faulbaum & Maag 1982; Schaeffer 1991). Krosnick (1997) empfiehlt die Verwendung voll verbalisierter Skalen dort, wo es praktikabel erscheint. Bei Telefonbefragungen ist diese Praktikabilität z.B. nicht gegeben. Die Abfrage verbalisierter Antwortalternativen sollte in diesem Fall nicht über drei liegen.

Einen Effekt können insbesondere die Verbalisierungen der oberen und unteren Enden auf den Skalenmittelpunkt haben (vgl. Schwarz & Hippler 1987). Sollen die verbalisierten Skalenwerte metrisch interpretiert werden, muss die Gleichabständigkeit der adverbialen Modifikatoren gesichert sein (vgl. Rohrmann 1978; zu einer gleichabständigen 7-stufigen Verbalskala siehe Abbildung 4).

Visuelle Analogskalen

Tourangeau, Couper & Conrad (2007) untersuchten Unterschiede zwischen visuellen Analogskalen und anderen Skalen, darunter graphische Ratingskalen, bei denen eine Antwortlinie verbal abgestuft wurde, Skalen mit numerischen Abstufungen und Skalen mit Radioknöpfen. Sie fanden, dass visuelle Analogskalen die höchste Anzahl fehlender Werte und die längsten Bearbeitungszeiten aufwiesen.

Zusammenfassung der Verzerrungsarten bei Ratingskalen

Tourangeau, Rips & Rasinski (2000, S. 248) unterscheiden zusammenfassend folgende Arten von Antworttendenzen bei Rating-Skalen:

Positivity bias (Tendenz, die negative Seite von Skalen zu meiden);
Scale label effects (negative Zahlen werden so interpretiert, dass sie extremere Urteile implizieren als positive);
Response contraction bias (Befragte vermeiden extreme Antwortkategorien);
Reference point effects (bestimmte Zahlen übertragen spezifische Bedeutungen, die Befragte ermutigen oder entmutigen, eine Antwortalternative zu wählen bzw. Bevorzugung oder Vermeidung prototypischer Begriffe und Zahlen (vgl. Rosch 1975; Kubovy & Psotka 1976);
Scale range effects (der Skalenbereich ändert die Überzeugungen über das zu beurteilende Objekt).

2.5.6 Wirkungen des Layouts bei selbst-administrierten Interviews

Das Layout von Fragen kann bewirken, dass Befragte nunmehr nicht mehr nur auf den Inhalt einer Frage reagieren, sondern auf Merkmale der Darstellungsform wie stilistische Elemente, graphische Darstellungen, etc., wodurch grundsätzlich ein Einfallstor für Antwortverzerrungen entstehen kann. Bei selbstadministrierten Befragungen werden die Materialien visuell vorgelegt und müssen vom Bildschirm oder vom Papierfragebogen abgelesen werden. Dies bedeutet, dass nunmehr für die optimale Gestaltung von Fragebögen auch Erkenntnisse der Wahrnehmungspsychologie und der Leseforschung relevant werden. Hat ein Befragter die Information visuell wahrgenommen, muss er sowohl das Layout der Information wie z.B. den Fragetext verstehen. Darüber hinaus wird von den Befragten verlangt, das einführende Material und die Instruktionen, weiterhin die Anweisungen, die sie durch den Fragebogen führen, zu verstehen, was zu Fehlern in der Administration des Fragebogens führen kann.

Im Vergleich zum Papierfragebogen kommen bei Onlinefragebögen Soft- und Hardwarevoraussetzungen in der Ausstattung der Befragten hinzu. Eine ungünstige Schriftart und Schriftgröße, eine ungünstige Aufteilung des Bildschirms, etc. können unerwünschte und unvorhergesehene Effekte auf die Qualität der Umfrage und die Bereitschaft zum Ausfüllen oder zum Abbruch des Interviews haben. Nicht nur die Darstellung der Fragetexte, sondern auch die optische Darstellung von Antwortskalen erfordern hier besondere Überlegungen, da Layout und Design Einflüsse auf das Antwortverhalten ausüben können (vgl. Jenkins & Dillman 1997; Sless 1994).

Das Layout entsteht durch die Bindung eines Fragetextes an einen Zeichenträger bzw. Übertragungskanal und ist mitbestimmend nicht nur für die Lesbarkeit bzw. Wahrnehmbarkeit des Textes, sondern auch für die Interpretierbarkeit des Fragetextes. Die Größe der Buchstaben, die Hervorhebung von Textpassagen und Worten, die Platzierung der Fragen und Items auf dem Bildschirm, die Gestaltung des Hintergrunds, die Darstellung der Skalenpunkte auf dem Bildschirm, die Verwendung von besonderen Symbolen und Bildern etc. stellen mögliche Determinanten des Frageverständnisses und damit der Fragenqualität dar. Selbst-administrierte computerunterstützte Interviews bieten zahlreiche Möglichkeiten der Einbindung graphischer Elemente sowie von Bildern und der Platzierung von Textinformationen. Insbesondere in Webfragebögen kann von diesen Möglichkeiten Gebrauch gemacht werden (vgl. Couper, Tourangeau & Kenyon 2004).

Nach Dillman (2007) werden in Webfragebögen vor allem folgende Arten von Sprachen verwendet:

- eine verbale Sprache und
- mehrere nonverbale Sprachen (die symbolische Sprache, die numerische Sprache und die graphische Sprache)

mit jeweils entsprechenden möglichen Wirkungen auf das Antwortverhalten. Diese Sprachen werden unter Nutzung des visuellen Informationskanals über eine graphische *Parasprache* vermittelt. Entsprechend dieser Unterscheidungen weist Dillman (1997) im Zusammenhang mit dem Design von Webfragebögen auf zwei grundlegende Klassen von Problemen hin:

- Sprachprobleme (Probleme der verbalen Sprache)
- Probleme der räumlichen Anordnung von Informationen (Probleme der grafischen Sprache)

Eine Reihe von Arbeiten haben sich empirisch mit den Wirkungen verschiedener Aspekte des Designs von Webfragebögen befasst (vgl. Couper, Traugott & Lamias 2001; Christian, Dillman & Smyth 2007; Smyth et al. 2006; Tourangeau, Couper & Conrad 2004). Die Ergebnisse bezeugen einerseits die Bedeutung des Layouts für die Qualität von Fragen, in dem sie signifikante Einflüsse auf den Anteil nicht-adäquater Antworten (Verweigerungen, „weiß-nicht"-Antworten) nachweisen. Andererseits bezeugen sie einen Einfluss des Layouts auf die semantische Interpretation des Fragetextes und weiterer Merkmale des Antwortverhaltens. Im Folgenden seien die Ergebnisse einiger beispielhafter Studien zu Wirkungen des Layouts in selbst-administrierten Fragebögen aufgeführt:

Einflüsse des Layouts auf die Antwortverteilungen
Couper, Traugott & Lamias (2001) fanden in Bezug auf Webfragebögen, dass eine Verlängerung der Antwortboxen (Kästchen, in die man die Antworten eintragen muss) bei sonst gleichen Fragen, die Antwortverteilungen verändert. Christian & Dillman (2004) fanden in Bezug auf schriftliche Fragebögen folgende Einflüsse:

- Lineare und nichtlineare Darstellungen (Platzierung der Kategorien nebeneinander in mehreren Spalten) von Antwortskalen hatten ebenfalls einen Einfluss. Befragte wählten in der nichtlinearen Darstellung eher Kategorien der obersten Zeile.
- Gleichheit oder Ungleichheit von Abständen zwischen den Antwortkategorien kann ebenfalls einen Effekt auf die Wahl der Antwortkategorien haben.
- Die Größe des für Antworten auf offene Fragen zur Verfügung gestellten Raums beeinflusst sowohl die Anzahl der Themen, die in den Antworten angesprochen werden als auch die Anzahl der Worte.

- Die Verwendung von Linien für die Einträge von Antworten verringert nicht die Anzahl der angesprochenen Themen und die Anzahl der verwendeten Worte.
- Richtungspfeile auf untergeordnete Fragen erhöhen signifikant den Anteil der Befragten, welche die untergeordneten Fragen beantworten sollen.
- Ein Vergleich von polaren Antwortskalen, bei denen nur die Endpunkte verbalisiert wurden mit Antwortboxen, in die die Befragten den numerischen Skalenwert eintragen konnten ergab, dass die Skalenmittelwerte bei den Boxen erheblich höher lagen. Auf der Suche nach Erklärungen führten die Autoren weitere Experimente durch, bei denen sich herausstellte, dass das Weglassen graphischer Informationen einen Effekt auf das Skalenverständnis hat.

Auch Christian, Dillman & Smyth (2007; vgl. auch Stern, Dillman & Smyth 2007) fanden Einflüsse des Layouts of das Befragtenverhalten bei Webfragebögen. Sie studierten die Einflüsse unterschiedlicher Größen von Boxen für Zeitangaben in Jahren und Monaten, Einflüsse der Verwendung von symbolischen Informationen statt verbaler Benennungen, Einflüsse der Gruppierung der Zeitangaben um die Boxen, der Verbalisierung (z.B. Wann vs. In welchem Jahr und Monat) sowie Einflüsse des Zwischenraums zwischen der Präsentation von Jahr und Monat. Dabei konnten sie z.B. zeigen, dass eine kleinere Monatsbox zusammen mit einer größeren Jahresbox dazu führt, dass Befragte eher eine vierstellige Jahresangabe machen. Die Verwendung von Symbolen (MM,YYYY) statt von Worten (Monat, Jahr) erhöht den Prozentsatz der Angaben in korrekter Weise.

Einflüsse der Anordnung der Antwortkategorien und Items

Tourangeau, Couper & Conrad (2004) fanden, dass Befragte schneller antworten, wenn die Antwortkategorien in einer logischen Reihenfolge von unten nach oben dargestellt werden. Weitere Ergebnisse betreffen mögliche Positionseffekte von ungewohnten Items in einer Menge von ähnlichen Items und die Verteilung von Items über verschiedene Seiten. Ungewohnte Items wie z.B. ungewohnte Autotypen werden, wenn sie hinsichtlich des Preises eingeschätzt werden sollen, so eingeschätzt wie es ihrer Position in einer Reihe ähnlicher Automodelle entspricht, wenn die Automodelle hinsichtlich einer Dimension wie z.B. des Preisgefälles logisch angeordnet sind. Sind die Items aber nicht logisch angeordnet, so tritt ein Kontrasteffekt auf, indem das Item mit den Nachbaritems kontrastiert wird. In Bezug auf die Verteilung von Items über verschiedene Seiten untersuchten die Autoren auch die Unterschiede zwischen der Präsentation auf einer Seite, auf zwei Seiten und in der Form der Präsentation jedes Items auf einer getrennten Seite. Die Interkorrelation der Items war am höchsten, wenn alle Items auf einer Seite dargestellt wurden. Die Befragten leiten aus der räumlichen Nähe offensichtlich eine Ähnlichkeit der Items ab.

Einflüsse auf die Beachtung von Instruktionen
Die Lage der Instruktionen relativ zum Fragetext hat einen Einfluss darauf, ob die Instruktionen beachtet werden (vgl. Christian & Dillman 2004).

Einflüsse des Layouts auf den Anteil nicht-adäquater Antworten
Nach Couper, Traugott & Lamias (ebda) führen Antwortboxen im Vergleich zur Radio Buttons bei Webfragebögen zu einem höheren Prozentsatz von Item Nonresponse. Ferner werden die Antwortzeiten und die Anzahl fehlender Antworten reduziert, wenn mehrere Items auf einer Bildschirmseite dargestellt werden. Die Präsentation mehrer Items auf einer Bildschirmseite erzeugt dabei keine höhere Korrelation zwischen den Items als in dem Fall, wo jedes Item auf einer einzigen Bildschirmseite platziert wird. Die Darstellung mehrerer Items auf einer Bildschirm-Seite führte auch zu einer geringeren Anzahl von „Weiß nicht" und „will ich lieber nicht sagen"-Antworten.

Einflüsse des Layouts von Fragen
Smyth et al, (2006) untersuchten in einer Studie die Gewohnheit von Umfrageforschern, in Webumfragen „check-all" – Fragen, in telefonischen Umfragen aber „forced choice"-Fragen zu stellen. Bei „check all"-Fragen werden die Befragten gebeten, alle Items auszuwählen, denen sie zustimmen („check all that apply" bzw. „Bitte alles Zutreffende ankreuzen"). Unter „forced-choice"-Fragen werden Fragen verstanden, bei denen jedem Item nacheinander getrennt zugestimmt werden muss. Die Ergebnisse ihrer Experimente zeigen, dass „forced-choice"-Fragen „check-all"-Fragen vorzuziehen sind, weil die Befragten bei letzteren mehr Items zustimmen bzw. mit „Ja" beantworten. Die Befragten verwendeten außerdem mehr Zeit für die Beantwortung der „forced choice"-Frage im Vergleich mit den „check-all"-Fragen, d.h. sie bearbeiteten die „forced-choice"-Fragen sorgfältiger.

Layout und interpretative Heuristiken
Gegenüber Interviewer-administrierten Interviews können bei selbstadministrierten Interviews auch Effekte durch Wechselwirkungen zwischen Layout bzw. und Frageverständnis auftreten. Couper, Tourangeau und Conrad (2004, 2007) unterscheiden zwischen *aufgabenbezogenen* und *stilistischen* Ele-

menten des Fragebogens. Aufgabenbezogene Elemente sind jene, die zur Bearbeitung des Fragebogens notwendig sind wie z.b. Frageformulierungen, Antwortoptionen, Instruktionen für die Navigation, etc. Zu den stilistischen Elementen wurden solche gezählt, die Aussehen und Präsentation des Fragebogens wie z.b. Logos, Hintergrundfarben und Fonts betreffen. Dabei besteht durchaus die Gefahr, dass von den Befragten stilistische Elemente als aufgabenbezogene Elemente betrachtet werden. In diesem Zusammenhang unterscheiden die Autoren folgende fünf Heuristiken:

- „mittel" bedeutet „typisch": Die Befragten sehen die mittlere Antwortoption in einer Anordung von Antwortalternativen als typisch an.
- „links" und „oben" bedeutet „zuerst": Das am weitesten links oben stehende Item wird auch als das erste Item im konzeptuellen Sinn angesehen. Befragte erwarten, dass das so platzierte Item die stärkste Ausprägung hat (z.b. stimme voll und ganz zu) und erwarten in logischer Abfolge die nächst schwächeren Ausprägungen. Ist dies nicht der Fall, sind sie verwirrt.
- „nahe" bedeutet „verwandt": Befragte erwarten, dass physikalisch nebeneinander liegende Items, auch konzeptuell ähnlich sind.
- „oben" bedeutet „gut": Das oberste Item in einer Liste wird auch als das am meisten wünschenswerte angesehen.
- „ähnlich" (in der Erscheinung) bedeutet „ähnlich" (in der Bedeutung): Items, die im Erscheinungsbild ähnlich sind, werden auch als konzeptuell ähnlich angesehen.

Die Autoren fanden empirische Evidenz für alle Heuristiken.

2.5.7 Unerwünschte Nebeneffekte auf Grund der Fragesensitivität

Sensitive Fragen können sowohl den systematischen Messfehler als auch die inhaltliche Validität beeinflussen. Sie können außerdem zu nicht-adäquaten Antworten führen. Schon die frühe linguistische Betrachtung einer Frage als Sprechhandlung hat, wie bereits in Abschnitt 1.1 erwähnt, im Begriff des perlokutionären Aktes die nicht-konventionellen Wirkungen von Fragen wie „erschrecken", „demütigen", „bedrohen" etc. zu würdigen. Der Forscher verfolgt in der Regel mit seiner Frage ein bestimmtes Ziel und hat daher eine bestimmte intendierte Wirkung der Frage im Blick. Diese Wirkung stellt, in Termini des Experiments, den Haupteffekt dar. Alle anderen Wirkungen stellen unbeabsichtigte Nebeneffekte dar, die aus Sicht des Forschers als Störungen betrachtet und in ihrer Wirkung kontrolliert werden müssen, sofern dies praktisch möglich ist. Die Gründe für diese Art von Wirkungen bestehen offenbar darin, dass der Fragetext von den Befragten in einer Weise verarbeitet wird, die vom Forscher nicht beabsichtigt war. Nicht-intendierte Wirkungen des Textes entstehen durch die Sensitivität des Fragetextes und seiner Bestandteile bzw. die sensitive Deutung des Fragetextes durch Befragte. Obgleich eine verbindliche Definition einer sensitiven Frage schwer zu geben ist, werden folgende Arten von Fragen in der Umfrageforschung als sensitiv angesehen:

- Fragen, die zu sozial erwünschten (socially desirable) Antworten führen;
- Fragen, welche die Privatheit der Befragten bedrohen;
- Fragen, die ein Risiko zur Enthüllung (disclosure) gegenüber Dritten beinhalten (vgl. hierzu Tourangeau, Rips & Rasinski 2000).

Eine Antwort auf eine Frage ist dann *sozial erwünscht*, wenn sie vom Befragten unter Berücksichtigung der Normen seiner Bezugsgruppe gegeben wird (zur Definition der sozialen Erwünschtheit vgl. DeMaio 1984; Edwards 1957; Hartmann 1991, Krebs 1987). Beispiele für Fragen, welche die *Privatheit* bedrohen sind Fragen wie z.B. die Frage nach dem Einkommen oder die Frage, welche Partei man wählen würde, wenn am nächsten Sonntag Wahl wäre (Sonntagsfrage). Das Risiko zur *Enthüllung gegenüber Dritten* ist gegeben, wenn Befragte die Gefahr sehen, dass ihre Antwort an Dritte weitergeben wird. Der Dritte kann der Interviewer sein, anwesende dritte Personen oder Organisationen (z.B. bei Mitarbeiterbefragungen).

Es gibt zahlreiche Hinweise für die Wirkungen der Sensitivität von Fragen, insbesondere von Fragen nach dem Einkommen, Drogengebrauch oder der Sexualität auf das Ausmaß an Item Nonresponse (vgl. Tourangeau et al. 1997). Auch bewusst falsche Angaben sind bei sensitiven Fragen zu erwarten (vgl. Jobe et al. 1997).

2.5.8 Unerwünschte Nebeneffekte auf Grund der Fragepositionierung

Jede Frage nimmt im Fragebogen eine bestimmte Position ein. Dies bedeutet einerseits, dass sie nicht nur Nachbarin einer unmittelbar vorangegangenen Frage ist, sondern, dass sich in ihr die Folgen der Bearbeitung aller vorangegangenen Fragen einschließlich der physischen und psychischen Belastungen wie nachlassende Konzentrationsfähigkeit oder Motivation widerspiegeln.

Einen maßgeblichen Einfluss auf das Antwortverhalten der Befragten kann die Reihenfolge der Fragen ausüben (vgl. Schuman & Presser 1981). Wichtige Effekte sind Teil/Ganzes-Effekte (part-whole effects) und Effekte des Bezugsrahmens. Zu den Teil/Ganzes-Effekten gehören die *Konsistenzeffekte* bzw. *Assimilationseffekte* und die *Kontrasteffekte*. Aufeinander folgende Fragen, die einen Konsistenzeffekt erzeugen können, wären z.B.:

Die Gewerkschaften sollten stärker auf die wirtschaftliche Lage der Unternehmen Rücksicht nehmen.

Stimme zu
Stimme nicht zu

Anschließend die Frage:
Es war gut, dass VERDI im letzten Arbeitskampf keine Kompromisse eingegangen ist.

Stimme zu
Stimme nicht zu

In diesem Fall könnte der Effekt eintreten, dass die Befragten ihre Antworten auf die zweite spezifische Frage konsistent mit der allgemeineren ersten Frage zu beantworten versuchen.

Ein Beispiel für einen Kontrasteffekt wäre:

Meinen Sie, dass einer schwangeren Frau eine legale Abtreibung ermöglicht werden sollte, wenn sie verheiratet ist und keine weiteren Kinder wünscht?

Ja
Nein

Meinen Sie, dass einer schwangeren Frau eine legale Abtreibung ermöglicht werden sollte, wenn ihr Kind mit großer Wahrscheinlichkeit mit einem ernsthaften körperlichen Schaden geboren wird?

Ja
Nein

Wird die erste Frage zuerst gestellt, erhält sie einen höheren Anteil von Ja-Antworten (vgl. Schuman & Presser 1981). Assimilationseffekte werden auch durch die Verfügbarkeit (accessibility) von Wissen vermittelt und treten verstärkt bei mehrdeutigen Fragen auf (vgl. Todorov 2000 in Bezug auf Fragen zu den Bedingungen verschiedener Formen von Behinderungen).

Effekte des Bezugsrahmens sind insbesondere für die Entscheidung bedeutsam, welche Frage an den Anfang eines Fragebogens gestellt wird. Beispiele wären eine Anfangsfrage zur Arbeitslosigkeit in einer Umfrage zur Lebensqualität oder eine Frage zum wirtschaftlichen Erfolg eines Unternehmens am Anfang einer Mitarbeiterbefragung zur Unternehmensführung..

2.5.9 Wirkungen der Befragungsart auf das Antwortverhalten

Auch die Befragungsarten mit ihren Besonderheiten wie den Einsatz von Interviewern in Interviewer-adminstrierten Interviews können das Antwortverhalten der Befragten beeinflussen. Effekte der Befragungsart auf die Qualität von Fragen können sein:

- Effekte der Administrationsform,
- Effekte des Übertragungs- bzw. Informationskanals,
- Effekte der Befragungstechnologie

sowie ihrer Interaktion. Da die unterschiedlichen Wirkungen des zur Übertragung der Informationen an den Befragten verwendeten Sinneskanals (auditiv oder visuell) vor allem auf das Layout zurückzuführen sind, dessen Wirkungen bereits in Abschnitt 2.5.6 beschreiben wurden, werden in diesem Abschnitt einige Ergebnisse zu den Wirkungen der beiden übrigen Bestandteile der Befragungsart vorgestellt.

Administrationsform
Unterschiede zwischen Interviewer-administrierten und selbst-administrierten Formen der Ausführung von Fragen ergeben sich einerseits auf Grund der Anwesenheit des Interviewers in interviewer-adminstrierten Interviews sowie dadurch, dass unterschiedliche Administrationsformen mit unterschiedlichen Übertragungskanälen verbunden sind. Selbst-administrierte Formen, ob computerunterstützt oder nicht, verwenden primär den visuellen Informationskanal.

Ausnahmen bilden bestimmte Formen von T-ACASI sowie ACASI (siehe Abschnitt 1.4.2).

Interviewereffekte treten -wie der Namen bereits ausdrückt- nur bei Interviewer-administrierten Interviews auf. Sichtbare Merkmale der Interviewer werden durch die Befragten nur bei face-to-face Interviews (PAPI, CAPI) bemerkt. Bei Telefoninterviews sind die durch den Befragten registrierbaren Interviewermerkmale auf *paralinguistische* Merkmale und Redestile (wie Geschlecht, Alter oder Nationalität) beschränkt.

Grundsätzlich können Interviewer das Antwortverhalten der Befragten über folgende Verhaltensweisen beeinflussen:

• Durch Abweichungen von der Vorlage des Fragebogens, indem Fragen anders vorgelesen werden als vorgesehen und durch nicht-neutrales Nachfragen, um von den Befragten adäquate Antworten zu erhalten oder um Fragen und Kommentare des Befragten zu begegnen, also durch Nichtbeachtung der Regeln des standardisierten Interviews,

• durch Intonation und die Betonung von Worten,

• durch demographische Eigenschaften, darunter sichtbare und nicht sichtbare Merkmale,

• durch das Erscheinungsbild (Kleidung, etc.).

Interviewerfehler, die durch Auslassen von Fragen, durch falsche Sprungadressen (Filterfehler) oder durch Eingabe unzulässiger Werte entstehen, sind bei gut getesteten programmierten Fragebögen praktisch ausgeschlossen und spielen bei computerunterstützten Umfragen keine Rolle.

Einige Ergebnisse sprechen dafür, dass der Stil, in dem Interviews durchgeführt werden, die Validität der Antworten beeinflussen können. Nach den Regeln des standardisierten Interviews sollte der Interviewer nur neutrale Techniken zur Klärung von Problemen durchführen (vgl. Prüfer & Stiegler 2002). Conrad & Schober (2000), Schober & Conrad (1997) sowie Schober, Conrad & Fricker (2004) konnten allerdings für CATI-Befragungen zeigen, dass die Genauigkeit der Antworten steigt, wenn Befragte über die intendierte Bedeutung der Frage aufgeklärt werden. Dies bedeutet die Abkehr von einem streng standardisierten Vorgehen zu einem Stil, der eher einem Konversationsstil entspricht.

Conrad, Schober & Coiner (2007) zeigten, wie man auch in Webumfragen durch Klärungen einen ähnlichen Konversationsstil wie in Interviewer-administrierten Interviews einführen kann. Die Autoren zeigten auch, dass solche Klärungen in Webumfragen von Befragten tatsächlich genutzt werden, wenn sie ohne große Anstrengung wie etwa durch einen einzigen Mausklick erreicht werden können. Die Einbeziehung von inhaltlichen Klärungen in das Interview stellt streng genommen keine vollständige Abkehr vom standardisierten Interview dar, sondern dehnt die Standardisierung auf in Klärungen zugelassene Definitionen aus.

Besondere Effekte sind auch durch die *Interviewsituation* zu erwarten. Dazu gehören der Zeitdruck und die Form der sozialen Interaktion. Verschiedene Administrationsformen erzeugen einen unterschiedlichen Zeitdruck. Dabei ist zu bedenken, dass Zeitdruck ausgedehnte Gedächtnisoperationen erschwert. Der stärkste Zeitdruck kann bei Telefoninterviews erwartet werden, wo Augenblicke des ruhigen Nachdenkens nicht durch nonverbale Kommunikation überbrückt werden kann, mit der der Befragte signalisieren kann, dass er der Aufgabe noch Aufmerksamkeit schenkt (Ball 1968; Groves & Kahn 1979). Bei Fragen, die in stärkerem Ausmaß Gedächtnisleistungen und Urteilsaufgaben erfordern, sollte der Befragte bei Telefoninterviews daher ermuntert werden, sich bei der Beantwortung der Fragen Zeit zu nehmen. Der geringste Zeitdruck entsteht bei selbstadministrierten Interviews.

Die soziale Interaktion ist in allen standardisierten Umfragen durch bestimmte Konversationsregeln eingeschränkt. Die einzelnen Erhebungsmethoden unterscheiden sich aber in dem Ausmaß, in dem die soziale Interaktion eingeschränkt wird. Die psychologische Forschung hat verschiedene Funktionen nonverbaler Cues während der face-to-face Interaktion identifiziert (vgl. z.B. Argyle 1969). die wichtigste Funktion besteht darin, wechselseitige Aufmerksamkeit und Responsivität zu signalisieren. Sie liefern Feedback, aber auch Illustrationen dessen, was gesagt wurde (durch Gesten).

Wegen des Wegfalls der nonverbalen Cues und dem Fehlen von klärenden Gesten und Illustrationen, müssen bei selbst-administrierten Fragebögen Vorkehrungen getroffen werden, um die Motivation der Befragten sicherzustellen (vgl. Jenkins & Dillman 1997). Die Fragebögen sollten selbsterklärend gestaltet sein. Dies erscheint auch deswegen sinnvoll, weil die Befragten keine Gelegenheit haben, zusätzliche Erklärungen nachzufragen. Zweifellos ist die Interviewerunterstützung bei face-to-face-Interviews am größten, wo der Interviewer auch die nonverbalen Äußerungsformen des Befragten beobachten kann. Angesichts der unter diesen Bedingungen zur Verfügung stehenden Zeit erscheint es wahrscheinlich, dass die Wichtigkeit verwandter Fragen und Antwortalternativen für die Interpretation der Fragebedeutung erhöht wird (vgl. Hippler & Schwarz 1992). Selbst-administrierte Fragebogen können daher das Vertrauen auf die Kontextinformation erhöhen. Auf der anderen Seite sind Interviewereffekte ausgeschlossen.

Die Nichtanwesenheit eines Interviewers dürfte auch der Grund dafür sein, dass in selbst-administrierten Interviews ein geringerer Anteil von Item Nonresponse auftritt (vgl. Jobe et al. 1997), dass mehr sensibles Verhalten berichtet wird (vgl. Jobe et al. ebda) und dass der Effekt der sozialen Erwünschtheit geringer ist (vgl. Turner et al. 1998; Gribble et al. 2000).

Schließlich unterscheiden sich die unterschiedlichen Befragungsarten auch in dem Ausmaß, in dem Kontrolle über situative Erhebungsbedingungen ausgeübt werden kann. So kann z.B. in einem face-to-face-Interview der Interviewer die Anwesenheit anderer Personen während des Interviews oder den Eingriff anderer Personen in das Interview zu verhindern oder zumindest zu registrieren suchen. Die Anwesenheit von Ehepartnern kann zu einer Angleichung der Antworten der Partner führen (vgl. Zipp & Toth 2001). Da selbst-administrierte Interviews in Abwesenheit von Interviewern stattfinden, kann man darum nie sicher sein, ob der Befragte die Fragen ohne Konsultation von Verwandten oder Freunden ausgefüllt hat oder ob der Fragebogen vielleicht sogar komplett von einer anderen Person ausgefüllt wurde.

Befragungstechnologie

Verschiedene Untersuchungen vergleichen das Ausmaß sozial erwünschten Antwortverhaltens in Telefonumfragen mit der in anderen Befragungsarten. Dabei werden sowohl positive als auch negative Wirkungen berichtet. Einige Befunde dokumentieren eine geringere Neigung zu sozial erwünschten Antworten bei Telefoninterviews (Hochstim 1967; Sykes & Collins 1987, 1988; Aquilino & LoSciuto 1990; Aquilino 1992). Holbrook, Green & Krosnick (2003) fanden dagegen, dass über RDD (*R*andom *D*igit *D*ialing) rekrutierte Personen in Telefonumfragen eher dazu neigen, in langen Fragebögen keine Meinung zu äußern, undifferenzierter zu antworten und eine größere Ja-Sage-Tendenz aufweisen als Personen, die face-to-face befragt wurden; d.h. sie zeigen verstärkt Wirkungen von satisficing. Hinzu kommen eine geringere Kooperationsbereitschaft und Beschwerden über die Länge des Interviews. Sie beobachten den Interviewprozess argwöhnischer und neigen stärker zu sozial erwünschten Antworten.

Fricker et al. (2005) verglichen RDD-rekrutierte Stichproben in Bezug auf unterschiedliche Wirkungen der Befragungsarten „telefonisch" und „Web". Von denen, die eine E-Mail-Adresse angaben, wurde Personen nach Zufall auf zwei Gruppen zugeordnet. Eine Gruppe bekam die telefonische Version des Fragebogens, die andere die Webversion. Die Autoren kamen zu folgenden Ergebnissen:

- Trotz Belohnungen wurden im Fall der Webversion weniger Fragebögen vollständig beantwortet als im Fall der Telefonversion. De facto beantworteten alle Teilnehmer an der Telefonumfrage den Fragebogen vollständig. Beide Stichproben unterschieden sich nicht in den soziodemographischen Merkmalen.
- Der Anteil von Item Nonresponse war bei den Befragten, welche die Webversion erhalten hatten, geringer. Im Webfragebogen wurden die Befragen gezwungen, die Fragen zu beantworten, bei der Telefonversion akzeptierten die Interviewer ohne Nachfrage auch „weiß-nicht"-Antworten.
- Über das Web befragte Personen antworteten undifferenzierter bei Itembatterien. Ursache könnte sein, dass die Items auf dem Bildschirm untereinander in einem Rechteckschema dargestellt wurden.
- Über das Web befragte Personen brauchten mehr Zeit zur Beantwortung von Wissensfragen und von offenen Fragen. Die Befunde variieren nach Itemtyp und Alter der Befragten.

Verschiedene Studien beschäftigen sich mit der IVR-Technologie. Mit dieser Technologie werden bestimmte Vorteile verbunden. Dazu gehören insbesondere reduzierte Verzerrungen der Stichprobe durch Effekte der sozialen Erwünschtheit (vgl. Gribble et al. 2000; Turner et al. 1998) Tourangeau, Steiger & Wilson (2002) fanden hohe Nonresponse-Raten nicht zuletzt durch Interview-Abbrüche unabhängig davon, ob sich die Befragten selber ohne vorherigen Interviewerkontakt in das IVR-System einwählen oder ob der Kontakt zunächst über einen Interviewer läuft, der den Befragten an das System überstellt. Mit dem Wechsel zwischen Interviewer und System kann außerdem eine neue Art von Nonresponse entstehen, die darin besteht, dass Befragte während des Wechsels den Hörer auflegen. Die Autoren überprüften experimentell einige Effekte von IVR. Sie konnten bestätigen, dass IVR-Interviews zu „ehrlicheren" Antworten führen. Dagegen steigert IVR im Vergleich zu traditionellem CATI die Tendenz, aus dem Interview auszusteigen, selbst, wenn die Befragten vorher einem Interviewer versichert hatten, dass sie das Interview fortführen wollen. Eine Übersicht über verschiedene IVR-Studien bis zum Jahr 2000 geben Corkrey und Parkinson (2002).

Der Frage, ob sich eine menschliche Stimme und eine vorher aufgenommene eher menschlich oder eher „maschinenhaft" klingende Computerstimme (erzeugt durch Text-to-Speech bzw. TTS-Systeme) in ihren Wirkungen auf das Antwortverhalten unterscheiden, gingen Couper, Singer und Tourangeau (2004) nach. Was den Unterschied zwischen synthetisierter Stimme und menschlicher Stimme angeht, so fanden die Autoren, dass Interviews durch Live-Interviewer

(CATI-Interviews) in der Tat von den Befragten qualitativ anders wahrgenommen werden als IVR-Interviews. Die verschiedenen Stimmtypen werden zwar durchaus als unterschiedlich erkannt, doch gab es keine Hinweise in Hinblick auf negative Auswirkungen von „Computerstimmen" auf das Antwortverhalten. Negativ beeinflusst wurden weder die Bereitschaft, das Interview bis zum Ende durchzuführen, noch auf den Anteil von Item Nonresponse noch auf die Antworten selbst. Die Autoren fanden ebenfalls, dass das Geschlecht beim Einspielen der Stimme keine Rolle spielt. Dieser Befund bestätigt frühere Ergebnisse von Turner et al. (1998), die selbst in Umfragen mit Sex-Themen keinen Einfluss des Geschlechts der Interviewer nachweisen konnten.

Einige positive Wirkungen der *Befragungstechnologie* sind auf die Programmierung der Fragebögen zurückzuführen. Dazu gehören:

- Minimierung von Filterfehlern („routing errors"; vgl. hierzu Bethlehem 1999) auf Grund der Computersteuerung mit der Konsequenz einer Entlastung der Interviewer (bei Interviewer-administrierten Interviews) bzw. des Befragten (bei selbst-administrierten Interviews).
- Möglichkeit, Online-Befragungshilfen für Begriffsklärungen, etc. vorzusehen (vgl. Schober & Conrad 1997), Nutzung aller Möglichkeiten des Computers zur Darstellung von Instruktionen, Fragen- und Antwortformaten sowie zur Gestaltung des Layouts.
- Erweiterte Möglichkeiten der Skalendarstellung und der Auswahl von Antwortkategorien bei selbst-administrierten Befragungen.
- Einbindung von Bildern, Grafiken, Fotos, Videos und akustischen Dokumenten in das Erhebungsinstrument.

Bei selbst-administrierten CAI-Interviews kann der Ablauf der Befragung so programmiert sein, das im Fragebogen wie bei postalischen Befragungen vor- und zurückgegangen werden kann. In diesem Fall hat die sequentielle Organisation der Fragen zwar keinen Einfluss auf das Antwortverhalten (vgl. Bishop et al. 1988; Schwarz & Hippler 1995), doch heißt dies nicht notwendig, dass es keine Kontexteffekte gibt. Diese Effekte treten unabhängig von der Reihenfolge der Frage auf.

2.6 Vermeidung von Qualitätsgefährdungen

2.6.1 Theoretische Überlegungen und das maßgeschneiderte Design

Für den Erfolg einer Frage ist bedeutsam, dass sich die durch eine Frage gesetzten Leistungsanforderungen auf alle Teilprozesse des Antwortprozesses beziehen können, so dass beim Entwurf einer Frage stets gefragt werden muss:

- Kann die durch den Fragetext und die Antwortformate geforderte Interpretationsleistung von der zu befragenden Stichprobe der Zielpopulation erbracht werden bzw. wird der Fragetext von allen Befragten wahrgenommen und in der vom Forscher intendierten Weise verstanden? Sind die zur Interpretation des Fragetextes notwendige Sprachkompetenz und das zur Interpretation benötigte kulturelle, soziale und fachliche Hintergrundwissen vorhanden? Sind die zur Interpretation notwendigen mentalen Prozesse wie Gedächtnisabruf, Aufbau semantischer Strukturen, Schlussfolgerungsprozesse, Zwischenspeicherung im Kurzzeitgedächtnis, etc. von allen Befragten ausführbar?
- Können nach erfolgreicher Interpretation die zur Lösung der beschriebenen Aufgabe notwendigen Leistungen der Wiedergewinnung von Informationen und Urteilsbildung notwendigen Prozesse wie Schätzungen, Berechnungen, Erinnerungsleistungen, Integration von Informationen, etc. von allen Befragten erbracht werden?
- Kann die nach erfolgreicher Lösung der Aufgabe gewonnene Information von den Befragten in das vorgegebene Antwortformat eingepasst werden?
- Ruft die Frage eventuell unerwünschte (Neben)effekte herovr?

Sollen die in den vorangegangenen Abschnitten beschriebenen Gefährdungen der Fragenqualität minimiert werden, so müssen schon beim Entwurf von Fragen die möglichen Gefährdungsursachen bedacht und berücksichtigt werden. Dies erfordert insbesondere die Berücksichtigung der möglichen Wechselwirkungen zwischen Frage und Befragten.

Don Dillman (2007) hat einen bestimmten Aspekt dieser Wechselwirkung in den Mittelpunkt seines Ansatzes zur Verbesserung der Datenqualität gestellt. Unter der Bezeichnung *maßgeschneidertes Design (tailored design)* hat Dillman eine Menge von Verfahren und Prinzipien für selbst-administrierte Interviews zusammengefasst, die zu einer erhöhten Datenqualität führen sollen Diese Verfahren können aber analog auch für Interviewer-administrierte Interviews gelten. Diese Verfahren betreffen sowohl den Entwurf von Erhebungsinstrumenten als auch die Erhöhung der Teilnahmebereitschaft und die Reduktion der Anzahl fehlender Werte, insbesondere bei heiklen Fragen. Dillman entwickelt seinen Ansatz aus der *Theorie des sozialen Austausches (social exchange theory)*. (vgl. Homans 1958; Blau 1964) Diese postuliert, dass Beziehungen zwischen Partnern (Individuen, Organisationen, etc.) auf einer Kosten-Nutzen-Analyse basieren. Eine Beziehung zwischen sozialen Akteuren wird aufgenommen und aufrechterhalten, wenn und solange die Kosten den Nutzen nicht übersteigen. Nach dieser Theorie sind Handlungen von sozialen Akteuren durch das motiviert, was sie durch diese Handlungen als Gegenleistung erhalten.

Dillman nennt drei große Teilbereiche, die zur Erhöhung der Datenqualität berücksichtigt werden sollten, wobei nicht alle gleichermaßen für den Entwurf von Fragebögen und Fragen von Bedeutung sind:

Etablierung von Vertrauen:

> ➢ Es sollten schon beim ersten Kontakt Zeichen der Wertschätzung gegeben werden;
> ➢ Auftraggeber sollten legitimierte Autoritäten sein (z.B. Ministerien, Universitäten, etc.);
> ➢ Die Umfrage sollte als wichtiges Ereignis dargestellt werden;
> ➢ Ein Befragter wird eher an einer Umfrage teilnehmen, wenn er in seiner Teilnahme einen Nutzen für andere sieht (Beispiel: Die Tochter des Befragten studiert und die Umfrage beschäftigt sich mit der Verbesserung der Studeinbedingungen).

Erhöhung des Werts der Gegenleistung:

> ➢ Bezeugung von Achtung und Rücksicht;
> ➢ Bezeugung von Dank;
> ➢ Unterstützung von Werten der Gemeinschaft/Gesellschaft, in welche die Befragten eingebunden sind;
> ➢ Einsatz greifbarer Belohnungen;
> ➢ Konstruktion eines interessanten Fragebogens;
> ➢ Betonung der sozialen Anerkennung, z.B. dadurch, dass darauf hingewiesen wird, dass andere Personen schon ähnliche Interviews mitgemacht haben.

Reduktion sozialer Kosten:

> ➤ Vermeidung einer herablassenden Sprache bzw. Befehlsformen;
> ➤ Vermeidung von Verlegenheit oder Verwirrung der Befragten;
> ➤ Vermeidung von Unannehmlichkeit bzw. Unbequemlichkeit;
> ➤ Entwurf eines kurzen und leichten Fragebogens (gilt besondes für selbst-administrierte Interviews);
> ➤ Reduzierung von Forderungen nach persönlichen Informationen, die die Befragten nicht gerne weitergeben;
> ➤ Verwendung untereinander konsistenter Fragen.

Diese Prinzipien lassen sich zwar nicht bei allen Forschungsfragestellungen einhalten, in jedem Fall sollte man aber diese Gesichtspunkte möglichst konsequent in die eigenen Überlegungen einbeziehen. In Bezug auf den Entwurf von Fragebögen und Fragen ergibt sich aus dem Ansatz vor allem die Konsequenz, die Belastungen des Befragten, seien es kognitive, emotionale Belastungen oder Belastungen durch schlechte Benutzerfreundlichkeit des Fragebogens, gering zu halten.

Sofern Erkenntnisse zu Auswirkungen physischer, psychologischer und sozialer Merkmale der Befragten auf die Beantwortung von Fragen vorliegen, sollten diese soweit wie möglich schon beim Entwurf von Fragebögen und Fragen berücksichtigt werden. Zur Kontrolle der emotionalen und kognitiven Ressourcen gibt es Bestrebungen, kurze Skalen zu Messung dieser Ressourcen in den Fragebogen einzuführen Ein Beispiel ist der Versuch, die sog. „big five" (die Persönlichkeitsfaktoren Extraversion, soziale Verträglichkeit, Gewissenhaftigkeit, Neurotizismus, Offenheit/Intellekt) durch Kurzskalen in Fragebögen zu integrieren (vgl. Rammstedt 2004; Rammstedt & John 2007).

Bei allen Bemühungen ergibt sich schon aus der Heterogenität der Zusammensetzung der Population, dass es bei allgemeinen Bevölkerungsumfragen Fragen geben kann, die nicht für alle Teilgruppen der Stichprobe optimal sind.

2.6.2 Allgemeine Empfehlungen bei der Konstruktion von Fragen

Die Optimierung von Fragen besteht in der Optimierung aller Aspekte, die den Erfolg einer Frage beeinflussen können. Da der Erfolg einer Frage nicht mit Sicherheit festgestellt werden kann, weil die wahre Antwort stets unbeobachtbar ist und somit nicht festgestellt werden kann, ob sich eine gegebene formal adäquate Antwort tatsächlich auf den wahren Wert bezieht, kommt der Beseitigung möglicher Qualitätsgefährdungen eine maßgebliche Rolle zu. Je mehr dieser Gefährdungen ausgeschlossen werden können, desto wahrscheinlicher ist der Erfolg der Frage. Ein Weg, Qualitätsgefährdungen zu reduzieren, besteht neben der Einbeziehung der Überlegungen in Abschnitt 2.5.1 in der Aufstellung allgemeiner Regeln, die bei der Konzeption von Fragen zu berücksichtigen sind. Allgemeine Empfehlungen für den Entwurf von Fragen sind wegen der Abhängigkeit von den Besonderheiten der Studie sowie der Abhängigkeit von den Details der Ausführungsbedingungen einer Frage immer mit einer gewissen Vorsicht zu behandeln. Hinzu kommt, dass die Ergebnisse empirischer Studien und deren Empfehlungen nicht immer verallgemeinert werden können, da diese oft nur einmal erhoben wurden und Replikationen fehlen. Die Anwendung von Regeln sollte stets an laufenden wissenschaftlichen Untersuchungen kontrolliert sowie gegebenenfalls erweitert werden. Groves et al. (2004) greifen in ihren Empfehlungen Anregungen von Sudman & Bradburn (1982) auf und entwickeln auf dieser Basis eine Reihe von Empfehlungen, von denen jede empirisch begründet wird. Die Empfehlungen sind aufgeschlüsselt nach nichtsensitiven Verhaltensfragen, sensitiven Verhaltensfragen, Einstellungsfragen und selbstadministrierten Fragen:

Nichtsensitive Fragen:

1) Geben Sie bei geschlossenen Fragen alle sinnvollen Antwortmöglichkeiten als Antwortalternativen explizit vor.
2) Formulieren Sie den Fragetext so spezifisch wie möglich, um die Möglichkeiten unterschiedlicher Interpretationen durch verschiedene Befragte zu reduzieren.
3) Verwenden Sie Worte, die alle Befragte in nahezu gleicher Weise verstehen.
4) Reichern Sie den Fragetext mit Gedächtnishilfen an, um die Erinnerungsleistung zu verbessern.
5) Sollte die Vermutung nahe liegen, dass die gewünschte Information vergessen wurde, verwenden Sie einen gestützten Abruf („aided recall") der Information. „Gestützter Abruf der Information" bedeutet, dass separate Fragen zu jeder Unterkategorie einer Kategorie gestellt werden. Eine Frage wie: „Wann waren Sie zuletzt Einkaufen?" könnte aufgeschlüsselt werden in „Wann haben Sie zuletzt Lebensmittel eingekauft?", „Wann haben Sie zuletzt Kleidung eingekauft", etc.
6) Wenn interessierende Ereignisse häufig auftreten, aber nicht sehr kompliziert sind, lassen Sie die Befragten ein Tagebuch führen.

7) Wenn lange Erinnerungsperioden verwendet werden müssen, verwenden Sie einen Kalender für die Datierung von Lebensereignissen.

8) Um „telescoping"-Effekte zu vermeiden, bitten Sie die Befragten, Haushaltsunterlagen wie z.b. Rechnungen, Kalender, Versicherungspolicen, etc. heranzuziehen.

9) Sollten Kostenüberlegungen eine Rolle spielen, überlegen Sie, welche Proxies die gewünschte Information liefern könnten.

Sensitive Verhaltensfragen:

1) Verwenden Sie eher offene als geschlossene Fragen, um die Häufigkeit sensibler Ereignisse zu erfragen.

2) Verwenden Sie eher lange als kurze Fragen.

3) Verwenden Sie vertraute Worte, um sensitive Verhaltensweisen zu beschreiben.

4) Versuchen Sie die Frage als „Einladung" zu einer sozial nicht akzeptablen Antwort zu formulieren, indem Sie Formulierungen wählen wie den „Jeder-tut-es-Ansatz (everybody-does-it-approach)" (z.b. „Selbst die ruhigsten Eltern werden ärgerlich, wenn..."), den „assume-the-behavior-appraoch" (z.b. „Wie oft taten Ihre Kinder in der letzten Woche etwas, das Sie geärgert hat?"), den „Autoritäten-empfehlen-es-Ansatz (authorites-recommend-it-approach)" (z.b. „Viele Psychologen glauben, dass es für Eltern wichtig ist, ihre aufgestauten Frustrationen auszudrücken. Taten Ihre Kinder in der letzten Woche irgendetwas, das Sie geärgert hat?") oder den „reasons-for-doing-it"-Ansatz (z.b. „Eltern werden ärgerlich, weil sie müde sind oder zerstreut sind, oder wenn ihre Kinder ungewöhnlich frech sind. Taten Ihre Kinder in der letzten Woche irgendetwas, das Sie geärgert hat?")

5) Stellen Sie die Fragen, die sich auf längere Zeitperioden (z.b. die gesamte Lebenszeit) oder auf die entfernte Vergangenheit beziehen, zuerst.

6) Betten Sie die sensitiven Fragen zwischen andere sensitive Fragen.

7) Verwenden Sie selbst-administrierte Administrationsformen.

8) Ziehen Sie die Sammlung von Daten in Form von Tagebüchern in Betracht.

9) Stellen Sie am Schluss des Interviews Fragen, die erkennen lassen, wie sensitiv der Befragte die Schlüsselfragen empfunden hat.

10) Sammeln Sie Daten zur Validierung.

Einstellungsfragen:

1) Spezifizieren Sie klar und eindeutig das Einstellungsobjekt.
2) Vermeiden Sie Fragen, die sich auf zwei Einstellungen zugleich beziehen („double-barreled" questions).
3) Verwenden Sie bei der Messung der Einstellungsstärke mehrere unabhängige Items, sofern dies möglich ist.
4) Verwenden Sie bipolare Items außer in dem Fall, wo sie keine Schlüsselinformation enthalten. Unter bipolaren Items werden solche Items verstanden, wo sowohl die positive als auch die negative Alternative im Text genannt wird. Diese Empfehlung bezieht sich also auf den Itemtext und nicht auf die Antwortskala.
5) Überlegen Sie genau, welche Alternativen Sie im Text erwähnen, da diese einen großen Einfluss auf die Antworten haben.
6) Verwenden Sie bei Wiederholungsmessungen die gleiche Frage.
7) Sollten allgemeine und spezifische Fragen zu einem Thema gestellt werden, stellen Sie die allgemeine Frage zuerst.
8) Wenn Sie mehrere parallele Fragen zu einem Thema stellen, die unterschiedlich populär sind, beginnen Sie mit der am wenigsten populären Frage.
9) Verwenden Sie zur Messung von Einstellungen geschlossene Fragen.
10) Verwenden Sie 5- bis 7-stufige Skalen, bei denen jeder Skalenpunkt benannt ist. Diese Empfehlung ist allerdings angesichts der möglichen Interpretationsunterschiede der Adverbien unter den Befragten mit einer gewissen Vorsicht zu behandeln.
11) Beginnen Sie mit der Antwortalternative, die am wenigsten üblich ist.
12) Verwenden Sie Analoginstrumente wie z.B. Thermometer, um detailliertere Skaleninformationen zu erhalten.
13) Lassen Sie Items nur dann in eine Rangordnung bringen, wenn die Befragten alle Alternativen sehen. Ist dies nicht der Fall, lassen Sie lieber Paarvergleiche durchführen.
14) Lassen Sie jedes Item bewerten und verwenden Sie keine „check-all-that-apply"-Items

Selbst-administrierte Fragen:

1) Verwenden Sie visuelle Elemente in einer konsistenten Weise, um den Weg durch den Fragebogen zu definieren.
2) Wenn die Konventionen für die Navigation durch den Fragebogen geändert werden, sollten auffällige visuelle Zeichen den Befragten auf die Änderung hinweisen.
3) Setzen Sie Hinweise dort, wo sie benötigt werden und wo sie gesehen werden.
4) Präsentieren Sie Informationen, die zusammen genutzt werden müssen, an derselben Stelle.
5) Verbinden Sie nicht mehrere Fragen zu einer Frage.

Einige dieser Regeln, wie das Sammeln von Daten zur Validierung, erfordern einen besonderen Aufwand und werden nur in finanziell entsprechend ausgestatteten Umfragen realisiert werden können. Auch die Verfügbarkeit von Informationen spielt hier eine zentrale Rolle.

Voraussichtliche Mängel im Zusammenhang mit traditionellen Frageformen können auch dadurch gelöst werden, dass zusätzliche Befragungshilfen oder Interaktionsmöglichkeiten mit dem Interviewer geschaffen werden (vgl. Schober 1999). Auch die Anwendung spezifischer Aufgabentypen kann eine Lösung sein, auch wenn dies mit Zeit- und Kostenproblemen verbunden sein kann. Ein Beispiel ist die Vermeidung systematischer Auswahleffekte bei *sensitiven Fragen* durch eine Variante der *Randomized Response Technik (RRT)* (Warner 1965; vgl. auch Särndal, Swensson & Wretman 1992; Schnell, Hill & Esser 2005, S. 340; vgl. ferner die Ergebnisse der Metaanalyse von Lensvelt-Mulders et al. 2005; Tracy & Mangat 1996; Chaudhuri & Mukerjee 1988) Bei RRT soll der Befragte unter zwei alternativen Items, einem sensitiven und einem nicht sensitiven Item, ein Item auswählen und beantworten. Mit der Wahrscheinlichkeit p, mit der das sensitive Item ausgewählt wird, kann ein unverzerrter Schätzer für die Anzahl oder den Anteil der Personen konstruiert werden, die sich durch die sensitive Eigenschaft auszeichnen. Es scheint, dass diese Techniken zu einer besseren Schätzung der Populationsparameter führt als konventionelle Techniken (vgl. die Meta-Analyse von Lensvelt-Mulders et al. 2005). Ein weiteres Beispiel für die Einführung alternativer Frageformen ist die Anwendung von Kalendarien zur Erfassung von Ereignisdaten (vgl. Belli, Shay & Stafford 2001).

2.6.3 Allgemeine Empfehlungen zum Layout in CASI-Umfragen

Bei der Gestaltung des Layouts von computerunterstützten Befragungen sind grundsätzlich folgende Dimensionen zu beachten:

- Bildschirm-Konfiguration;
- Farbgestaltung;
- Textgestaltung;
- Itemstil;
- Ausrichtung und Anordnung („alignment");
- Item-Präsentation;
- Länge.

Dillman (2007) hat auf der Basis seiner Konzeption eines maßgeschneiderten Designs zur Optimierung der Datenqualität eine Reihe von Prinzipien entwickelt, die man speziell bei der Gestaltung des Layouts in computerunterstützten selbst-administrierten Befragungen wie E-Mail-Befragungen oder Befragungen im Internet beachten sollte. Die auf die Fragengestaltung bezogenen Prinzipien sind.

Designprinzipien bei E-Mail-Befragungen:

•	Begrenze die Spaltenbreite auf 70 Zeichen, um die Gefahr von Umbrüchen zu vermeiden
•	Bitte die Befragten, ihre Kreuze in die Klammern zu setzen
•	Arbeite mit begrenzten Skalenlängen und sorge für Anpassungen an andere Befragungsarten

Für die *Gestaltung von Internetumfragen* empfiehlt Dillman die Einhaltung der folgenden Prinzipien:

- Präsentiere jede Frage in einem konventionellen Format ähnlich wie das bei Papierfragebögen
- Gebrauche Farben so, dass die Figur/Hintergrund-Konsistenz und die Lesbarkeit erhalten bleiben, der Fluss der Navigation nicht behindert wird und die Messqualitäten des Fragebogens nicht gefährdet werden
- Vermeide, dass aus unterschiedlichen Bildschirmkonfigurationen, Betriebssystemen, Browsern, Beschränkungen des Displays und ungewollten Textumbrüchen Unterschiede im visuellen Erscheinungsbild entstehen.
- Verwende spezifische Anweisungen, wie man jede notwendige Aktivität am Computer durchführt, die für die Beantwortung der Fragen notwendig ist; führe weitere Anweisungen an dem Punkt ein, wo sie benötigt werden
- Verwende „Drop-down-Boxen" nur sehr sparsam (mögliche Effekte der Befragungsart z.b. bei multiplen Antwortvorgaben)
- Gestalte Sprunganweisungen so, dass diese zur Markierung der Antworten ermutigen und zum Anklicken der nächsten anwendbaren Frage führen.
- Konstruiere Web-Fragebögen so, dass sie von Frage zu Frage scrollen, vorausgesetzt es sind keine Reihenfolgeeffekte zu vermuten
- Wenn die Zahl der Antwortvorgaben die Zahl übersteigt, die auf einen Bildschirm oder einer Spalte darstellbar ist, ziehe eine doppelte Anordnung („double banking") in Betracht
- Verwende grafische Symbole oder Worte, um den Befragten darüber zu informieren, an welcher Stelle der Bearbeitung er sich befindet (Statusanzeige). Vermeide solche, die den Rechner zusätzliche belasten.
- Übe Zurückhaltung in der Verwendung von Fragestrukturen, die schon bekannte Messprobleme bei schriftlichen Fragebögen verursachen wie offene Fragen oder Auswahl mehrerer Items aus einer Liste

Bei der Gestaltung des Layouts sollten stets auch laufend empirische Befunde über mögliche Wirkungen in den Entwurf einbezogen werden.

3 Die Evaluation von Fragen

3.1 Der Optimierungsprozess

Wie in Kapitel 2 dargestellt, betrifft die Qualität einer Frage alle Aspekte der Frage einschließlich des Fragetextes und der Befragungsart. In der Regel sind die Entscheidungen über Zielpopulation und Befragungsart zum Zeitpunkt des Fragebogenentwurfs bereits getroffen worden, da diese auch von anderen Überlegungen wie z.B. Kostengesichtspunkten abhängen. Sie ergeben sich manchmal auch schon sehr frühzeitig aus der Forschungsfragestellung. Aus dieser ergibt sich auch das Spektrum der Inhalte, die im Rahmen von Operationalisierungsentscheidungen in Fragen umgesetzt werden müssen. Es bleibt daher die Aufgabe, den Fragetext, die Antwortformate und das Layout nicht nur durch Anpassung an die Merkmale der Zielpopulation, sondern auch an die mit der Frage beabsichtige Zielsetzung und die bereits festgelegte Befragungsart möglichst optimal zu gestalten.

Der Entwurf einer Frage stellt in der Regel keine endgültige, nicht weiter verbesserungsfähige Version dar. Die Optimierung eines Fragebogenentwurfs ist ein Modifikationsprozess, der normalerweise die in Abbildung 19 dargestellten Schritte umfasst. Wie oft die Schleife von Gefährdungsidentifikation und Verbesserung der Frage durchlaufen werden sollte, hängt nicht unwesentlich von der Qualität des Erstentwurfs ab. Häufig kann darüber hinaus der Optimierungsprozess aus Kosten- und/oder Zeitgründen nicht in der notwendigen Ausführlichkeit durchlaufen werden. In diesem Fall ist es absolut notwendig, sich die verbleibenden Gefährdungen zu verdeutlichen, um in der Phase der Auswertung und Ergebnisinterpretation auf mögliche Einbußen der Datenqualität und mögliche Artefakte vorbereitet zu sein.

Ein Fragebogendesigner sollte sich niemals mit einem ersten Entwurf zufrieden geben, sondern vielmehr systematisch nach möglichen Hinweisen auf Qualitätsgefährdungen suchen, um diese anschließend zu minimieren. Eine Identifikation von Qualitätsgefährdungen einer Frage setzt den Einsatz entsprechender Verfahren voraus, mit deren Hilfe solche Gefährdungen erkannt werden können. Hierzu zählen in erster Linie:

- *Fragebewertungssysteme (question appraisal systems)*
- *Expertenrunden, eventuell unter Einbeziehung von Fragebewertungssystemen*

94

- Empirische *Pretestverfahren* und Verfahren zur Überprüfung der *Benutzer-freundlichkeit (Usability),* insbesondere bei computerunterstützten Verfahren
- *Statistische Verfahren* zur Überprüfung der Gütekriterien der Messung und zur Beschreibung des Antwortverhaltens.

Zusätzlich kann sich das Forscherteam selbst einen Eindruck von den Erhebungsproblemen einer Frage und ihrer Funktionsfähigkeit verschaffen, indem es selber einige Testinterviews durchführt.

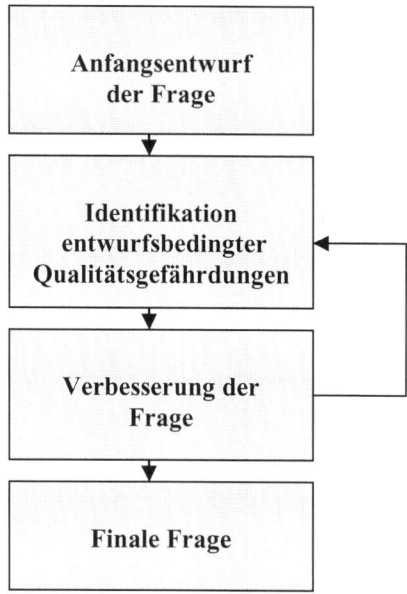

Abbildung 19: Prozessstruktur der Frageoptimierung

Nach Fertigstellung des Anfangsentwurfs von Fragen, der bereits unter Einbeziehung der in Abschnitt 2.6.2 erwähnten allgemeinen Empfehlungen erfolgt sein sollte, sollte eine Evaluation des Entwurfs erfolgen, wobei sich eine gewisse Reihenfolge anbietet, die dadurch bestimmt ist, dass Entwürfe dann einem empirischen Pretest unterworfen werden sollten, wenn eine weitere Verbesserung auf der Basis nicht-empirischer Verfahren nicht mehr möglich ist (vgl. Abbildung 20).

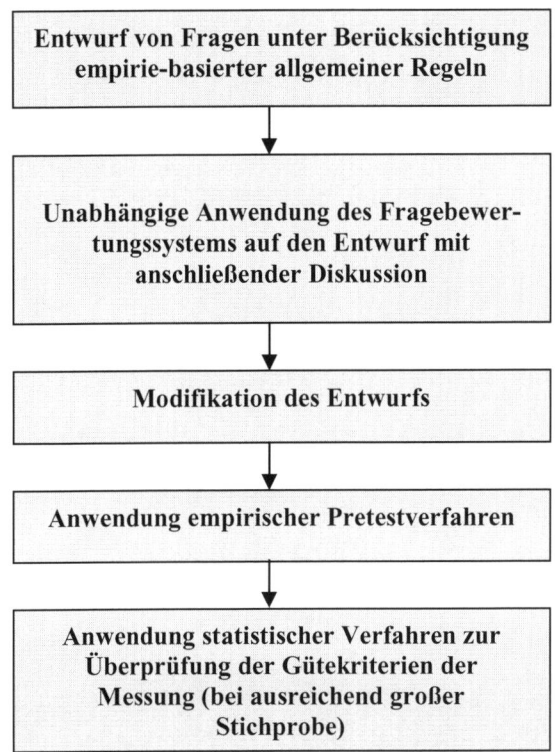

Abbildung 20: Abfolge der Verfahren zur Identifikation von
Qualitätsgefährdungen

Da das *tatsächliche* Verständnis von Fragen und Begriffen nur empirisch erhoben werden kann und diesbezüglich in heterogen zusammengesetzten Populationen wie der allgemeinen Bevölkerung keine zuverlässigen Aussagen gemacht werden können, sind empirische Verfahren zur Überprüfung des konkreten Frageverständnisses unbedingt notwendig.

3.2 Empirische Evaluationsverfahren

3.2.1 Pretestverfahren

Zu den empirischen Evaluationsverfahren zählen alle Verfahren, die Mängel von Fragen und Fragebögen auf der Basis empirischer Informationen über den Befragten und sein Verhalten identifizieren. Geschieht dies über eine gesonderte empirische Erhebung spricht man von Pretestverfahren. Die Umfänge von Stichproben für konventionelle Pretests bewegen sich in der Regel zwischen 20 und 50, für kognitive Interviews zwischen 10 und 20 Fällen. Es konnte gezeigt werden, dass selbst ab Stichprobenumfängen über 50 noch sowohl wichtige als auch eher unwichtige Probleme bei kognitiven Interviews identifiziert werden können (vgl. Blair et al. 2006) Abbildung 21 gibt einen Überblick über die verschiedenen empirischen Pretestverfahren.

Abbildung 21: Pretestverfahren im Überblick

Kognitive Interviews
Kognitive Interviews (vgl. Willis 2004, 2005; Prüfer & Rexroth 2005) sind ein Werkzeug zur Evaluation des Frageverständnisses. Ein Forscher sollte grundsätzlich nicht davon ausgehen, dass sein eigenes Begriffsverständnis mit dem der Befragten übereinstimmt. Viele Forscher wären vermutlich überrascht, vielleicht sogar entsetzt, wenn sie zur Kenntnis nehmen müssten, wie weit das Verständnis der Befragten von ihrem eigenen entfernt ist. Zahlreiche statistische Modelle müssten vermutlich anders interpretiert werden. Es ist sogar damit zu rechnen, dass das Problem der mangelnden Vorhersagbarkeit und der Heterogenität des Frageverständnisses auf Grund der zunehmenden Heterogenität der Bevölkerung im Zusammenhang mit der Zunahme des Anteils von Personengruppen unterschiedlichen Migrationshintergrunds eher weiter zunehmen wird.

Kognitive Interviews werden in der Entwicklungsphase von Fragen unter Einsatz sog. „kognitiver Techniken" durchgeführt, um Einblick in die kognitiven Prozesse zu erhalten, die beim Beantworten von Fragen ablaufen.

Speziell ist dabei von Interesse, wie Befragte

- Fragen oder Begriffe verstehen und interpretieren,
- Informationen und Ereignisse aus dem Gedächtnis abrufen,
- Entscheidungen darüber treffen, wie sie antworten,
- ihre intern ermittelte Antwort formalen Antwortkategorien zuordnen.

Das eigentliche Ziel kognitiver Interviews besteht darin, Hinweise darauf zu erhalten, ob eine Frage diejenigen Informationen generiert, die von ihrem Konstrukteur intendiert sind. Bei der Anwendung kognitiver Interviews, die immer Interviewer-administriert erfolgt, steht also das Testen von *Einzelfragen* im Mittelpunkt und nicht das Testen des gesamten Fragebogens. Soll die Funktionalität des gesamten Erhebungsinstruments überprüft werden, kommen andere Techniken zum Einsatz (siehe Abschnitt 3.2.1(B) und 3.2.2). Dies bedeutet auch, dass beim Testen von Fragen in einem frühen Entwicklungsstadium im Rahmen kognitiver Interviews der später in der Hauptstudie eingesetzte Befragungsmodus erst einmal keine Rolle spielt. d.h., es ist in der Regel nicht von Bedeutung, ob die zu überprüfende Frage später mündlich, postalisch oder telefonisch, mit oder ohne Computer erhoben wird.

Kognitive Verfahren sind die leistungsfähigsten wenn es darum geht, das Fragenverständnis zu überprüfen. Sie werden in der Regel im Labor mit einer entsprechenden Ausstattung eingesetzt. Die geläufigsten Verfahren sind:

Kurzbeschreibung der kognitiven Verfahren:

Nachfragetechniken (probing):
Bei dieser Methode werden Begriffe, Fragetexte oder eine gegebene Antwort vom Interviewer durch eine oder mehrere Zusatzfragen (probes) hinterfragt immer mit dem Ziel, über das Verständnis der Frage mehr Information zu bekommen.

Paraphrasieren (paraphrasing):
Beim Paraphrasieren sollen die Befragten nach der Beantwortung den Fragetext mit eigenen Worten wiederholen. Aus der Art und Weise, wie der Text verbalisiert wird, wird versucht, Rückschlüsse auf das Frageverständnis zu ziehen.

Bewertung der Verlässlichkeit der Antwort (confidence rating):
Bei diesem Verfahren werden die Befragten aufgefordert, nach der Antwort auf eine Frage der Grad der Verlässlichkeit der Antwort bewerten.

Sortiertechniken (sorting):
Diese Verfahren basieren auf der Zuordnung vorgegebener Items zu Gruppen. Die Zuordnung kann auch kriterienorientiert erfolgen. Eine spezielle Variante stellt die Klassifikation von Vignetten dar, bei der die Befragten kurze Situationsbeschreibungen lesen sollen und anschließend entscheiden sollen, ob diese ihrer Meinung nach in Überlegungen über die Antwort einbezogen werden sollen.

Techniken des lauten Denkens (think-aloud):
Bei diesem Verfahren wird der Befragte aufgefordert, laut zu denken und dabei alle Gedankengänge zu formulieren, die zu der Antwort führen bzw. geführt haben. Das laute Denken kann gleichzeitig, d.h. während des Denkprozesses, der zur Antwort führt („concurrent think aloud) oder retrospektiv, d.h. nach gegebener Antwort (retrospective think aloud) erfolgen.

Feldpretest (auch: Standardpretest, konventioneller Pretest, klassischer Pretest, Beobachtungspretest)
Unter einem Feldpretest versteht man eine vom Stichprobenumfang her stark verkleinerte Testerhebung eines Fragebogens am Ende der Fragebogenentwicklung unter möglichst realistischen Bedingungen der Haupterhebung. Streng genommen stellt er eine Simulation der Hauptstudie dar, was bedeutet dass er in

derselben Befragungsart durchgeführt werden sollte, die auch in der Haupterhebung zum Einsatz kommt. Der klassische Feldpretest wird in erster Linie bei Interviewer-administrierten Interviews eingesetzt. Dabei beobachtet der Interviewer, welche Probleme und Auffälligkeiten auf Seiten des Befragten auftreten, ohne diese aktiv zu hinterfragen (passive Vorgehensweise). Die beobachteten Probleme werden vom Interviewer während des Interviews notiert und nach dem Interview in so genannten Erfahrungsberichten/Pretest-Reports fragenspezifisch dokumentiert. Die *passive* Vorgehensweise des Verfahrens liefert erfahrungsgemäß eher oberflächliche und begrenzte Informationen zum Frageverständnis. Das eigentliche Ziel des Feldpretests ist es also, neben der Überprüfung der durch passive Beobachtung feststellbaren Probleme des Frageverständnisses den gesamten Ablauf des Interviews und den gesamten Fragebogen – auch in technischer Hinsicht – zu testen. Dies gilt ebenfalls für telefonische und schriftliche Umfragen, bei denen der Fragebogen per Post verschickt wird (postalische Umfragen). Im zuletzt genannten Fall werden die Fragebögen wie in der Hauptstudie verschickt, wobei neben der Qualität der Fragebogenbearbeitung auch das Rücklaufverhalten überprüft werden kann.

Allerdings gibt es auch Mischformen zwischen einem Feldpretest und kognitiven Interviews. Diesen Verfahrensmix wendet man gerne beim Testen *schriftlicher Fragebogen* an. Die Testphase besteht dann aus folgenden Schritten:

- Das Ausfüllen des Fragebogens kann beim Befragten zu Hause, in einem Büro oder Labor stattfinden. Eine Aufzeichnung ist nicht unbedingt erforderlich, aber von Vorteil.
- Die Testperson füllt den schriftlichen Fragebogen komplett aus. Probleme, die beim Ausfüllen auftreten, soll die Testperson durch ein Zeichen im Fragebogen markieren. Diese Probleme werden dann im anschließenden kognitiven Interview näher besprochen.
- Die Ausfülldauer wird vom Interviewer festgehalten.
- Das dann folgende kognitive Interview ist folgendermaßen aufgebaut:

  ➢ Für jede Frage wird zunächst nachgefragt, ob es während des Ausfüllens Probleme gab. Falls ja, werden diese Probleme vom Interviewer notiert.
  ➢ Bei jeder Frage prüft der Interviewer/die Interviewerin, ob korrekt ausgefüllt wurde. Falls nicht, fragt der Interviewer nach und notiert die Gründe.

> Bei einigen vorher ausgewählten Fragen, bei denen die Antwortmöglichkeit "kann ich nicht sagen" im Fragebogen vorhanden ist, prüft der Interviewer, ob hier angekreuzt wurde. Falls ja, fragt der Interviewer nach dem Grund und notiert diesen.

> Bei einigen vorher ausgewählten Fragen stellt der Interviewer sog. „Special Probing-Fragen", die das Ziel verfolgen, Verständnisprobleme aufzudecken.

Auch für das Testen bei *computerunterstützten Telefonumfragen* gibt es Verfahren im Feld, welche die Eigenschaften eines Behavior Coding (s. unten) mit denen kognitiver Pretests verbinden. Ein Beispiel ist das sog. CAPTIQ-Verfahren (vgl. Faulbaum 2004a, 2004b). Dabei werden Probleme mit Fragen einschließlich des Frageverständnisses über Funktionstasten gesteuert. Die Methode liefert auch Informationen über die Anteile nicht-adäquater Antworten im Interviewverlauf in einer graphischen Darstellung („*Interview Process Graph*" bzw. IPG). Sie ist ferner zur Erzeugung großer Preteststichproben bei Telefonumfragen geeignet.

Kurzbeschreibung von Verfahren im Feldpretest:

Befragten- und/oder Interviewer-Debriefing:
Die Befragten und/oder die Interviewer werden im Anschluss an das Interview noch einmal retrospektiv zu einzelnen Fragen und zum gesamten Verlauf des Interviews befragt. Dies können auch ausführliche Interviews zum Frageverständnis sein (sog. *Intensivinterviews).*

Behavior Coding (nicht einsetzbar bei postalischen Befragungen):
Bei diesem Verfahren wird das Verhalten von Befragten und Interviewer bei jeder Frage mit Hilfe eines Codesystems bewertet und analysiert. Dadurch lassen sich Rückschlüsse auf die Qualität von Fragen ziehen. Das Codesystem kann mehr oder weniger umfangreich sein und somit mehr oder weniger differenziert Verhalten erfassen. Bei Anwendung dieses Verfahrens muss das Interview aufgezeichnet werden. Es kann sowohl zur Bewertung des Interviewerverhaltens als auch zu Bewertung von Fragen eingesetzt werden (vgl. Cannell, Fowler & Marquis 1968; Ongena & Dijkstra 2006; Prüfer & Rexroth 1985).

Random Probe:
Bei diesem Verfahren wählt der Interviewer nach einem Zufallsverfahren eine bestimmte Anzahl von Items aus, bei denen Zusatzfragen (sog. *probes*) gestellt werden.

Analyse von Antwortverteilungen:
Auch aus der Analyse der Verteilung von Antwortalternativen, z.b. daraus, dass bestimmte Antwortkategorien nicht besetzt sind oder durch Verteilungscharakteristika wie extreme „Schiefe", lassen sich Hinweise auf das Frageverständnis ziehen.

Split Ballot:
Beim Split-Ballot werden zwei oder mehr Varianten einer Frageformulierung jeweils einer Teilstichprobe der Gesamtstichprobe einer Umfrage vorgelegt. Unterschiede in den Antwortverteilungen werden dann auf die unterschiedlichen Fragevarianten zurückgeführt.

Schließlich können auch die *Latenzzeiten* gemessen werden, um Rückschlüsse auf für den Befragten problematische Fragen zu ziehen (vgl. Bassili 1996). Latenzzeiten sind jene Zeiten, die zwischen dem Zeitpunkt der Beendigung der Präsentation des Fragetextes und dem Beginn der Antwort verstreichen. Diese sind natürlich abhängig von Eigenschaften des Befragten wie Alter, Bildung, etc. Die Messung von Latenzzeiten ist in der Software für computerunterstützte Befragungen in der Regel implementiert.

3.2.2 Evaluation und Test programmierter Fragebögen

Die Überprüfung *programmierter* Fragebögen erfordert über die in Abschnitt 3.2.1 beschriebenen Pretestverfahren hinaus weitere Schritte (vgl. Tarnai & Moore 2004), wobei auch Verfahren der *„Usability"-Forschung* zum Einsatz kommen können (vgl. Couper 2000; Hansen & Couper 2004). Mit den hier vorgeschlagenen Evaluationsverfahren sollen vor allem zwei Ziele erreicht werden:

- Test und Evaluation der *Funktionalität* des Erhebungsinstruments
- Test und Evaluation, wie gut das programmierte Instrument mit den Spezifikationen des Fragebogens übereinstimmt

Das Ziel der Evaluation der Funktionalität ist sicherzustellen, dass die CAI-Software in der Lage ist, den Fragebogen von Anfang bis Ende so zu implementieren, dass das System nicht abnorm abbricht oder ein anderer Fehler in der Performanz auftritt. Ein Test der Übereinstimmung zwischen programmiertem Instrument und Spezifikation des Fragebogens erfordert vorab, dass eine Liste von Merkmalen erstellt wird, die bei der Prüfung berücksichtigt werden soll. Tarnai & Moore (2004) schlagen die Einbeziehung folgender Merkmale vor: Bildschirmdarstellung (schlechtes visuelles Design, inkonsistente Formatierung), vorweg gespeicherte Stichprobendaten (unkorrekte Datenformate, unkorrekte Ordnung der Daten), Frageformulierung, Gültigkeitsbereiche von Antworten und Antwortformate, fehlende Werte, Muster der auszulassenden Fragen auf der Basis von Filtern, Berechnungen (Division durch Null, nicht korrekte Formel), Randomisierung, Funktionstasten, Verzweigungen, Screening-Fragen, Abschlussfragen, Systemaspekte (abnorme Beendigung des Interviews, beschädigte Ausgabedateien)

Als Testmethoden programmierter Fragebögen kommen in Frage (vgl. die Zusammenfassung von Tarnai & Moore ebda.):

- *Frage-für-Frage-Prüfung (Question-by-Question bzw. Q-by-Q-esting):*
  Bei dieser Methode wird jede Frage auf dem Bildschirm eingehend geprüft, bevor zur nächsten Frage übergegangen wird. Die Prüfung bezieht sich auf alle wichtigen Aspekte (visuelle Darstellung, Formulierung, Anordnung der Antwortkategorien, etc).
- *Testen mit Aufgabenverteilung auf die Prüfer (testing by task):*
  Bei dieser Methode werden verschiedene Prüfaufgaben auf unterschiedliche Prüfer verteilt: Ein Prüfer konzentriert sich auf die Frageformulierung und die Antwortkategorien, ein zweiter auf die Filterung, ein dritter auf die Gültigkeitsbereiche der Antworten, etc.
- *Szenario-Prüfung (scenario-testing):*
  Bei komplexen Fragebögen empfiehlt es sich, verschiedene Antwortmuster (Antwortszenarios) einzugeben und das Ergebnis zu beobachten. Mit dieser Methode können z.B. die Wege verfolgt werden, die potentielle Befragte mit bestimmten Antwortmustern durch den Fragebogen nehmen. Die Prüfer übernehmen in diesem Fall die Rolle der Befragten. Im Fall computerunterstützter Telefonumfragen kann dies an Hand der Field-Disk erfolgen. Mit dieser Methode kann die gesamte Logik des Erhebungsinstruments überprüft werden.

- *Datenprüfung:*
  Wichtig ist, dass an Hand einer Stichprobe überprüft wird, ob die resultierende Datei den Erwartungen entspricht. Die Stichprobe kann eine Preteststichprobe von Befragten sein oder der Interviewerstab.
- *Pretests:*
  Hier kommen die in Abschnitt 3.2.1 beschriebenen Methoden zu Einsatz.
- *Simulation von Umfragedaten:*
  In diesem Fall werden große Mengen zufällig erzeugter Antworten in das Erhebungsinstrument eingefügt und dann die Ausgabedatei analysiert. Diese Möglichkeit ist inzwischen in zahlreichen Softwaresystemen integriert.

Die geschilderten Methoden lassen allerdings noch keine Aussagen über die *Benutzerfreundlichkeit (usability)* eines Fragebogens zu. Die Evaluation der Benutzerfreundlichkeit stellt den Nutzer (Interviewer oder Befragter) in den Vordergrund und erfordert ein Labor mit einer entsprechenden Ausstattung (vgl. Hansen & Couper 2004). Im Mittelpunkt der Evaluation der Benutzerfreundlichkeit stehen in erster Linie das Layout und das Design des Fragebogens, wobei die Gestaltung des Bildschirms von besonderer Bedeutung ist. Diese sollte konsistent sein, eine visuelle Diskriminierung der verschiedenen Elemente auf dem Bildschirm erlauben und das normale Leseverhalten berücksichtigen (Start in der oberen linken Ecke des Bildschirms). Die Instruktionen sollten so angeordnet werden, dass sie sich auf die entsprechenden Aufgaben beziehen und keine unnötigen, von der Aufgabe ablenkenden Informationen enthalten.

Nach Hansen & Couper (ebda.) lassen sich die Methoden zur Evaluation der Benutzerfreundlichkeit wie folgt klassifizieren:

- *Inspektionsmethoden (usability inspection methods):*
  Bei dieser Methode inspizieren Experten anhand von Evaluationskriterien, die aus Erkenntnissen über Mensch-Maschine-Interaktion wie etwa Minimierung der Gedächtnislast abgeleitet sind, das programmierte Erhebungsinstrument.
- *Evaluation durch den Endnutzer (end-user-evaluation-methods):*
  Hierbei handelt es sich um experimentelle oder nichtexperimentelle Labormethoden oder Methoden im Feld, die Beobachtungsmethoden, Befragungen der Nutzer oder kognitive Methoden einsetzen. Im Rahmen feldbasierter Methoden geht es um die Erhebung von *Paradaten*, d.h. Daten, die den Prozess beschreiben. Dazu zählen Daten des Case-Managements

wie Antwortraten, Anrufe pro Fall, durchschnittliche Interviewlänge, etc., sog. „audit trails" und die Sequenz der Tasten, die der Interviewer während des Interviews drückt („keystroke analysis").

Die *labor-basierte Usability-Forschung* beschäftigt sich vor allem mit der Entwicklung optimaler Designs des Fragebogens, der Navigation, der Bildschirmgestaltung, etc. und der Entwicklung von Prototypen im Rahmen von Usability-Tests.

Speziell für *selbst-administrierte* programmierte Erhebungsinstrumente empfiehlt sich zur Überprüfung der Benutzerfreundlichkeit das folgende sequentielle Vorgehen (vgl. Baker, Crawford & Swinehart 2004):

(1) Durchführung qualitativer Interviews:
- Schritt 1: Der Befragte wird gebeten, den Fragebogen auszufüllen. Jedes Problem, das er dabei hat, wird registriert und gelöst.
- Schritt 2: Nach Bearbeitung des Fragebogens werden dem Befragten Standardfragen gestellt, um schwierige Fragen, Abschnitte oder Aufgaben zu entdecken.
- Schritt 3: Mit dem Befragten wird Bildschirminhalt für Bildschirminhalt durchgegangen, wobei jede Schwierigkeit, die der Befragte angetroffen hat, notiert wird.

(2) Analyse von Paradaten:
- Reaktionszeitmessung
- *Logfile-* und *Keystroke-Analysen* (vgl. Couper, Hansen & Sadosky 1997; Couper 2000b). Keystroke-Analysen bestehen in der Analyse sog. *Keystroke-Dateien (keystroke files)* oder sog. *Trace-Dateien*, in denen die Tastenbewegungen der Nutzer registriert sind. Anhand der fehlerhaften Tastenbewegungen kann bei Interviewer-administrierten Fragebögen (CAPI-Interviews) geprüft werden, wie die Interviewer mit der Anwendung des Fragebogens zurechtkommen (vgl. z.B. Sperry et al. 1998). Bei selbst-administrierten Fragebögen kann geprüft werden, wie gut die Befragten den Fragebogen technisch bewältigen können.
- Zählen von Fehlern (z.B. fehlende Antworten, falsche Eingabe, etc.)
- Informationen zum Navigationsverhalten
- Registrierung der letzten Antwort (zur Inspektion der Abbruchsstelle)

Die Überprüfung der Korrektheit des Fragebogens sollte folgende Komponenten enthalten:

- Überprüfung der Programmierung und des Fragebogendesigns durch Experten (Programmierer,,,Webchecker" und Fragebogendesigner), die den Fragebogen das erste Mal aus Sicht des Befragten prüfen („white box check")
- Überprüfung durch Personen der Zielgruppe („gray box check")
- Überprüfung durch „Unwissende" („black box check")

3.3 Statistische Verfahren zur Evaluation der Fragenqualität

Statistische Verfahren sind vor der Haupterhebung nur bei großen Stichproben einsetzbar, vor allem dann, wenn bereits an Hand der Ergebnisse der Pretestdaten auf die Zielpopulation geschlossen werden soll, also inferenzstatistische Verfahren eingesetzt werden sollen. Auch in Bezug auf den Einsatz von statistischen Modellen ist bekannt, dass sich Einflussgrößen (die Schätzungen der Modellparameter) bis zu einem Stichprobenumfang von ca. 120 noch verändern können (vgl. z.B. Boomsma 1987). Typische Einsatzmöglichkeiten statistischer Verfahren sind die Analyse und Darstellung von Antwortverteilungen, Verfahren zur Überprüfung der Wirkungen verschiedener Frageversionen oder Verfahren zur Überprüfung der Gütekriterien der Messung, insbesondere der theoretischen und der inhaltlichen Validität. Liegt keine ausreichend große Preteststichprobe vor, kann eine Überprüfung der Gütekriterien nur post hoc an Hand der Stichprobe der Haupterhebung erfolgen. In diesem Fall können die entsprechenden Erkenntnisse nur für Folgeerhebungen genutzt werden, aber nicht mehr für die in Frage stehende Erhebung selbst. Sofern finanzierbar, sollte dies durch die Durchführung von Zusatzstudien vermieden werden (vgl. z.B. die Zusatzstudien zum ALLBUS: Faulbaum 1984; Bohrnstedt, Mohler & Müller 1987; Erbslöh & Koch 1988). Insbesondere die Einführung neuer Formulierungen in eine allgemeine Bevölkerungsumfrage sollte nach Möglichkeit im Rahmen einer Zusatzstudie oder im Rahmen eines entsprechenden Designs der Haupterhebung abgesichert werden. Ein Beispiel hierfür ist die Ersetzung des Begriffs „Gastarbeiter" durch den Begriff „in Deutschland lebende Ausländer" in der Allgemeinen Bevölkerungsumfrage der Sozialwissenschaften (ALLBUS) (vgl. Blank & Wasmer 1996; Porst & Jers 2007).

Im Fall der statistischen Beschreibung geht es vor allem um die Beschreibung der Antwortverteilungen, aufgeschlüsselt nach relevanten Merkmalen wie soziodemographischen Merkmalen oder die Suche nach Gruppen, die sich durch ein bestimmtes Antwortverhalten auszeichnen.

Die statistische Evaluation der Messqualität der Antworten aller Befragten betrifft die Evaluation der Reliabilität einerseits und der Validität andererseits. Die praktischen Verfahren der Reliabilitätsmessung basieren auf dem Konzept der parallelen oder zumindest τ – äquivalenten Messungen. Eine Menge von Messungen heißt τ – *äquivalent* genau dann, wenn alle Messungen den gleichen wahren Wert besitzen. Sie heißen *parallel* genau dann, wenn zusätzlich ihre Fehlervarianzen gleich sind. Man kann zeigen, dass die Reliabilität gleich der Korrelation zwischen parallelen Messungen ist (vgl. Lord & Novick 1968). Auf dieser Erkenntnis basieren die Methode der Parallelformen, die Testhalbierungsmethode sowie die Test-Retest-Methode. Während die Paralleltest-Methode und die Testhalbierungsmethode in der Umfrageforschung kaum Anwendung finden, da es sehr schwer ist, für Fragen parallele Formen zu finden, kann insbesondere in Panelstudien die Test-Retest-Methode Anwendung finden (vgl. die Beiträge in Bohrnstedt, Mohler & Müller 1987). Geht es um die Reliabilität einer einzelnen Messung, benötigt man mindestens drei Messzeitpunkte, um die Reliabilität von Items von der zeitlichen Stabilität zu trennen (vgl. Heise 1969). Reliabilitäten und Stabilitäten lassen sich aus den empirischen Korrelationen berechnen.

Die Berechnung von Reliabilitäten kann auch im Rahmen der Überprüfung eines *Messmodells mit multiplen Indikatoren* erfolgen (vgl. Abschnitt 2.1). Die Anpassung eines Messmodells an die Daten wird allerdings erst statistisch überprüfbar, wenn mindestens vier Indikatoren vorliegen. In einem solchen Messmodell, dessen Anpassung an die Daten mit Hilfe der *konfirmatorischen Faktorenanalyse* (vgl. Bollen 1989; Jöreskog 1969; Reinecke 2007) statistisch überprüft werden kann, geben die sog. Ladungen an, wie stark die Indikatoren durch eine theoretische Variable ξ beeinflusst werden. Die Reliablität eines Indikators x ist definiert durch

$$\rho_x = \frac{\lambda_x^{\,2}\phi}{\sigma_x^{\,2}}.$$

In dieser Formel bezeichnen λ die Ladung des Indikators und ϕ die Varianz der theoretischen Variablen ξ. Sind alle beobachteten Variablen und die theoretische Variable standardisiert, ist die Reliabilität gleich der quadrierten Faktorenladung und die theoretische Reliabilität gleich der Faktorenladung. In Abbildung 22 ist ein Beispiel für ein Messmodell mit vier Indikatoren für das Konstrukt „Extrinsische Berufsorientierung" abgebildet.

In Bezug auf Messmodelle mit multiplen Indikatoren lässt sich zeigen, dass die τ – äquivalente Messungen gleiche Ladungen besitzen und parallele Messungen zusätzlich gleiche Fehlervarianzen (vgl. Jöreskog 1971). Diese Eigenschaften lassen sich praktisch mit der Software zur Analyse von Strukturgleichungsmodellen wie EQS, LISREL oder MPLUS überprüfen (vgl. z.B. Bentler 1985, 2001; Jöreskog & Sörbom 1978; Jöreskog. et al. 2000; Muthén & Muthén 2007).

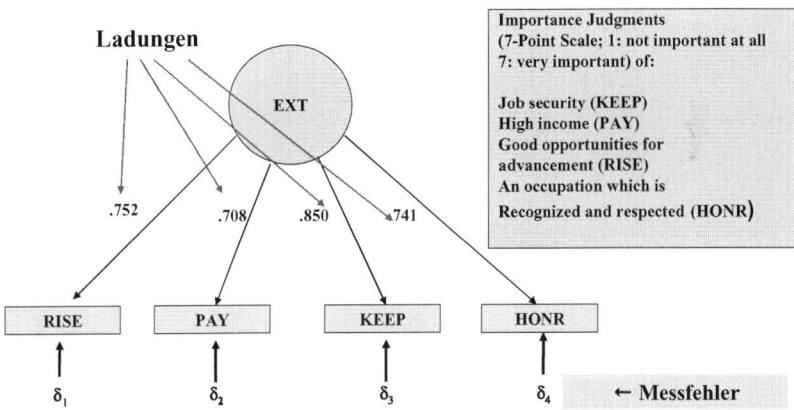

Abbildung 22: Beispiel für ein Messmodell

Inzwischen gibt es eine Reihe von multivariaten Reliablitätsmaßen zusammengesetzter Skalen (vgl. hierzu Kano & Azuma 2003). In den meisten Fällen wird in der Praxis mit Cronbach's α gearbeitet, das ein Maß für die interne Konsistenz einer zusammengesetzten Messung darstellt und das in verschiedenen Formen dargestellt werden kann. Eine Form ist

$$\alpha = \frac{n}{n-1}\left(1 - \frac{\sum_{i=1}^{n}\sigma_{y_i}^2}{\sigma_x^2}\right).$$

wobei:

$n:$ Anzahl der Einzelmessungen

$\sigma_x^2:$ Varianz der zusammengesetzten Messung x.

$\sigma_{y_i}^2:$ Varianz der Einzelmessung y_i

Cronbach's α ist gleich der Reliabilität genau dann, wenn die Messungen mindestens $\tau-$ äquivalent sind und den Messungen die gleiche theoretische Variable zugrunde liegt. Es stellt aber kein Maß für die Eindimensionalität einer Skala dar (vgl. Kano & Azuma, ebda).

Zur Überprüfung von Methodeneffekten, wozu auch Effekte unterschiedlicher Formulierungen von Fragen/Items gehören, bieten sich ebenfalls bestimmte multivariate Verfahren an, insbesondere die Analyse von Strukturgleichungsmodellen (auch: Analyse von Kovarianzstrukturen; covariance structure analysis; vgl. Bollen 1989; Reinecke 2007). Um Methodeneffekte und Effekte von Operationalisierungen von Effekten der theoretischen Variablen zu trennen, lassen sich insbesondere MMTM (Multitrait-Multimethod)-Modelle einsetzen, welche die traditionellen Multitrait-Multimethod-Matrizen zur Schätzung der konvergenten und diskriminanten Validität (vgl. Campbell & Fiske 1959) in Modellen der konfirmatorischen Faktorenanalyse abbilden (zur Analyse von Methodeneffekten im Rahmen von MMTM-Modellen vgl. Saris & Münnich 1995; Scherpenzel & Saris 1997).

Mit Verfahren der Kovarianzstrukturanalyse lassen sich auch Hypothesen über die Äquivalenz der empirischen Bedeutung von Konstrukten über verschiedene Messzeitpunkte und verschiedene Stichproben hinweg überprüfen (zu Anwendungen in der Panelanalyse vgl. Jagodzinski, Kühnel & Schmidt 1987; Raffalovich & Bohrnstedt 1987). In der zuletzt genannten Funktion sind sie auch geeignet, um die Äquivalenz der empirischen Bedeutung von Variablen über kulturelle Gruppierungen und Nationen hinweg zu überprüfen (vgl. z.B. Billiet 2003; Faulbaum 1990).

Da sich allgemeine Bevölkerungsstichproben nicht nur durch eine beobachtete Heterogenität im Sinne bekannter soziokultureller Gruppierungen auszeichnen, sondern auch durch eine unbeobachtete Heterogenität im Sinne noch unentdeckter Gruppen, die sich auf Grund eines unterschiedlichen Frageverständnisses in ihren Messmodellen unterscheiden können, sollte der Einsatz von Verfahren geprüft werden, die es erlauben, unbekannte Gruppen mit voneinander unterschiedenen Messmodellen zu identifizieren (vgl. z.B. Faulbaum & Stein 2000).

3.4 Die Optimierung von Fragen durch sukzessive Minimierung von Fragemängeln: Das Fragebewertungssystem FBS

Dem Fragetext einschließlich der Antwortvorgaben kommt in Hinblick auf die Qualität von Fragen eine herausragende Bedeutung zu, denn er enthält die Beschreibung der vom Befragten zu bewältigenden Aufgabe. Von seinem Verständnis hängen die inhaltliche Validität des Indikators, die interne Validität der Umfrage und die sensitive Wirkung auf den Befragten ab. Darüber hinaus definiert die durch den Fragetext beschriebene Aufgabe für den einzelnen Befragten das Verhältnis von Leistungsanforderung und Leistungsvermögen bzw. Kompetenz. Die Frage, inwiefern man hierauf bezogene Probleme bereits vor jeder empirischen Analyse erkennen kann, führt zur Konzeption von Fragebewertungssystemen. Grundsätzlich kann jedes System, das systematisch Fragetexte nach Mängeln durchsucht, als Fragebewertungssystem bezeichnet werden. Fragebewertungssysteme stellen Instrumente dar, mit deren Unterstützung ein Forscherteam *die eigenen Frageentwürfe kritisch beurteilen* kann und mögliche Qualitätsgefährdungen durch Fragetexte bereits *vor* der Anwendung empirischer Pretestverfahren systematisch identifizieren kann. Im Mittelpunkt steht dabei die *Mängelminimierung, d.h. die beispielgesteuerte sukzessive Beseitigung konkreter Mängeln/Problemen* von Fragen, die schließlich zu einer Qualitätsverbesserung der Fragen vor der Anwendung empirischer Verfahren führen soll.

In Teil II wird ein solches, als FBS bezeichnetes Fragebewertungssystem vorgestellt, das auf einem in der amerikanischen Umfrageforschung verwendeten Systems basiert (vgl. Forsyth, Lessler und Hubbard, 1992; Lessler und Forsyth, 1996; Willis und Lessler, 1999). Beim vorliegenden FBS handelt es sich um die erste deutschsprachige Version eines solchen Instruments. Grundlage für deren Entwicklung war die von Gordon Willis und Judith Lessler im Jahr 1999 veröffentlichte Version eines „Question Appraisal System" (QAS), deren grundlegende Zielsetzung für das FBS übernommen wurde.

In Kapitel 2 wurden wichtige Ursachen für Qualitätsgefährdungen bei Fragen beschrieben. Das in Teil II vorgestellte FBS soll dazu dienen, jene Qualitätsgefährdungen zu identifizieren, die auf den *Fragetext inkl. der Antwortformate und Instruktionen einer Frage* zurückzuführen sind.

Teil II: Die systematische Evaluation von Fragen mit Hilfe eines Fragebewertungssystems: Das FBS

1 Einführende Bemerkungen zum FBS

Nachdem in Teil I die grundlegenden Aspekte der Fragenqualität vorgestellt und Wege zu ihrer Optimierung aufgezeigt wurden, wird im vorliegenden Teil II ein Bewertungssystem zur Qualitätsüberprüfung *einzelner Fragen* eines Fragebogens (im Folgenden *FBS* genannt) vorgeschlagen, mit dem Fragebogendesignern und Forschern ein Instrument an die Hand gegeben werden soll, um Fragen auf mögliche Gefährdungen im Hinblick auf ihre Qualität zu untersuchen und damit zugleich vor jeder empirischen Evaluation eine kritische Reflexion über Form und Inhalt der Frage zu ermöglichen. Diese Gefährdungen manifestieren sich in bestimmten Konstruktionsmängeln, die im hier vorgeschlagenen Fragebewertungssystem als *Probleme* bezeichnet werden. Einige dieser Probleme sind wegen ihrer grundsätzlichen Natur sogar als Konstruktions*fehler* einzustufen. In jedem Fall signalisieren diese Probleme einen Optimierungs- bzw. Verbesserungsbedarf. In diesem Sinne ist das FBS als ein Evaluationsinstrument zu betrachten, mit dem systematisch Fragen eines Erhebungsinstruments auf Optimierungsmöglichkeiten hin überprüft werden können. Obwohl das FBS in erster Linie ein reines Diagnoseinstrument darstellt, bietet es darüber hinaus allein durch die detaillierte Problembeschreibung anhand von Beispielen auch eine Hilfestellung für die Beseitigung dieser Probleme. Dem System liegt die in Teil I, Abschnitt 2.1 vorgeschlagene Präzisierung der Fragenqualität zugrunde, nach der eine Frage umso mehr Qualität besitzt, je weniger Qualitätsgefährdungen sie aufweist. Das FBS kann in diesem Sinne als ein *Instrument zur systematischen Mängelminimierung* aufgefasst werden. In dieser Funktion kann es nicht nur in der Umfragepraxis eingesetzt werden, sondern auch in Lehre und Ausbildung.

Das hier vorgestellte FBS besteht aus einer umfangreichen Auflistung von Problemen/Fehlern, die in Oberkategorien zusammengefasst sind, und die sich alle mehr oder weniger negativ auf die Datenqualität auswirken bzw. auswirken können. Diese Auflistung wird auch als *Checkliste* bezeichnet. Die in der

Checkliste aufgeführten Probleme/Fehler beziehen sich in erster Linie auf das Verstehen des Fragetextes und seiner Teile, auf die im Fragetext beschriebenen Aufgaben, sowie die nicht-intendierten Nebeneffekte einer Frage, wie z.b. die Erzeugung einer sozial erwünschten Antwort oder suggestive Effekte. Probleme/Fehler, die sich auf den gesamten Fragebogen beziehen, wie z.b. eine problematische Anordnung aller Fragen oder auch problematische Aspekte des Layouts bei einem selbst-administrierten Fragebogen sind in die Checkliste *nicht* mit aufgenommen worden (siehe hierzu Teil I, Abschnitt 2.5.6).

Mit Hilfe der Checkliste kann ein Fragebogenkonstrukteur jede einzelne Frage seines Fragebogens *systematisch* dahingehend überprüfen, welche der dort aufgeführten Probleme/Fehler auf diese Frage zutreffen.

Bei der Entwicklung des FBS wurde versucht, den gegenwärtigen Stand der Forschung im Bereich der Fragenkonstruktion und -evaluation zu berücksichtigen, um auf der Grundlage aller dort genannten Empfehlungen zur Konstruktion einer Frage möglichst alle Fehler- bzw. Problemtypen zu erfassen. Dennoch erhebt das FBS nicht den Anspruch auf Vollständigkeit. Wir gehen jedoch davon aus, dass die bedeutsamsten und am häufigsten vorkommenden Mängel, die beim Entwurf von Fragetexten auftreten können, berücksichtigt wurden. Dabei bezieht das hier vorgestellte System sowohl mode-unabhängige als auch mode-abhängige Probleme mit ein. Mode-unabhängige Probleme sind solche, die unabhängig von der Befragungsart, d.h. unabhängig von der Administrationsform und der Befragungstechnologie („paper & pencil", telefonisch, postalisch, online, etc.) auftreten. Es sind in erster Linie Probleme mit der Interpretation des Fragetextes sowie mit der Formulierung der vom Befragten geforderten Leistung, unabhängig davon, wie und von wem der Text präsentiert wird. Mode-abhängige Probleme sind solche, die nur bei bestimmten Befragungsarten auftreten, wie z.B. Probleme im Zusammenhang mit Instruktionen bei Fragen in Interviewer-administrierten Interviews oder Probleme bei Fragen in selbst-administrierten Fragebogen. Insofern hier Layout-Probleme betroffen sind, sind diese nicht Gegenstand des FBS. Darauf bezogene wichtige Befunde wurden in Teil I, Abschnitt 2.5.6 dargestellt.

Voraussetzung für den Einsatz des FBS ist, dass bereits ein erster bewertungsfähiger Entwurf einer Frage vorliegt. Dieser Entwurf sollte dabei durchaus schon auf der Grundlage von Empfehlungen zur Fragenkonstruktion erstellt worden sein, die in Lehrbüchern der empirischen Sozialforschung (vgl. Diekmann 2006; Häder 2006; Schnell, Hill & Esser 2005) oder in spezifischen Publikationen der Umfrageforschung (vgl. z.B. de Leeuw et al. 2008, Fowler 1997, 2001; Groves et al. 2004; Porst 2008) gegeben werden. Das FBS kann nicht nur zur Evaluation von *Frageentwürfen* verwendet werden; es eignet sich ebenfalls für eine Post-Evaluation bereits erhobener Fragen (z.b. in einer Panel-Studie).

Die Anwendung des FBS kann die Durchführung eines Pretests zur Überprüfung der Fragequalität – insbesondere des Frageverständnisses – allerdings nicht ersetzen (zu den unterschiedlichen Pretestverfahren vgl. Teil I, Abschnitt 3.2.1). Welche Alltagsbedeutung Befragte mit einem in einer Frage enthaltenen Begriff wie z.b. „Demokratie" konkret verbinden, ist zunächst stets unklar und kann nur mit kognitiven Pretestverfahren überprüft werden. Das FBS kann jedoch helfen, solche problematischen Qualitätsaspekte überhaupt zu identifizieren, um diese dann mittels kognitiver Techniken überprüfen zu können.

Im Folgenden wird das Fragebewertungssystem in seinen einzelnen Teilen dargestellt:

- Die FBS-Checkliste und ihre Anwendung
- Die Detailbeschreibung der Probleme/Fehler
- Übungsfragen zum Erlernen des Systems

2 Die FBS-Checkliste und ihre Anwendung

2.1 Die FBS-Checkliste im Überblick

Die in der Checkliste aufgelisteten Probleme/Fehler sind in 12 Bereiche gegliedert:

Bereich A   **Probleme mit Worten/Texten**

Bereich B   **Unzutreffende Annahmen über Befragte**

Bereich C   **Erinnerungsvermögen**

Bereich D   **Berechnung/Schätzung**

Bereich E   **Komplexität der mentalen Leistung**

Bereich F   **Nicht intendierte Nebeneffekte**

Bereich G   **„Weiß-nicht"-Kategorie bei Einstellungsfragen**

Bereich H   **Kontext der Frage/Fragensukzession**

Bereich J   **Antwortvorgaben/Antwortskalen**

Bereich K   **Offene Fragen**

Bereich L   **Instruktionen bei Interviewer-administrierten Fragen**

Bereich M   **Probleme im Zusammenhang mit der Aufgabenbeschreibung in selbst-administrierten Fragen**

Wenn Sie die folgende FBS-Checkliste in der Praxis anwenden möchten, empfiehlt es sich, die Liste von folgender Internet-Adresse herunterzuladen: www.vs-verlag.de unter „OnlinePlus".

Sie können die Liste dann auf Ihrem PC speichern und beliebig oft ausdrucken.

FRAGE - BEWERTUNGS - SYSTEM

CHECKLISTE

Die FBS-Checkliste wird nur für jeweils <u>eine</u> Frage benutzt.

FRAGE:

PROJEKT:

BEWERTER/CODER:

- Bearbeiten Sie die FBS-Checkliste Punkt für Punkt. Kreuzen Sie jeweils an, wenn das genannte Problem/der Fehler in der zu untersuchenden Frage vorhanden ist.
- Das von Ihnen identifizierte Problem bzw. den identifizierten Fehler können Sie in der Checkliste jeweils unterhalb der Beschreibung notieren.

A   Probleme mit Worten/Texten

A1   **Der Fragetext enthält Worte/Formulierungen mit vager/unklarer Bedeutung**
Beschreibung/Beispiele ab Seite 128

Unpräzise Worte/Formulierungen... ☐

Ungenaue Bezeichnungen von Zeiträumen oder Zeitpunkten...... ☐

Ungenaue Häufigkeitsbezeichnungen.. ☐

Ungenaue Intensitätsbezeichnungen.. ☐

Ungenaue Mengenbezeichnungen.. ☐

A2 **In der Frage werden mehrere inhaltlich unterschiedliche Sachverhalte angesprochen**.. ☐
Beschreibung/Beispiele Seite 139

A3 **Der inhaltliche Fokus des Einleitungstextes entspricht nicht dem der Frage/Aussage**... ☐
Beschreibung/Beispiele Seite 144

A4 **Die Frage ist hypothetisch formuliert**............................. ☐
Beschreibung/Beispiele Seite 147

A5 **Der sprachliche Ausdruck kann vereinfacht werden**.................. ☐
Beschreibung/Beispiele Seite 149

A6 **Es werden Fremdworte oder Fachausdrücke verwendet, die für Befragte vielleicht unbekannt sind**.................................. ☐
Beschreibung/Beispiele Seite 150

118

A7 Es werden Abkürzungen/seltene Symbole verwendet, von denen man annehmen muss, dass sie nicht allen Befragten bekannt sind.. ☐

Beschreibung/Beispiele Seite 154

B	**Unzutreffende Annahmen über Befragte**

B1 Die Frage geht von Annahmen über Merkmale/ Verhaltenswei-sen von Befragten aus , die unter Umständen nicht zutreffen...... ☐

Beschreibung/Beispiele Seite 155

C	**Erinnerungsvermögen**

C1 Eine Erinnerungsleistung ist schwer oder gar nicht zu erbringen.. ☐

Beschreibung/Beispiele Seite 158

D	**Berechnung/Schätzung**

D1 Es wird eine schwierige Berechnung/Schätzung verlangt............ ☐

Beschreibung/Beispiele Seite 162

E Komplexität der mentalen Leistung

E1 Eine mentale Leistung ist schwer zu erbringen............... ☐
Beschreibung/Beispiele Seite 164

F Nicht intendierte Nebeneffekte

F1 Es besteht die Gefahr, dass die Frage gar nicht oder nicht
ehrlich beantwortet wird... ☐
Beschreibung/Beispiele Seite 172

F2 Es besteht die Gefahr suggestiver Nebeneffekte............ ☐
Beschreibung/Beispiele Seite 175

F3 Es besteht die Gefahr von Antworteffekten, wenn in einer Alternativfrage nicht beide Alternativen explizit formuliert
sind.. ☐
Beschreibung/Beispiele Seite 176

120

G   „Weiß-nicht"-Kategorie bei Einstellungsfragen

G1   **Probleme mit der expliziten Vorgabe einer „weiß-nicht"-Kategorie bei Einstellungsfragen**... ☐
Beschreibung/Beispiele Seite 179

H   Kontext der Frage/Fragensukzession

H1   **Es besteht die Gefahr, dass die Frage auf Grund vorangegangener Fragen nicht in der intendierten Weise interpretiert wird.....** ☐
Beschreibung/Beispiele Seite 182

H2   **Es besteht die Gefahr, dass die Beantwortung der Frage von der Beantwortung vorangegangener Fragen beeinflusst wird......** ☐
Beschreibung/Beispiele Seite 184

J   Antwortvorgaben/Antwortskalen

J1   **Die Antwortvorgaben passen nicht zur Frage**.............................. ☐
Beschreibung/Beispiele Seite 189

J2 Antwortvorgaben überschneiden sich.. ☐
Beschreibung/Beispiele Seite 191

J3 Der Befragte soll alle Antwortvorgaben nennen/ankreuzen,
die auf ihn zutreffen („Check-all-that-apply"-Fragen)................ ☐
Beschreibung/Beispiele Seite 194

J4 Antwortvorgaben fehlen... ☐
Beschreibung/Beispiele Seite 195

J5 Antwortvorgaben sind unlogisch/unsystematisch angeordnet...... ☐
Beschreibung/Beispiele Seite 197

J6 Wenn mehrere Antwortvorgaben vorgelesen werden, besteht
die Gefahr, dass ihr Wortlaut von den Befragten nicht behalten
wird.. ☐
Beschreibung/Beispiele Seite 198

J7 Die Abstände zwischen Skalenpunkten sind nicht gleich/die
Skala ist nicht ausbalanciert.. ☐
Beschreibung/Beispiele Seite 201

J8 Eine negativ formulierte Aussage soll mittels einer bipolaren
Antwortskala bewertet werden... ☐
Beschreibung/Beispiele Seite 202

J9 Es besteht die Gefahr der Antwortverzerrung durch Antwort-
vorgaben/Antwortskalen.. ☐
Beschreibung/Beispiele Seite 204

K   Offene Fragen

K1 Es besteht die Gefahr, dass die Bedeutung der offenen Frage
nicht klar wird, weil der Bezugsrahmen nicht eindeutig
vorgegeben ist... ☐
Beschreibung/Beispiele Seite 208

K2 Es besteht die Gefahr von Zuordnungsfehlern, wenn der Inter-
viewer die Antwort auf eine offene Frage während des
Interviews verschlüsseln muss (Feldverschlüsselung).................. ☐
Beschreibung/Beispiele Seite 209

L Instruktionen bei Interviewer-administrierten Fragen

L1 Der Interviewer hat Probleme zu entscheiden, ob vorhandene
Zusatztexte vorzulesen sind.. ☐
Beschreibung/Beispiele Seite 212

L2 Dem Interviewer fehlen Anweisungen zur technischen Vorge-
hensweise/Anweisungen stehen an der falschen Stelle................... ☐
Beschreibung/Beispiele Seite 214

L3 Der Interviewer muss wichtige Zusatzinformationen, die für
das Stellen der Frage wichtig sind, informell ermitteln................ ☐
Beschreibung/Beispiele Seite 218

L4 Inhalte/Informationen, die für die Beantwortung der Frage
relevant sind, stehen nur in der Anweisung und nicht im
Fragetext... ☐
Beschreibung/Beispiele Seite 219

M   Probleme im Zusammenhang mit der Aufgaben-beschreiung in selbst-administrierten Fragen

M1   Es fehlen Anweisungen zur technischen Vorgehensweise............ ☐
Beschreibung/Beispiele Seite 221

M2   Mehrere Fragen müssen vom Befragten in einem komplizierten Antwortschema beantwortet werden............................. ☐
Beschreibung/Beispiele Seite 222

M3   Wichtige Zusatzinformationen sind nicht im Fragetext integriert, sondern getrennt aufgeführt......................... ☐
Beschreibung/Beispiele Seite 223

M4   Der Fragetext ist unvollständig...................................... ☐
Beschreibung/Beispiele Seite 225

Die Probleme/Fehler sind in der FBS-Checkliste auf Grund ihrer knappen For-mulierung für den Anwender beim ersten Durchlesen vielleicht nicht immer unmittelbar verständlich. Deshalb wird in der Detailbeschreibung (siehe Ab-schnitt 3) für jedes in der Checkliste aufgeführte Problem/für jeden Fehler an-hand von Beschreibungen und Beispielen detailliert erläutert, um welche Art von Problemen/Fehlern es sich im Einzelnen genau handelt.

2.2 Hinweise zur Anwendung der FBS-Checkliste

- Bitte beachten Sie, dass die FBS-Checkliste nur auf jeweils *eine* Frage anwendbar ist, d.h. Sie benötigen für jede Frage eine *eigene* Checkliste.
- Sie können deshalb die FBS-Checkliste von der Internet-Adresse www.vs-verlag.de unter „OnlinePlus" herunterladen und dann beliebig oft ausdrucken.
- Wenn Sie mehrere Fragen analysieren möchten und dabei auch mehrere Checklisten benötigen, ist es ratsam, die jeweilige Frage auf dem Deckblatt im dafür vorgesehenen Feld zu dokumentieren (evtl. genügt die Frage-Nummer).
- Falls die Frage von mehreren unabhängigen Codein evaluiert wird (z.b. innerhalb einer Projekt-/Arbeitsgruppe) oder falls Sie die FBS-Checkliste(n) archivieren möchten, sollten Sie sicherheitshalber auch den Titel des Projekts, den Erhebungsmodus und den Namen des Codierers eintragen.
- Gehen Sie alle aufgeführten Probleme/Fehler der Reihe nach durch und kreuzen Sie an, wenn dieses Problem/dieser Fehler vorhanden ist.
- Unter Umständen sind für eine zu überprüfende Frage nicht alle Bereiche relevant. Wird z.B. eine Frage *nicht* Interviewer-administriert erhoben, dann wird der Bereich K, in dem es ausschließlich um Probleme mit Interviewer-administrierten Fragen geht, übersprungen. Das Gleiche gilt für Bereich L (Probleme im Zusammenhang mit selbst-administrierten Fragen), wenn es sich um solche Fragen handelt, die von einem Interviewer erhoben werden.
- Wir empfehlen, Fragen erst dann zu modifizieren bzw. zu verbessern, wenn diese vollständig, d.h. in Bezug auf alle Problembereiche überprüft sind, weil jede Veränderung zu einer revidierten Fassung der Frage führt, die wiederum mit *allen* Problempunkten des FBS zu bewerten ist.
- Berücksichtigen Sie bei der Arbeit mit dem FBS immer, an welche Zielpopulation die Frage gerichtet ist.
- Bei einer allgemeinen Bevölkerungsumfrage sollten Sie den folgenden Aspekten besondere Aufmerksamkeit schenken:

> ➢ Können auch Personen mit niedrigem Bildungsgrad die Frage verstehen und beantworten?

> ➢ Ist die Frage auch für ältere Menschen beantwortbar?
> ➢ Ist die Frage auch von deutschsprachigen Personen mit unterschiedlichem Migrationshintergrund beantwortbar?

- Richten Sie Ihr Augenmerk nicht nur auf den gesamten Fragetext, sondern unterziehen Sie jedes einzelne Wort einer genauen Prüfung. Achten Sie dabei auch auf die Verbalisierung von Antwortskalen.
- Bei Unsicherheit ist es ratsam, immer wieder in der Detailbeschreibung der Probleme/Fehler nachzulesen (siehe Abschnitt 3).
- Auf den ersten Blick scheint der Aufwand relativ groß, eine Frage bzw. ein Item auf alle im FBS aufgelisteten Probleme/Fehler hin zu überprüfen. Doch gerade diese systematische Vorgehensweise gibt Ihnen die Sicherheit, keinen wichtigen Problem-/Fehlertyp übersehen zu haben.

Die Entscheidung, ob ein Problem/Fehler vorliegt oder nicht, kann nicht immer eindeutig gefällt werden. Führt z.B. die verlangte Erinnerungsleistung evtl. zu Problemen bei der Beantwortung? Oder: Sind die Kategorien für die zu befragende Population sinnvoll? Oder: Wird die Frage in ihrer intendierten Bedeutung verstanden? Insbesondere im Bereich des Frageverständnisses ist die Identifikation von Problemen/Fehlern nicht leicht. Der Anwender wird in manchen dieser Fälle lediglich Vermutungen anstellen können, da er keine verlässlichen Informationen darüber besitzt, wie Befragte eine Frage wirklich verstehen. Wir raten dringend dazu, bei solchen Problemen nicht intuitiv zu entscheiden, sondern eine Klärung auf empirischem Weg mittels eines kognitiven Pretests herbeizuführen.

3 Detailbeschreibung der Probleme/Fehler

3.1 Einführende Bemerkungen

In diesem Kapitel werden alle in der FBS-Checkliste aufgeführten Probleme/Fehler detailliert beschrieben und anhand von mehr als 100 Beispielen erläutert. Bei den Beispielfragen handelt es sich in der Regel nicht um eigene Entwürfe, die wir speziell für das FBS konstruiert haben, sondern entweder um in der Profession bekannte Survey-Fragen aus wissenschaftlichen Umfrageprojekten, wie z.b. der Allgemeinen Bevölkerungsumfrage (ALLBUS), dem International Social Survey Programme (ISSP), dem European Social Survey (ESS) oder dem Wohlfahrtssurvey oder um Fragen aus Forschungsprojekten, die von den Autoren im Rahmen ihrer Beratertätigkeit betreut wurden.

Die Fragen wurden aus verschiedenen Gründen nicht mit einem Quellennachweis versehen:

- Oft ist der Urheber einer Frage nicht bekannt oder nicht mehr auszumachen.
- Die aus Beratungsprojekten von GESIS-ZUMA übernommenen Fragen stammen überwiegend aus Fragebogenentwürfen und wurden später revidiert bzw. verbessert.
- Bei Beispielen aus internationalen Umfragen könnten die Mängel evtl. nicht auf den ursprünglichen Fragenkonstrukteur zurückzuführen sein, sondern auf die Übersetzung.

Die Anzahl der Beispiele, die zur Beschreibung bzw. Erklärung der einzelnen Probleme/Fehler angeführt werden, ist unterschiedlich. In der Regel wird anhand von zwei oder drei Beispielen erläutert, was mit dem Problem/Fehler genau gemeint ist. In den Fällen, in denen sich ein Problem/Fehler in mehreren Facetten zeigen kann, wird versucht, die Vielschichtigkeit des Fehlers an mehr als drei Beispielen zu verdeutlichen.

Manche Beispielfragen weisen mehr als ein Problem auf. Es wird jedoch immer nur dasjenige Problem ausführlich angesprochen, für das das Beispiel steht. Auf weitere Probleme in der Frage wird nur kurz verwiesen. Bei der Kommentierung der Beispielfragen haben wir bewusst auf Lösungsvorschläge verzichtet. Um eine Frage verbessern zu können, muss man ihre genaue Zielsetzung kennen. Diese ist meist nur dem Konstrukteur der Frage bekannt.

Hinweise darüber, wie Mängel beseitigt werden können, kann man allerdings in manchen Fällen aus unseren Kommentaren ableiten.

3.2 Die Problembereiche im FBS

Die folgende Gliederungssystematik der Probleme/Fehler orientiert sich an der Nummerierung in der Checkliste.

Bereich A   Probleme mit Worten/Texten

Die im Sinne des Forschers korrekte inhaltliche Deutung einer Frage ist eine zentrale Voraussetzung dafür, dass die vom Forscher in der Frage gestellte Aufgabe verstanden wird und damit auch ausgeführt werden kann. Eine von der Intention des Forschers abweichende Interpretation des Fragetextes kann bedeuten, dass die Frage nunmehr etwas anderes misst als beabsichtigt und damit ihre Qualität als Indikator für ein spezifisches Konstrukt verliert. Wie bereits erläutert, ist eine Klärung des Frageverständnisses ohne ein entsprechendes Pretestverfahren nicht denkbar. Doch kann schon vor jeder Durchführung eines Pretests versucht werden, den Interpretationsspielraum des Befragten einzugrenzen, der z.B. dadurch entstehen kann, dass die Frage zu vage oder mehrdeutig formuliert ist. Auch kann schon vor jeder Durchführung eines Pretests dafür gesorgt werden, dass die Befragungsperson eindeutig entnehmen kann, welche Leistung von ihr verlangt wird.

Im Folgenden wird der Problembereich mit seinen verschiedenen Aspekten näher beschrieben und durch Beispiele erläutert.

A1   Der Fragetext enthält Worte/Formulierungen mit vager/unklarer Bedeutung

Beschreibung:
Ob eine Frage von allen Befragten in gleicher Weise verstanden wird, hängt auch davon ab, ob die in der Frage verwendeten Worte oder Begriffe für alle Befragte die gleiche Bedeutung besitzen.

Im Folgenden sind Beispiele aufgelistet und beschrieben, in denen Worte oder Begriffe verwendet werden, deren Bedeutung nicht eindeutig ist.

Die unterschiedlichen Interpretationsspielräume schaffen keine gleichen Befragungsbedingungen, so dass die Antworten auch nicht vergleichbar sind. Beispiele sind:

- Bezeichnungen mit unklarer Referenz.
- Worte, die keine genaue Datierung des Zeitpunktes eines Ereignisses ausdrücken, z.b. jetzt, früher, später.
- Worte , die einen Zeitraum ungenau bezeichnen. Oder die Bezeichnung des Zeitraums fehlt.
- Worte, die eine Ungenauigkeit der Häufigkeit ausdrücken wie z.b. immer, häufig, manchmal, viel.
- Worte, die eine Ungenauigkeit der Intensität ausdrücken wie z.b. stark, groß, ernst, leicht.
- Worte, die eine Ungenauigkeit der Menge ausdrücken wie z.b. fast, alles, einige.

Beispiel 1 zu A1

Haben Sie ein Auto?

Ja
Nein

Kommentar zu Beispiel 1:
Aus Sicht des Befragten ist evtl. nicht klar, was mit „Sie" gemeint ist. Ist dies der Befragte selbst oder ist – bei Mehrpersonenhaushalten – gefragt, ob dem Haushalt ein Auto zur Verfügung steht?

Auch das Wort „haben" lässt mehrere Interpretationen zu. Bedeutet es „besitzen" oder „verfügen über"?

Die Antwort des Befragten kann unterschiedlich ausfallen, je nachdem wie er die Frage versteht.

Beispiel 2 zu A1

Wie viele Personen leben in Ihrem Haushalt?

Kommentar zu Beispiel 2:
Die Frage wirkt kurz und präzise, ist aber in der Tat ungenau und mehrdeutig formuliert:

- Bezieht sich der Befragte selbst mit ein?
- An welchen Zeitpunkt denkt der Befragte: exakt am heutigen Tag oder ungefähr an die letzte Zeit oder an die letzten 12 Monate?
- Wie definiert der Befragte das Wort „Haushalt"? Welche Personen zählt er dazu und welche nicht? Denkt der Befragte an *alle* Personen, z.B. auch an Kleinkinder oder Personen, die nicht dauerhaft im Haushalt leben wie z.B. Kinder, die in einer anderen Stadt studieren und nur am Wochenende nach Hause kommen? Rechnet er Eltern/Schwiegereltern, die mit im eigenen Haus leben, mit ein?

Die Anzahl der genannten Personen wird davon abhängen, wie er selbst den Haushalt definiert (einen Überblick über mögliche Haushaltsdefinitionen geben Hoffmeyer-Zlotnik & Warner 2008).

Beispiel 3 zu A1

Wenn Sie nun einmal an die Leistungen der Bundesregierung in Berlin denken. Wie zufrieden sind Sie mit der Art und Weise, wie sie ihre Arbeit erledigt? Bitte benutzen Sie noch einmal diese Skala.

0 = Äußerst unzufrieden bis 10 = Äußerst zufrieden

Kommentar zu Beispiel 3:
Diese Frage kann man in mindestens zweifacher Weise verstehen.

Eine Variante ist:

- Denken Sie nun einmal an die Leistungen der Bundesregierung, *die ihren Sitz in Berlin hat...*

Die andere Variante ist:

- Denken Sie nun einmal an die Leistungen der Bundesregierung, *die diese in Berlin bewirkt hat...*

Die Bewertung kann unterschiedlich ausfallen, je nachdem, wie der Befragte den Begriff „in Berlin" interpretiert.

Beispiel 4 zu A1

Wie viele Menschen in Ihrer Nachbarschaft sind Ausländer?

Kommentar zu Beispiel 4:

Der Begriff „Nachbarschaft" ist sehr weit gefasst und unpräzise. Unter „Nachbarschaft" kann z.b. ein ganzes Stadtviertel, ein Teil der Straße, in der man wohnt oder nur zwei Nachbarhäuser verstanden werden. Je nachdem, welche Definition zugrunde gelegt wird, würde auf die Beispielfrage eine höhere oder niedrigere Anzahl genannt werden.

Auch der Begriff „Ausländer" ist nicht eindeutig. In kognitiven Pretests wurde mehrfach die Erfahrung gemacht, dass bei der Definition des Begriffs „Ausländer" der Besitz der deutschen Staatsbürgerschaft z.B. eine eher untergeordnete Rolle spielt; d.h. ob jemand als „Ausländer" bezeichnet wird, hängt weniger davon ab, ob er die deutsche Staatsbürgerschaft besitzt oder nicht, sondern eher davon, inwieweit er sich kulturell integriert hat. Dies belegt z.B. ein Kommentar einer Testperson aus einem kognitiven Pretest: „Der hat zwar die deutsche Staatsbürgerschaft, aber ein richtiger Deutscher wird der nie."

Beispiel 5 zu A1

Wie viel Zeit verbringen Sie normalerweise wöchentlich mit Ihrer Familie?

Kommentar zu Beispiel 5:

Abgesehen davon, dass in der Frage durch die Verwendung des Begriffs „normalerweise" eine vielleicht gar nicht vorhandene Regelmäßigkeit unterstellt wird, ist hier der Begriff „Familie" mehrdeutig. Eigene kognitive Pretests haben gezeigt, dass die Definition von „Familie" von der Kleinfamilie (Ehepartner und Kinder) bis zur Großfamilie (z.B. nannte eine Testperson 35 Personen als Familienmitglieder) reicht. Auch muss heute von einer Pluralisierung der Familienformen ausgegangen werden, mit entsprechenden Konsequenzen für die Extension des Familienbegriffs. Die Frage passt nur auf eine bestimmte Familienkonstellation: Vater, Mutter und im Haushalt lebendes Kind/lebende Kinder.

Ein weiterer, nicht klar definierter Begriff ist das Wort „verbringen": Ist hiermit gemeint, dass der Befragte etwas *aktiv* zusammen mit seiner Familie unternimmt oder zählt hier bereits die gemeinsame *Anwesenheit* dazu?

Je nachdem, welche Definitionen zugrunde gelegt werden, würde auf die Beispielfrage mehr oder weniger Zeit genannt werden.

Beispiel 6 zu A1

Inwieweit stimmen Sie der folgenden Aussage zu:

Jugendliche sollten älteren Menschen mehr Respekt entgegenbringen.

Stimme voll und ganz zu
Stimme eher zu
Stimme eher nicht zu
Stimme überhaupt nicht zu

Kommentar zu Beispiel 6:

Der Frage ist nicht zu entnehmen, wie die Gruppe der älteren Menschen definiert ist. Befragte könnten geneigt sein, darunter Menschen zu verstehen, die älter sind als sie selbst. In einer allgemeinen Bevölkerungsumfrage werden z.B. jüngere Befragte evtl. bereits einen 30-Jährigen zu den „älteren Leuten" zählen, während für einen 50-Jährigen die Altersgrenze für „ältere Leute" evtl. erst mit 70 Jahren beginnt. Die Zustimmung oder Nicht-Zustimmung zu der obigen Aussage wird also nicht unwesentlich davon abhängen, in welcher Altersgruppe ein Befragter „ältere Menschen" ansiedelt.

Beispiel 7 zu A1

Welche der folgenden Ereignisse haben Sie in den vergangenen 6 Monaten erlebt?

- Längere Trennung vom Partner
- Häufige Trennung vom Partner
- Ernste Krankheit oder Verletzung eines engen Familienmitglieds oder eines guten Freundes / einer guten Freundin
- Größere finanzielle Sorgen

Kommentar zu „Längere Trennung vom Partner":
Was ist eine „längere" Trennung? Der Interpretationsspielraum ist relativ groß; der Zeitraum könnte beispielsweise von „drei Tage" bis „drei Monate" reichen. Je nachdem, wie kurz bzw. wie lang der Zeitraum interpretiert wird, werden Befragte dieses Ereignis als „erlebt" oder „nicht erlebt" einstufen.

Kommentar zu: „Häufige Trennung vom Partner":
Wie häufig ist „häufig"? Befragte würden sich hier zu Recht fragen, ob z.B. eine dreimalige Trennung bereits als „häufig" zu bezeichnen ist oder ob mit „häufig" eine viel größere Anzahl gemeint ist. Je nachdem, welche Anzahl zugrunde gelegt wird, werden Befragte dieses Ereignis als „erlebt" oder „nicht erlebt" einstufen.

Kommentar zu „Ernste Krankheit oder Verletzung eines engen Familienmitglieds oder eines guten Freundes/einer guten Freundin":
Was ist das Kriterium für eine „ernste" Krankheit? Ist das eine Krankheit, die einen zu Hause ans Bett fesselt, ist es eine Krankheit, die einen Aufenthalt im Krankenhaus nötig macht oder ist damit eine lebensbedrohliche Krankheit gemeint?

Je nachdem, wie der Begriff verstanden wird, werden Befragte dieses Ereignis als „erlebt" oder „nicht erlebt" einstufen.

Kommentar zu „Größere finanzielle Sorgen":
Was sind „größere finanzielle Sorgen"? Sind hier lediglich Sorgen gemeint, die das normale Maß übersteigen, im Sinne von „etwas größer als sonst", oder meint der Fragenkonstrukteur damit Existenz bedrohende Sorgen?

Je nachdem, wie der Begriff verstanden wird, werden Befragte dieses Ereignis als „erlebt" oder „nicht erlebt" einstufen.

Beispiel 8 zu A1

Inwieweit trifft die folgenden Aussage zu:

In unserem Sportverein gibt es einige Jugendspieler, die zu höherklassigen Vereinen gewechselt sind.

Trifft voll und ganz zu
Trifft eher zu
Trifft eher nicht zu
Trifft überhaupt nicht zu

Kommentar zu Beispiel 8:
Wie viel sind „einige"? Sind das 3, 10 oder 20? Einmal angenommen, vier Jugendspieler sind zu höherklassigen Vereinen gewechselt. Man kann nicht unbedingt davon ausgehen, dass alle Befragte diese vier Jugendspieler auch als „einige" Jugendspieler bezeichnen würden. Es ist z.B. durchaus denkbar, dass Befragte aus Großvereinen von „einigen" Jugendspielern erst ab einer Zahl von 10 sprechen würden.

Die Bewertung der Aussage kann hier also davon abhängen, wie der Begriff „einige" vom Befragten definiert wird. Ein weiteres Problem bei diesem Item besteht darin, dass ein Zeitbezug fehlt, d.h. auf welchen Zeitraum sich die Aussage bezieht.

Beispiel 9 zu A1:

Auf dieser Liste stehen einige Tätigkeiten, die man in seiner Freizeit ausüben kann. Sagen Sie mir bitte bei jeder Tätigkeit, ob Sie damit in den letzten vier Wochen...
...sehr viel Zeit
...ziemlich viel Zeit
...eher wenig Zeit
...sehr wenig Zeit oder
...gar keine Zeit verbracht haben.

Int: Liste vorlegen
- Bücher lesen
- mit Familie beschäftigen
- Musik hören
- aktiv Sport treiben
- im Garten arbeiten

Kommentar zu Beispiel 9:
Wie viel Zeit ist z.B. „sehr viel Zeit"? Auch bei dieser Frage wird die Bewertung der einzelnen Tätigkeiten davon abhängen, wie man die Kategorien in tatsächlichen Zeitmengen definiert. Zum Beispiel kann die gleiche absolute Zeit unterschiedlichen Kategorien zugeordnet werden. Ein Befragter, der z.B. in den letzten vier Wochen fünf Stunden Musik gehört hat, kann sich ebenso der Kategorie „sehr viel Zeit" zuordnen wie ein anderer Befragter, der zehn Stunden Musik gehört hat.

Beispiel 10 zu A1

Wie oft sind Sie im letzten Jahr zum Zahnarzt gegangen?

Kommentar zu Beispiel 10:
Problematisch ist in diesem Beispiel, wie der Ausdruck „im letzten Jahr" von den Befragten interpretiert wird. Wird der Ausdruck im Sinne von „in den 12

Monaten vor dem Zeitpunkt der Befragung" oder im Sinne von „im letzten Kalenderjahr" interpretiert?

Beispiel 11 zu A1

Wie häufig haben Sie in den letzten zwei Wochen abends in einem Restaurant gegessen?

Kommentar zu Beispiel 11:
Was bedeutet der Ausdruck „in den letzten zwei Wochen", wenn ein Befragter z.B. mittwochs interviewt wird? Die Referenzperiode kann unterschiedlich verstanden werden: Entweder werden ausgehend von mittwochs 2 Wochen zurückgerechnet oder die Erinnerungsleistung bezieht sich auf die letzten beiden Kalenderwochen.

Beispiel 12 zu A1

Inwieweit trifft die folgenden Aussage zu:

Der Mitgliederstand in unserem Verein konnte in den letzten Jahren deutlich gesteigert werden.

Trifft voll und ganz zu
Trifft eher zu
Trifft eher nicht zu
Trifft überhaupt nicht zu

Kommentar zu Beispiel 12:
Der genannte Zeitraum „in den letzten Jahren" ist sehr unpräzise definiert; z.B. könnte *ein* Befragter drei Jahre, ein *anderer* 10 Jahre darunter verstehen.
   Ein Beispiel: Der Mitgliederstand erhöhte sich sieben Jahre lang, z.B. von 1997 bis 2004 sehr stark, um dann bis heute zu stagnieren. Ein Befragter, der

einen längeren Zeitraum (z.B. 10 Jahre) zugrunde legt, wird die Aussage als zutreffend einordnen, dagegen wird ein Befragter, der nur die letzten drei Jahre berücksichtigt, die Aussage als nicht zutreffend beurteilen.

Die Bewertung der Aussage kann hier also davon abhängen, wie der genannte Zeitraum vom Befragten definiert wird.

Weitere Beispiele für ungenau datierte Zeiträume oder Zeitpunkte sind Worte wie „jetzt" oder „früher". Versteht ein Befragter z.B. das Wort „jetzt" als den heutigen Tag, die aktuelle Woche, den aktuellen Monat?

Beispiel 13 zu A1

Wie oft beten Sie?

Sehr oft
Oft
Manchmal
Selten
Nie

Kommentar zu Beispiel 13:
Unklar ist, für welchen Zeitraum die Frage beantwortet werden soll. Das Verhalten von Befragten kann zu unterschiedlichen Zeitpunkten unterschiedlich gewesen sein. Dies bedeutet, dass sich die Angaben der Befragten auf unterschiedliche Referenzzeiträume beziehen können.

Beispiel 14 zu A1

Meine Gesundheit ist in der Hauptsache eine Frage von guter Anlage und Glück.

Stimme voll und ganz zu, stimme eher zu, stimme eher nicht zu, stimme überhaupt nicht zu

Kommentar zu Beispiel 14:

Die Frage enthält ein Homonym. Ein Homonym ist ein Wort, das ebenso wie ein anderes geschrieben und gesprochen wird, aber eine völlig andere Bedeutung hat, z.B. Bank, Krebs, Glück, Ball, Schloss.

Im Beispiel oben kann das Wort „Glück" auf zweierlei Art verstanden werden:

- im Sinne von Glücklichsein, sich wohl fühlen, zufrieden sein.
- im Sinne von Zufall.

Ganz offensichtlich kann demnach das Verständnis des Begriffs „Glück" zu höchst unterschiedlichen Bewertungen der gesamten Aussage führen, je nachdem, ob der Begriff im Sinne von *Glücklichsein* oder von *Zufall* („Glück gehabt") interpretiert wird.

Beispiel 15 zu A1

Wie viele Minuten brauchen Sie, um zu Fuß zu der Bank zu kommen, die Ihrer Wohnung am nächsten ist?

Kommentar zu Beispiel 15:

Es liegt auf der Hand, dass es einen erheblichen Unterschied ausmacht, ob unter dem Begriff „Bank" eine Parkbank oder ein Geldinstitut verstanden wird. Wir gehen allerdings davon aus, dass in der Regel der vorgegebene Kontext hier zu einem einheitlichen Begriffsverständnis beiträgt. Beispielsweise wird in einer Befragung zum Thema „Kundenzufriedenheit bei Geldinstituten" unter dem Wort „Bank" im genannten Beispiel sicher nicht die Sitzgelegenheit am Wegesrand verstanden werden.

A2   In der Frage werden mehrere inhaltlich unterschiedliche Sachverhalte angesprochen.

Beschreibung:
Eine Frage/Aussage enthält zwei oder mehr inhaltlich unterschiedliche Komponenten, für die nur eine Antwort verlangt wird[6], obwohl der Befragte unter Umständen in seiner Antwort differenzieren möchte und z.b. der ersten Komponente zustimmen, der zweiten aber nicht. Aber auch wenn ein Befragter nicht den Wunsch nach Differenzierung seiner Antwort äußert, besteht die Gefahr, dass er in seiner Antwort nur eine der Komponenten berücksichtigt und die andere außer Acht lässt, ohne dies explizit zu äußern. Sollte ein Befragter in einem Interviewer-administrierten Interview den Wunsch nach Differenzierung explizit äußern, steht der Interviewer vor einer unlösbaren Aufgabe, da eine solche Differenzierung in den Antwortkategorien nicht vorgesehen ist. In einem selbstadministrierten Interview wird ein solches Dilemma vom Befragten gelöst, indem er entweder nur eine der Komponenten berücksichtigt oder die Frage nicht beantwortet. Zur Behebung des Problems sollte eine Frage mit zwei unterschiedlichen Sachverhalten in zwei separate Fragen überführt werden, da im Datenmaterial nicht erkennbar ist, dass der Befragte mit seiner Antwort unter Umständen nur eine der beiden inhaltlichen Aspekte bewertet hat. Fragen, die diesen Konstruktionsfehler aufweisen, lassen sich relativ leicht erkennen. Es gibt zwei Varianten:

- Fragen/Aussagen, bei denen unterschiedliche Begriffe/Inhalte mit Worten wie „und", „sowie", „oder" verbunden sind.
- Fragen/Aussagen, bei denen Sätze mit unterschiedlichen Inhalten mit dem Wort „weil" verbunden sind und somit der zweite Satz eine Begründung des ersten Satzes darstellt (sog. Kausalsätze).

Es wäre denkbar, dass ein Forscher das geschilderte Problem in Kauf nimmt und gar nicht zwischen den unterschiedlichen Komponenten differenzieren möchte. Dennoch kann eine solche Frage zu nicht adäquaten Reaktionen des Befragten führen, indem dieser z.B. nachfragt, auf welche der beiden Komponenten er seine Antwort beziehen soll.

---

[6] In der englischsprachigen Literatur werden solche Fragen auch als „double-barreled questions" bezeichnet (siehe z.B. Oppenheim 1966).

140

Beispiel 1 zu A2

Wie sehr haben Ihre körperlichen oder seelischen Probleme Sie in den letzten 7 Tagen daran gehindert, Ihre normalen Tätigkeiten im Beruf, in der Schule/im Studium oder andere alltägliche Tätigkeiten auszuüben?

Überhaupt nicht, sehr wenig, mäßig, ziemlich

Kommentar zu Beispiel 1:
Es ist durchaus denkbar, dass einen Befragten körperliche Probleme beeinträchtigt haben, aber keine seelischen. Es wäre darüber hinaus möglich, dass sich die Probleme in den *beiden* Bereichen, die hier aufgeführt werden, *unterschiedlich* stark äußern. Die fehlende Differenzierungsmöglichkeit kann vom Befragten als unangenehm oder störend empfunden werden.

Vergibt der Befragte in solchen Fällen dennoch einen Skalenwert, dann ist es für den Forscher nicht erkennbar, auf welchen der beiden Aspekte der Frage sich dieser Wert bezieht. Die Frage wäre für den Forscher dann kein Problem, wenn er sich mit dieser Ungenauigkeit zufrieden gibt und die Probleme des Befragten in Kauf nimmt.

Ein weiteres Problem bei der Frage sind die ungeklärten Abstände zwischen den Skalenpunkten (vgl. Problempunkt J 7). Obwohl dies aus Sicht der Auswertung bei Unterstellung ordinalem Messniveau unproblematisch sein mag, bleibt für den Befragten möglicherweise unklar, ob „sehr wenig" in der Tat weniger als „mäßig" bedeutet.

Beispiel 2 zu A2

Wie ist es mit Ihrer persönlichen Alterssicherung oder Sicherung vor Invalidität und im Krankheitsfall? Fühlen Sie sich ausreichend gesichert oder nicht ausreichend gesichert oder haben Sie sich darüber noch keine Gedanken gemacht?

Ausreichend gesichert
Nicht ausreichend gesichert
Darüber noch keine Gedanken gemacht

Kommentar zu Beispiel 2:
Der Fragetext enthält drei Stimuli (1. persönliche Alterssicherung, 2. Sicherung vor Invalidität, 3. Krankheitsfall), die der Befragte unter Umständen unterschiedlich bewerten möchte. Z.B. könnte er im Krankheitsfall ausreichend gesichert sein, aber nicht oder noch nicht für sein Leben im Alter. Denkbar ist auch, dass er sich über eine mögliche Invalidität noch keine Gedanken gemacht hat. Da sich die Antwort aber auf alle drei Stimuli insgesamt bezieht, kann das für einen Befragten, der differenzieren möchte bzw. muss, eine unbefriedigende Situation darstellen.

Auch im Hinblick auf die Interpretation der Daten kann der Forscher nicht erkennen, auf welche Aspekte sich die Antwort bezieht.

Beispiel 3 zu A2

Inwieweit trifft die folgende Aussage auf Sie zu:

Ich bin begeisterungsfähig und kann andere leicht mitreißen.

Sehr unzutreffend, eher unzutreffend, weder zutreffend noch unzutreffend, eher zutreffend, sehr zutreffend

Kommentar Beispiel 3:
Das Problem besteht in diesem Fall darin, dass „begeisterungsfähig" ein „passives" Merkmal ist und „kann andere leicht mitreißen" ein „aktives" Merkmal. Dass diese beiden Aspekte tatsächlich als unterschiedlich empfunden werden, hat ein kognitiver Pretest gezeigt, in dem neunzehn von zwanzig Befragten angaben, dass „begeisterungsfähig" und „kann andere leicht mitreißen" nicht das Gleiche bedeute und bei der Aufforderung, die beiden Aussagen jeweils einzeln zu bewerten, unterschiedliche Skalenwerte vergaben.

Beispiel 4 zu A2

Die Rangunterschiede zwischen den Menschen sind akzeptabel, weil sie im Wesentlichen ausdrücken, was man aus den Chancen, die man hatte, gemacht hat.

Stimme voll und ganz zu, stimme eher zu, stimme eher nicht zu, stimme überhaupt nicht zu

---

Kommentar zu Beispiel 4:
Mit dieser Aussageformulierung sind folgende Probleme verbunden:

- Die Aussage beinhaltet zwei unterschiedliche Aspekte:

  ➢ Die Rangunterschiede zwischen den Menschen sind akzeptabel.
  ➢ Die Rangunterschiede drücken aus, was man aus den Chancen, die man hatte, gemacht hat.

  Befragte möchten unter Umständen nicht beide Aussagen mit demselben Skalenwert bewerten, weil sie mit dem hier angeführten Kausalzusammenhang d.h. der Begründung für die Rangunterschiede nicht einverstanden sind.

- Die Interpretation des Skalenwerts ist nicht eindeutig: Bedeutet z.B. der Skalenwert „stimme überhaupt nicht zu", dass der Befragte die Rangunterschiede zwischen den Menschen nicht akzeptabel findet oder bedeutet er, dass die Rangunterschiede nicht die Chancen ausdrücken, die ein Mensch hatte?

Beispiel 5 zu A2

Inwieweit stimmen Sie der folgenden Auffassung zu:

Deutschland ist eine offene Gesellschaft. Was man im Leben erreicht, hängt nicht mehr vom Elternhaus ab, aus dem man kommt, sondern von den Fähigkeiten, die man hat, und der Bildung, die man erwirbt.

1 = Stimme voll zu bis 4 = Stimme überhaupt nicht zu

Kommentar zu Beispiel 5:
Der erste Satz ist eine Aussage, die mit dem zweiten Satz nicht unmittelbar in Beziehung stehen muss. Unter Umständen möchte ein Befragter der zweiten Aussage zustimmen, ist aber mit der ersten Aussage nicht einverstanden. Das kann zur Nicht-Beantwortung der Frage führen oder aber zur Nennung eines Skalenwerts, der Nicht-Zustimmung ausdrückt, womit der Befragte aber nur zum Ausdruck bringen möchte, dass Deutschland keine offene Gesellschaft ist. Dem genannten Skalenwert kann man jedoch nicht entnehmen, dass der Befragte den zentralen Stimulus der Aussage gar nicht bewertet hat.

Auch im zweiten Satz sind zwei unterschiedliche Aspekte (Fähigkeiten, die man hat/Bildung, die man erwirbt) mit dem Wort „und" verbunden, die für den Befragten unter Umständen in unterschiedlichem Maße für das im Leben Erreichte verantwortlich sind.

Beispiel 6 zu A2

Ich habe mich einmal ausgesperrt und fand die Kosten für den Schlüsseldienst deutlich zu hoch.

Stimme eher zu
Stimme eher nicht zu

Kommentar zu Beispiel 6:
Das zu bewertende Item bezieht sich auf zwei unterschiedliche Beurteilungsobjekte. Das erste Beurteilungsobjekt stellt einen *Sachverhalt* dar („Ich habe mich einmal ausgesperrt"), das zweite eine *Meinung* („Ich fand die Höhe der Kosten für den Schlüsseldienst zu hoch"). Welche der beiden Beurteilungsobjekte ein Befragter mit seiner Antwort bewertet, hängt im Wesentlichen von seinen individuellen Erfahrungen ab. Ein Befragter, der sich noch nie aus seiner Wohnung

ausgesperrt hat (und mit dem Schlüsseldienst keine Erfahrung gemacht hat), antwortet z.B. mit „Stimme eher nicht zu" und meint damit, dass er sich noch nie aus seiner Wohnung ausgesperrt hat. Gleichermaßen kann diese Antwort aber auch bedeuten „Ich habe mich einmal ausgesperrt und fand die Kosten für den Schlüsseldienst *nicht* zu hoch". Diese Daten würden den Forscher vor ein Problem stellen, weil sie nicht zu eindeutig interpretierbaren Ergebnissen führen.

Ein weiteres Problem würde sich für solche Befragte stellen, die sich zwar schon einmal ausgesperrt hatten, aber ohne Inanspruchnahme eines Schlüsseldienstes wieder in ihre Wohnung kamen, weil sie z.B. einen Zweitschlüssel deponiert hatten. Vermutlich wird ein Befragter in einem solchen Fall die Frage gar nicht beantworten wollen, weil er den Eindruck hat, dass sie gar nicht auf ihn zutrifft.

Die Frage kann sinnvoll nur an solche Befragte gestellt werden, die sich schon einmal ausgesperrt *und* danach einen Schlüsseldienst in Anspruch genommen hatten.

A3   **Der inhaltliche Fokus des Einleitungstextes entspricht nicht dem der Frage/Aussage.**

Beschreibung:
Einleitungstext und Fragetext stimmen nicht überein:

- Die Thematik des Einleitungstexts ist eine andere als die des Fragetextes.
- Die Thematik des Einleitungstexts wird im Fragetext nicht mehr aufgegriffen.

Beides kann dazu führen, dass die Frage/Aussage vom Befragten nicht so verstanden wird, wie sie verstanden werden soll.

Beispiel 1 zu A3

Bei dieser Frage geht es um die Bildungspolitik. Inwieweit stimmen Sie der folgenden Aussage zu:

Im Allgemeinen ist es einem Kind im späteren Leben nützlich, wenn es gezwungen wird, sich den Vorstellungen seiner Eltern anzupassen.

Stimme voll und ganz zu, stimme eher zu, stimme eher nicht zu, stimme überhaupt nicht zu

Kommentar zu Beispiel 1:
Der erste Satz leitet die „Bildungspolitik" als Thema ein. Die Aussage selbst hat dieses Thema jedoch nicht explizit zum Inhalt. Für den Befragten wird nicht klar, ob es in dem Satz ausschließlich um die Vorstellung der Eltern im Hinblick auf *Bildung* geht oder ob auch Vorstellungen über andere Bereiche eine Rolle spielen können wie z.b. Erziehung oder Religion.

Beispiel 2 zu A3

Menschen aus anderen Ländern kommen aus ganz verschiedenen Gründen nach Deutschland, um hier zu leben. Einige dieser Zuwanderer haben Vorfahren in Deutschland. Andere kommen, um hier zu arbeiten oder weil ihre Familien hier leben. Wieder andere kommen, weil sie in ihren Herkunftsländern bedroht werden. Ich möchte Ihnen zu diesem Thema einige Fragen stellen.
Wenn Sie an die Zuwanderer denken, die heute aus anderen Ländern nach Deutschland kommen, was würden Sie sagen...
INT.: Bitte vorlesen
...die meisten Zuwanderer gehören derselben Volksgruppe oder ethnischen Gruppe an wie die Mehrheit der Deutschen,
...oder: die meisten Zuwanderer gehören einer anderen Volksgruppe oder ethnischen Gruppe an als die Mehrheit der Deutschen,
...oder würden Sie sagen, dass diese beiden Zuwanderergruppen ungefähr gleich groß sind?

Kommentar zu Beispiel 2:
Im einleitenden Text werden *Gründe* aufgezählt, warum Zuwanderer nach Deutschland kommen. Der Satz „Ich möchte Ihnen zu diesem Thema einige Fragen stellen" lässt vermuten, dass es auch bei der eigentlichen Frage um dieses Thema geht. Tatsächlich geht es aber darum, – in einfache Worte übersetzt –

wie sich die Gruppe aller Zuwanderer hinsichtlich eines bestimmten Merkmals (Zugehörigkeit/Nicht-Zugehörigkeit zur Volksgruppe oder ethnischen Gruppe wie die Mehrheit der Deutschen) aufteilt.

Der Einleitungstext produziert hier einen – falschen – Kontext, der unter Umständen vom Befragten auf die Frage übertragen wird, was dazu führen kann, dass die Frage entweder gar nicht oder falsch verstanden wird (zu weiteren Problemen bei dieser Frage siehe unter Problempunkt E1, Beispiel 6).

Beispiel 3 zu A3

Es gibt verschiedene Möglichkeiten, mit denen man versuchen kann, etwas in Deutschland zu verbessern oder zu verhindern, dass sich etwas verschlechtert. Haben Sie im Verlauf der letzten 12 Monate irgendetwas davon unternommen? Antworten Sie bitte jeweils mit Ja oder Nein.

Int.: Bitte vorlesen

Haben Sie...

...Kontakt zu einem Politiker oder einer Amtsperson auf Bundes-, Landes-, oder Kommunalebene?
- in einer politischen Partei oder Gruppierung mitgearbeitet?
- in einer anderen Organisation oder in einem anderen Verein mitgearbeitet?
- ein Abzeichen oder einen Aufkleber einer politischen Kampagne getragen oder irgendwo befestigt?
- sich an einer Unterschriftensammlung beteiligt?

Kommentar zu Beispiel 3:

Der semantische Bezug zwischen dem einleitenden Text und den anschließenden Fragen wird unter Umständen nicht hergestellt, weil der im Einleitungstext genannte zentrale Stimulus („...versuchen zu verbessern oder zu verhindern, dass sich etwas verschlechtert...") in den nachfolgenden Fragen nicht mehr auftaucht. So haben Ergebnisse eines von den Autoren durchgeführten kognitiven Pretests gezeigt, dass Befragte die Aktivität „den Kontakt zu einer Amtsperson aufnehmen" auch dann bejahen, wenn das Ziel „etwas zu verbessern oder zu verhindern, dass sich etwas verschlechtert" nicht vorliegt. In solchen Fällen werden die Aktivitäten nicht entsprechend der Zielsetzung der Frage bewertet.

Eine Lösungsmöglichkeit wäre, den Bezug zum Einleitungstext deutlicher zu machen mit der Formulierung:

Hatten Sie *aus diesen Gründen* in den letzten 12 Monaten...
...Kontakt zu einem Politiker oder einer Amtsperson auf Bundes-, Landes-, oder Kommunalebene?
usw.

Hinzu kommt, dass der Ausdruck „verhindert, dass sich etwas verschlechtert" schwierige kognitive Operationen auf Seiten des Befragen verlangt und das Vorstellungsvermögen in der Interviewsituation überfordert (vgl. Problembereich E).

A4   Die Frage ist hypothetisch formuliert.

Beschreibung:
Eine hypothetische Frage erfordert vom Befragten, sich eine Situation vorzustellen, die für ihn nicht real existiert. Je unwahrscheinlicher und je lebensferner diese Situation aus Sicht des Befragten ist, desto schwieriger ist es für ihn, sich diese vorzustellen und zu bewerten. So sind Antworten auf hypothetische Fragen oft willkürlich und nicht so valide wie Antworten auf Fragen, bei denen in der Vergangenheit gemachte Erfahrungen zu bewerten sind. Aus diesem Grund sollte gut überlegt werden, ob man hypothetische Fragen überhaupt stellt. Dies sollte nur dann geschehen, wenn es sich bei der Frage um einen Indikator für ein Konstrukt handelt, das diesen Indikator wirklich erfordert, etwa bei der Erhebung von Zukunftsvorstellungen und Zukunftsängsten, Plänen, etc.

Beispiel 1 zu A4

Stellen Sie sich vor, Sie hätten ein hochbegabtes Kind. Auf welche Schule würden Sie dieses Kind schicken, wenn es 10 Jahre alt ist?
(Schultypen auf Liste vorgegeben)

148

Kommentar zu Beispiel 1:
Befragte, die keine Kinder haben oder sich nie mit der Ausbildung von Kindern befassen mussten, können sich die beschriebene Situation kaum vorstellen, weil sie sich mit einer solchen Situation noch nie auseinander gesetzt haben. Für sie ist die Frage schwer zu beantworten, besonders deshalb, weil die Antwort nur auf vagen Vermutungen beruhen kann.

Beispiel 2 zu A4

Glauben Sie, dass Sie in einer Gruppe, die sich mit politischen Themen beschäftigt, eine aktive Rolle übernehmen könnten?

Ganz bestimmt nicht, wahrscheinlich nicht, bin nicht sicher, wahrscheinlich, ganz bestimmt.

Kommentar zu Beispiel 2:
Die Frage ist ein Beispiel dafür, dass nicht jede hypothetische Frage problematisch sein muss. Sie hat zwar hypothetischen Charakter, da man aber die eigenen Fähigkeiten und Interessen kennt, kann die Frage trotzdem beantwortet werden. Zu präzisieren wären allerdings die Begriffe „aktive Rolle" und die „Gruppe, die sich mit politischen Themen beschäftigt", deren Definitionen die Antwort nicht unwesentlich beeinflussen dürften (vgl. Problempunkt A1).

Beispiel 3 zu A4

Wenn Sie an die verschiedenen Maßnahmen denken, die Sie zur Verringerung Ihrer Arbeitszeit ergreifen müssten: Wie angenehm finden Sie diese Vorstellung?
Finden Sie diese:
Sehr unangenehm, eher unangenehm, eher angenehm, sehr angenehm.

Kommentar zu Beispiel 3:
Mögliche Maßnahmen werden in der Frage nicht vorgegeben. Deshalb ist zu vermuten, dass manche Befragte sich die zu ergreifenden Maßnahmen gar nicht vorstellen und somit auch nicht beurteilen können. Zum anderen verlangt die Frage vom Befragten eine Einschätzung, wie „angenehm" bzw. „unangenehm" die Vorstellungen über die – nicht konkret genannten – Maßnahmen sind. Diese Formulierung erfordert abstraktes Denken, so dass der Befragte unter Umständen nicht weiß, was genau er eigentlich bewerten soll.

A5 **Der sprachliche Ausdruck kann vereinfacht werden.**

Beschreibung:
Die Frage bzw. Aussage lässt sich einfacher ausdrücken, ohne die Textbedeutung zu verändern. Da ein komplexerer Ausdruck stets eine größere mentale Belastung darstellt als ein einfacherer Ausdruck, sollte jede Gelegenheit zur weiteren Vereinfachung ergriffen werden.

Beispiel 1 zu A5

Stimmen Sie der folgenden Aussage zu?

Es gibt keinen Staat, in dem keine Maßnahmen zur Eindämmung der Arbeitslosigkeit ergriffen worden sind.

Ja
Nein

Kommentar zu Beispiel 1:
Durch die doppelte Verneinung ist die Frage schwierig zu verstehen. Auf Grund rein logischer Regeln ist die obige Aussage gleichzusetzen mit der Aussage

Alle Staaten haben Maßnahmen zur Eindämmung der Arbeitslosigkeit ergriffen.

Ähnliche Regeln gelten auch für andere Formen doppelter Verneinung, die auf Grund rein logischer Argumente vereinfacht werden können.

Beispiel 2 zu A5
(Frage nur an Raucher)

Finden Sie es schwierig, an Orten nicht zu rauchen, wo es verboten ist?

Ja
Nein

Kommentar zu Beispiel 2:
Die Worte „schwierig" und „verboten" haben eine negative Konnotation (schwierig: *nicht* leicht bzw. einfach; verboten: *nicht* erlaubt). „Nicht zu rauchen" ist ebenfalls negativ. Die drei Negationen erschweren das Verständnis der Frage und eine korrekte Antwort.

Verständlicher wäre:

(Frage nur an Raucher)
Finden Sie es schwierig, nur an Orten zu rauchen, wo es erlaubt ist?

Ja
Nein

Das Adjektiv „schwierig" ist außerdem unklar. „Schwierig" kann bedeuten „umständlich", „aufwändig" oder" machbar" es kann in dieser Frage aber auch die Bedeutung einer psychischen Belastung haben (vgl. Problempunkt A1).

A6   **Es werden Fremdworte oder Fachausdrücke verwendet, die für Befragte vielleicht unbekannt sind.**

Beschreibung:
In allgemeinen Bevölkerungsumfragen, in denen Befragte aus allen Bildungsschichten befragt werden, sollten keine Ausdrücke verwendet werden, die überhaupt nicht oder nur von einer Teilgruppe von Befragten verstanden werden. Dazu gehören Fremdworte und Fachausdrücke. Sie führen entweder zur Nichtbeantwortung der Frage oder zu invaliden Angaben in solchen Fällen, in denen

Befragte ihr Nichtwissen nicht zugeben wollen und dennoch die Frage/Aussage beantworten oder zu invaliden Angaben in solchen Fällen, in denen Befragte gar nicht wissen, dass sie die Fremdworte/Fachausdrücke falsch verstanden haben.

Beispiel 1 zu A6

Bitte gehen Sie alle Möglichkeiten auf dieser Liste durch und sagen Sie mir was davon haben Sie schon gemacht, was davon haben Sie noch nicht gemacht?

Beteiligung...
...an einer Bürgerinitiative
...an einer Unterschriftensammlung
...an einem Boykott
...an einer genehmigten politischen Demonstration
...an einer Besetzung von Fabriken, Ämtern und anderen Gebäuden

Kommentar zu Beispiel 1:
Der Begriff „Boykott" wird nicht von allen Befragten verstanden. Dies bestätigte sich auch immer wieder als Ergebnis kognitiver Nachfragen in Pretests.

Beispiel 2 zu A6
Inwieweit stimmen Sie folgender Aussage zu:

Volksbegehren und Volksentscheide sind eine notwendige Ergänzung der repräsentativen Demokratie.
1 = Stimme voll und ganz zu bis 4 = Stimme überhaupt nicht zu.

Kommentar zu Beispiel 2:
Kognitive Pretestinterviews haben gezeigt, dass manche Befragte – vor allem mit niedrigem Bildungsniveau – die Definition der hier genannten Begriffe überhaupt nicht oder nur vage kennen, die Aussage aber dennoch auf der Grundlage ihres eigenen, falschen Begriffsverständnisses beantworten. So wird z.B. *repräsentative Demokratie* als Demokratie definiert, die nach außen gerne gezeigt (präsentiert) wird, weil sie in vielen Dingen gut ist. Auch in solchen Fällen, in denen es Befragten bewusst ist, dass sie die Bedeutung eines Begriffs

nicht kennen, geben diese erfahrungsgemäß ihr Nichtwissen nicht zu und bewerten die Aussage trotzdem.

Beispiel 3 zu A6

Glauben Sie, dass es Menschen mit Vorurteilen gegenüber ethnischen Gruppen erlaubt sein sollte, ihre Meinung öffentlich zu äußern.

Sollte erlaubt sein
Sollte nicht erlaubt sein

Kommentar zu Beispiel 3:
Man kann nicht davon ausgehen, dass das Wort „ethnisch" von allen Befragten richtig verstanden wird.
Darüber hinaus ist die Frage nicht formal ausbalanciert, da die Gegenalternative (es sollte nicht erlaubt sein) nicht genannt wird (vgl. Problempunkt F3)

Beispiel 4 zu A6

Sollen Ihrer Meinung nach Frauen, die sich in der Menopause befinden, besonders auf ihre Gesundheit achten?

Ja
Nein

Kommentar zu Beispiel 4:
Das Wort „Menopause" sollte in einer Querschnittsbefragung erklärt werden oder besser ersetzt werden durch den allgemein verständlicheren Begriff „Wechseljahre".

Beispiel 5 zu A6

Ich werde Ihnen nun einige Stichworte zu dem Thema „Arbeitslosigkeit" nennen. Sagen Sie bitte jeweils, wie stark diese Stichworte für Sie mit dem Thema Arbeitslosigkeit zusammenhängen.

1 = sehr stark bis 4 = überhaupt nicht

- Globalisierung
- ABM-Stellen
- der so genannte „neue Markt"
- Greencard

Kommentar zu Beispiel 5:
Man kann nicht davon ausgehen, dass alle Befragte einer allgemeinen Bevölkerungsumfrage wissen, was genau mit diesen „Stichworten" gemeint ist.

Beispiel 6 zu A6

Manche Leute behaupten, dass bestimmte Altersgruppen einen hohen oder niedrigen Status hätten; Andere dagegen sagen, es gebe im Grunde keinen Unterschied. Mit Status meine ich die Stellung oder den Rang, den eine Altersgruppe in der Gesellschaft hat. Wie hoch oder niedrig ist Ihrer Meinung nach der Status, den die meisten Leute in Deutschland verschiedenen Altersgruppen zuordnen würden.

Int.: Liste 4
Benutzen Sie bitte diese Liste. Als erstes: Was glauben Sie, wie hoch ist nach Meinung der meisten Leute in Deutschland der Status, den die Altersgruppe 15-29 hat?

Äußerst niedriger Status										Äußerst hoher Status	(Weiß nicht)
0	1	2	3	4	5	6	7	8	9	10	88

Kommentar zu Beispiel 6:
In dieser Frage wird nach einem „Status" gefragt. Es handelt sich dabei um einen Fachbegriff aus dem Bereich der Soziologie. Trotz der kurzen Erläuterung im Fragetext steht zu befürchten, dass ein Teil der Befragten überhaupt keine oder nur ungenaue Vorstellungen davon haben wird, was mit „Status" gemeint ist. Weiterhin ist anzunehmen, dass die Vorstellung, was genau mit diesem Begriff gemeint ist, unter den Befragten höchst unterschiedlich sein wird.

Durch den Text wird nicht klar, in welcher Hinsicht die angesprochene Altersgruppe eigentlich zu bewerten ist.

Erschwerend kommt bei dieser Frage noch hinzu, dass nicht nach der eigenen Meinung gefragt wird, sondern nach der geschätzten Meinung „der meisten Leute" (vgl. Problempunkt E1).

A7   Es werden Abkürzungen/seltene Symbole verwendet, von denen man annehmen muss, dass sie nicht allen Befragten bekannt sind.

Beschreibung:
Abkürzungen müssen nicht zwangsläufig problematisch sein, da in manchen Fällen die abgekürzten Bezeichnungen z.B. von Produkten (PC, CD, DVD, SMS) oder die abgekürzten Namen von Staaten oder Verbänden (EU, U.S.A., ADAC) weitaus geläufiger bzw. bekannter sind als die ausgeschriebenen Bezeichnungen.

Problematisch sind Abkürzungen, die zwar gebräuchlich sind, von denen man jedoch annehmen muss, dass sie nicht allen Befragten bekannt sind.

Beispiel 1 zu A7

- „etc." als Abkürzung für den lateinischen Ausdruck „et cetera" und den deutschen Ausdruck „und so weiter".
- „i.e." als Abkürzung für den lateinischen Ausdruck „id est" und den deutschen Ausdruck „und das ist".
- Wie viele Stunden sehen Sie i.d.R. pro Woche fern?
  (Die Abkürzung „i.d.R." soll für „in der Regel" stehen).
- „u. dgl."
  (Die Abkürzung „u. dgl." soll für „und dergleichen" stehen).

Kommentar zu Beispiel 1:
Die genannten Abkürzungen dürften nicht allen Befragten bekannt sein. Generell problematisch sind abgekürzte Worte, wie z.B. „soz.", „ber." oder „gen.", da solche Abkürzungen oft nicht eindeutig sind. Beispielsweise könnte „soz." sowohl eine Abkürzung des Wortes „sozial" sein, als auch des Wortes „sozialistisch" und „gen." sowohl eine Abkürzung des Wortes „genannt", als auch des Wortes „genau".
    Darüber hinaus besteht die Gefahr, dass manche Abkürzungen für Befragte überhaupt keinen Sinn ergeben.

Beispiel 2 zu A7

Seltene Symbole (\, {, ~)

Mathematische Symbole wie z.B. $\sum$, $\neq$, $\leq$, $\geq$ oder Währungssymbole wie z.B. £ oder $.

Kommentar zu Beispiel 1:
Symbole sollten grundsätzlich vermieden werden, weil ihre Bedeutung wahrscheinlich nicht allen Befragten bekannt ist.

Bereich B   Unzutreffende Annahmen über Befragte

B1   Die Frage geht von Annahmen über Merkmale/Verhaltensweisen von Befragten aus, die unter Umständen nicht zutreffen.

Beschreibung:
Das hier angesprochene Problem bezieht sich darauf, dass die Frage von Annahmen über die Situation bzw. das Verhalten des Befragten ausgeht, die evtl. gar nicht zutreffen. Konstruktionen dieser Art können zu einer falschen Interpre-

tation der Daten führen, weil sich Befragte, auf die die Frage gar nicht zutrifft, einer *inhaltlichen* Kategorie z.b. „nie" zuordnen müssen. Dieses Problem lässt sich entweder durch eine vorangestellte Filterfrage lösen oder durch eine zusätzliche „trifft-nicht-zu"-Kategorie.

Beispiel 1 zu B1

Wie oft kaufen Sie Lebensmittel mit niedrigem Salzgehalt in einem Reformhaus?

Int: Vorgaben bitte vorlesen

Oft
Manchmal
Selten
Nie

Kommentar zu Beispiel 1:
Die Beantwortung der Frage setzt voraus, dass ein Befragter im Reformhaus einkauft. Für diesen Befragten bedeutet die Antwortkategorie „nie", dass er zwar in einem Reformhaus einkauft, aber dort nie Lebensmittel mit niedrigem Salzgehalt kauft. Ein Befragter, der jedoch nie in einem Reformhaus einkauft, hat gar keine andere Möglichkeit, als ebenfalls mit „nie" zu antworten. In einem solchen Fall drückt die Kategorie „nie" keine Häufigkeit aus, sondern erhält die Bedeutung „trifft für mich nicht zu". Die Antwort „nie" ist also nicht eindeutig im von Forscher intendierten Sinne eines nie stattfindenden Einkaufs von Lebensmitteln mit niedrigem Salzgehalt interpretierbar.

Die Konsequenz ist, dass in die Berechnung der prozentualen Anteile der Häufigkeitskategorien dann auch die „trifft-nicht-zu"-Fälle miteinbezogen werden, ohne dass festgestellt werden kann, wie hoch die Anzahl dieser Fälle tatsächlich ist. Dies bedeutet, dass die Stichprobe in Bezug auf Anteilsschätzungen bei dieser Frage systematisch in unbekanntem Ausmaß verzerrt ist.

Beispiel 2 zu B1

Wie häufig haben Sie in den letzten 2 Jahren eine Urlaubsreise mit einer Gruppe von mehr als 8 Personen unternommen?

Nie
1 bis 2 Mal
3 bis 4 Mal
Mehr als 4 Mal

Kommentar zu Beispiel 2:
Die Antwortkategorie „nie" kann unterschiedlich interpretiert werden: Befragter hat in den letzten 2 Jahren überhaupt keine Urlaubsreise unternommen oder er hat eine Urlaubsreise unternommen, aber nicht mit einer Gruppe von mehr als 8 Personen. Um zwischen diesen beiden Interpretationsvarianten klar unterscheiden zu können sollte die Zusatzkategorie „habe in den letzten 2 Jahren keine Urlaubsreise unternommen" mit aufgenommen werden.

Beispiel 3 zu B1

Wie viele Stunden in der Woche betreiben Sie diese Sportart?
Anzahl Stunden:_____

Kommentar zu Beispiel 3:
In der Frage wird davon ausgegangen, dass der Befragte die Sportart, die in einer bereits vorangegangenen Frage genannt wurde, regelmäßig betreibt. Dies ist jedoch nicht selbstverständlich. Bei unregelmäßiger Ausübung kann der Befragte hier keine korrekte Angabe machen.

Bereich C   Erinnerungsvermögen

C1   **Eine Erinnerungsleistung ist schwer oder gar nicht zu erbringen.**

Beschreibung:

Bei der Erhebung retrospektiver Daten kann es vorkommen, dass von den Befragten eine Erinnerungsleistung verlangt wird, die so schwierig ist, dass sie entweder gar nicht erbracht werden kann (z.b. weil der zurückliegende Zeitraum sehr lang ist) oder nur eine ganz grobe Schätzung abgegeben werden kann (z.b. wenn über einen längeren Zeitraum sehr viele alltägliche Ereignisse erinnert werden sollen).

Der Befragte ist unter Umständen nicht in der Lage, die Information in der geforderten Genauigkeit aus dem Gedächtnis abzurufen. Erinnerungsfragen können unterschiedliche Arten von Daten erheben. Die Wichtigsten sind (vgl. Tourangeau, Rips & Rasinski 2000):

- Fragen zur Datierung von Ereignissen („Wann fand das Ereignis statt?")
- Fragen zu Zeitdauern („Wie lange dauerte das Ereignis?")
- Fragen nach Zeiträumen, die seit dem Eintritt des Ereignisses vergangen sind („Wie viel Zeit ist seit dem Ereignis vergangen?")
- Fragen nach der Ereignishäufigkeit („Wie oft, z.B. an wie vielen Tagen pro Monat ist das Ereignis eingetreten?")

Je nach Frageinhalt kann es unterschiedliche Verzerrungen in den Antworten geben. Bei der Datierung von Ereignissen spielt der telescoping-Fehler eine Rolle (vgl. z.B. Neter & Waksberg 1964). So können Ereignisse als näher am Datum des Interviews liegend (forward telescoping) oder ferner als am Datum des Interviews liegend (backward telescoping) erinnert werden. Ereignisse können irrtümlicherweise außerhalb einer Referenzperiode liegend (external telescoping) oder innerhalb einer Referenzperiode liegend (internal telescoping) datiert werden. Diese Fehler werden umso größer, je weiter ein Ereignis zurück liegt. In jedem Fall werden die Genauigkeit und auch die Zuverlässigkeit der gelieferten Information beeinträchtigt.

Beispiel 1 zu C1

Wie oft haben Sie in den vergangenen 12 Monaten in einem Restaurant gegessen?

Kommentar zu Beispiel 1:
Man kann davon ausgehen, dass es Befragten schwer fallen wird, sich an alle Restaurantbesuche zu erinnern, denn der Zeitraum von 12 Monaten ist für eine solche Erinnerungsleistung sehr lang und damit problematisch. Lediglich Befragte, für die ein Restaurantbesuch etwas ganz Besonderes ist oder die nur selten ins Restaurant gehen, werden sich an die wenigen Ereignisse dieser Art in den vergangenen 12 Monaten vielleicht gut erinnern, dagegen werden Befragte, die sehr oft Restaurants besuchen, nicht nur das Problem haben, sich an die genaue Anzahl zu erinnern, sondern auch das Problem, sich daran zu erinnern, welche Besuche innerhalb der genannten 12 Monate lagen und welche nicht.

Zu befürchten ist, dass in solchen Fällen statt einer genauen Häufigkeit lediglich eine Schätzung genannt werden wird. Weiterhin ist zu vermuten, dass dies besonders häufig in interviewergestützten Interviews vorkommt, da Befragte hier weder lange Zeit zum Nachdenken haben, noch die Möglichkeit besteht, andere Personen um Unterstützung beim Erinnern zu bitten.

Beispiel 2 zu C1

Wie häufig waren Sie in den letzten 3 Jahren bei einem Arzt?

Kommentar zu Beispiel 2:
Der Zeitraum ist unangemessen. Befragte werden sich vermutlich nicht verlässlich an alle Arztbesuche in diesem Zeitraum erinnern können. Man sollte den Zeitbezug verkürzen (ein Zeitbezug über 6 Monate wäre für diese Frage angebrachter) und evtl. mit einem Nachfrageset zusätzlich nach Arztbesuchen fragen, die vor diesem Zeitraum lagen. Eine andere Strategie, die Erinnerungsfähigkeit zu stützen besteht darin, für den Befragten gut erinnerbare Ankerpunkte zu setzen wie z.B. „Weihnachten" oder „Geburtstage", oder wichtige persönli-

che Ereignisse nennen zu lassen, um auf diese Weise eine bessere Orientierung zu ermöglichen. Dies gilt insbesondere für hochbetagte Altersgruppen.

Die Gefahr bei Verwendung zu langer Referenzzeiträume in Erinnerungsfragen besteht darin, dass sehr ungenaue Schätzungen abgegeben werden.

Beispiel 3 zu C1

Wie oft haben Sie in den letzten 12 Monaten in einem Supermarkt eingekauft?

Kommentar zu Beispiel 3:

Auch hier wird es für manchen Befragten unmöglich sein, sich an jeden Supermarkteinkauf im letzten Jahr zu erinnern. Lediglich in solchen Fällen, in denen Befragte entweder extrem selten oder absolut regelmäßig in einem festen Zeitintervall im Supermarkt eingekauft haben, kann mit validen Daten gerechnet werden.

Beispiel 4 zu C1

Wie häufig haben Sie – von heute an gerechnet – in den letzten 4 Wochen ferngesehen?

Kommentar zu Beispiel 4:

Auch bei dieser Frage können keine zuverlässigen und gültigen Angaben erwartet werden, weil es schwierig ist, die Häufigkeit eher banaler oder häufig wiederkehrender Ereignisse des Lebens über einen längeren Zeitraum anzugeben.

Für solche Ereignisse fragt man besser nach der Häufigkeit in einer typischen oder durchschnittlichen Woche. Nicht zu empfehlen ist es, nach den letzten 3 Tagen zu fragen, da diese Aktivitäten häufig von bestimmten Wochentagen (z.B. Wochenende) abhängen und somit der Tag der Befragung einen Einfluss auf die Antwort haben kann.

Beispiel 5 zu C1

Wie oft hat Ihre Mutter den Gottesdienst besucht als Sie 10 oder 11 Jahre alt waren?

- Mehr als einmal in der Woche
- Einmal in der Woche
- Ein- bis dreimal im Monat
- Mehrmals im Jahr
- Selten
- Nie

Kommentar zu Beispiel 5:
Für ältere Befragte kann der genannte Zeitraum sehr lange zurückliegen, so dass der Kirchenbesuch der Mutter nicht verlässlich erinnert werden kann. Für Befragte sollte die Zusatzkategorie „kann mich nicht mehr erinnern" explizit vorgegeben werden.

Beispiel 6 zu C1

Bitte denken Sie einmal zurück: In welchem Land haben Sie Ihren ersten Urlaub verbracht?

Kommentar zu Beispiel 6:
Insbesondere für ältere Befragte besteht die Gefahr, dass sie sich nicht mehr an dieses Ereignis erinnern können. Ob ein Ereignis auch nach längerer Zeit erinnert werden kann, hängt nicht unwesentlich von der Bedeutung ab, die dieses Ereignis für den Befragten hat bzw. hatte. Ein weiteres Problem besteht darin, ob es um den Urlaub geht, den man erstmals im Leben gemacht hat (z.B. als Kind zusammen mit den Eltern) oder um den Urlaub, den man als ersten „eigenen" definiert (vgl. Problempunkt A1).
Auch hier sollte die Zusatzkategorie „kann mich nicht mehr erinnern" vorgeben werden.

Bereich D   Berechnung/Schätzung

Zur Beantwortung einer Frage ist es manchmal nötig, eine schwierige Berechnung oder eine diffizile Schätzung vorzunehmen. Dabei kann es beispielsweise vorkommen, dass die geforderte Aufgabe die kognitiven Fähigkeiten des Befragten übersteigt oder der Aufwand zur Lösung der Aufgabe unangemessen hoch ist.

Darüber hinaus besteht die Möglichkeit, dass die Aufgabe nicht präzise beschrieben ist und deshalb gar nicht klar wird, welche Rechenleistung genau verlangt wird.

D1   Es wird eine schwierige Berechnung/Schätzung verlangt.

Beispiel 1 zu D1

Wenn Sie einmal ihr gesamtes Leben betrachten, wir meinen damit sowohl die Vergangenheit als auch die Zukunft: Inwieweit entsprechen die Leistungen der Rentenversicherung, die Sie insgesamt erhalten werden, den Beiträgen, die Sie während Ihres Erwerbslebens einzahlen müssen bzw. einzahlen mussten? Berücksichtigen Sie bei den Leistungen bitte sowohl die Rentenleistungen, die Sie in Zukunft noch erhalten werden, als auch die Leistungen, die Sie – falls Sie Rentner sind – schon bekommen haben. Bei den Beitragszahlungen berücksichtigen Sie bitte alle Rentenbeiträge, die Sie bisher eingezahlt haben, und auch die Beiträge, die Sie – falls Sie noch nicht im Ruhestand sind – noch einzahlen werden.
(Int.: Liste 11 vorlegen)
Bitte verwenden Sie diese Skala von 1 bis 7. Der Wert 1 bedeutet, dass insgesamt gesehen die Beiträge, die Sie bisher gezahlt haben oder noch zahlen werden viel höher sind als die Leistungen, die Sie bisher erhalten haben oder in Zukunft erhalten werden. Der Wert 7 bedeutet, dass die Beiträge insgesamt gesehen viel niedriger sind als die Leistungen und ein Wert von 4 bedeutet, dass sich insgesamt Beitragszahlungen und Leistungen ungefähr die Waage halten.

Kommentar zu Beispiel 1:
Für einen Befragten, der sich mit der Materie nicht beschäftigt ist die hier verlangte Berechnung äußerst komplex. Erschwert wird die Aufgabe zusätzlich dadurch, dass Befragte, die noch nicht im Ruhestand sind, eine schwierige, wenn nicht gar unmögliche Schätzung der *zukünftigen* Zahlungen vornehmen müssen. Dieses Problem stellt sich besonders für jüngere Befragte. Ein weiteres Problem besteht darin, dass ein – wohl nicht geringer – Teil der Befragten die Höhe der bereits eingezahlten Rentenbeiträge aus der Erinnerung heraus gar nicht kennt. Letztlich kommt in dieser Beispielfrage die eigentliche Aufgabenstellung durch die lange und komplizierte Beschreibung nicht klar zum Ausdruck (vgl. Problempunkt E1).

Beispiel 2 zu D1

Wenn Sie einmal an die Tage denken, an denen Sie fernsehen: Wie lange – ich meine in Stunden und Minuten – sehen Sie da im Allgemeinen an einem Tag fern?

Kommentar zu Beispiel 2:
Die Frage verlangt folgende Berechnung: Bilde die Summe der Fernsehdauer für jeden Tag, an dem Du fernsiehst und teile die Summe durch die Anzahl dieser Tage. Die vorzunehmende Berechnung wird dem Befragten auf Grund des Textes nicht unbedingt klar. Hinzu kommt, dass die Aufgabe nur scheinbar präzise gestellt ist, da zum einen eine gewisse Regelmäßigkeit unterstellt wird, zum anderen der Zeitraum völlig freigestellt ist. Von daher ist die Berechnung vor allem für diejenigen Befragten schwierig, die selten, unregelmäßig und unterschiedlich lange fernsehen.

Einmal angenommen, ein Befragter hat innerhalb von vier Wochen nur an einem Wochenende (z.B. wegen eines Sportereignisses) samstags und sonntags jeweils vier Stunden ferngesehen. Die korrekte Antwort wäre hier „vier Stunden" (4 Stunden plus 4 Stunden = 8 Stunden dividiert durch 2 Tage = 4 Stunden). Da der vom Befragten zugrunde gelegte Zeitraum (vier Wochen) dem Forscher nicht bekannt ist, kann keine Aussage darüber gemacht werden, ob es sich hier um einen „Viel-Fernseher" oder um einen „Wenig-Fernseher" handelt. Ganz offensichtlich ist jedoch gerade das Ziel der Frage, das Ausmaß des Fernsehkonsums zu messen.

Bereich E   Komplexität der mentalen Leistung

Oft werden an die Befragten besondere Anforderungen an die mentale Leistungsfähigkeit gestellt. Diese Anforderungen betreffen nicht nur einzelne Leistungen wie das Erinnern oder Berechnungen. Sie betreffen auch die Fähigkeit, Sachverhalte miteinander verknüpfen zu können, sich alltagsferne Ereignisse und Sachverhalte vorstellen zu können. Nicht selten sind in Fragetexten umfangreiche Beschreibungen enthalten, die vor allem bei Befragungsarten ohne visuelle Hilfen oder in Situationen, in denen der Fragtext nicht beliebig wiederholt werden kann, nicht im Kurzzeitgedächtnis zwischengespeichert werden können, um auf ihrer Grundlage eine adäquate Antwort geben zu können. Hier spielt die Länge des Textes ebenso eine Rolle wie die Menge der übermittelten Informationen. Besonders relevant wird dies bei der Verwendung von Szenarien.

Bei langen Texten, die vom Interviewer vorgelesen werden, besteht die Gefahr, dass Befragte den gesamten Text nicht behalten können und dadurch wesentliche Informationen nicht beachten. Bei langen Texten, die der Befragte selbst liest – unabhängig davon, ob auf Papier oder auf dem Bildschirm – besteht die Gefahr, dass er den Text nicht vollständig oder nicht aufmerksam liest. Diese Probleme verstärken sich bei Erhebungsarten, die nur auf dem akustischen Informationskanal beruhen wie z.B. bei Telefonumfragen.

E1   Eine mentale Leistung ist schwer zu erbringen.

Beispiel 1 zu E1

Wenn Sie einmal ihr gesamtes Leben betrachten, wir meinen damit sowohl die Vergangenheit als auch die Zukunft: Inwieweit entsprechen die Leistungen der Rentenversicherung, die Sie insgesamt erhalten werden, den Beiträgen, die Sie während Ihres Erwerbslebens einzahlen müssen bzw. einzahlen mussten? Berücksichtigen Sie bei den *Leistungen* bitte sowohl die Rentenleistungen, die Sie in Zukunft noch erhalten werden, als auch die Leistungen, die Sie – falls Sie Rentner sind – schon bekommen haben. Bei den *Beitragszahlungen* berücksichtigen Sie bitte alle Rentenbeiträge, die Sie bisher eingezahlt haben, und auch die

Beiträge, die Sie – falls Sie noch nicht im Ruhestand sind – noch einzahlen werden.

Int.: Liste vorlegen

Bitte verwenden Sie diese Skala von 1 bis 7. Der Wert 1 bedeutet, dass insgesamt gesehen die Beiträge, die Sie bisher gezahlt haben oder noch zahlen werden viel höher sind als die Leistungen, die Sie bisher erhalten haben oder in Zukunft erhalten werden. 7 bedeutet, dass die Beiträge insgesamt gesehen viel niedriger sind als die Leistungen und ein Wert von 4 bedeutet, dass sich insgesamt Beitragszahlungen und Leistungen ungefähr die Waage halten.

Kommentar zu Beispiel 1:
Es ist schwer vorstellbar, dass ein Befragter nach dem Anhören des Textes weiß, was er alles für die Beantwortung der Frage berücksichtigen soll. Der Text enthält zu viele Sätze mit kompliziertem Inhalt (siehe auch Problempunkt D1).

Beispiel 2 zu E1

Bitte benutzen Sie diese Liste. Wenn Sie die Einkommen aus *allen* Quellen zusammenzählen: Welcher Buchstabe auf der Liste trifft für das gesamte *Nettoeinkommen* Ihres Haushalts zu? Gemeint ist die Summe, die sich aus Lohn, Gehalt, Einkommen aus selbständiger Tätigkeit, Rente oder Pension ergibt, jeweils nach Abzug der Steuern und Kranken- und Sozialversicherungsbeiträge. Rechnen sie bitte auch Einkommen aus Vermietung, Verpachtung, Geldanlagen und Einkünfte wie Kindergeld, Wohngeld, Sozialhilfe und sonstige Einkünfte hinzu. Wenn Sie die genaue Summe nicht wissen, schätzen Sie bitte. Sie können das wöchentliche, monatliche oder jährliche Nettoeinkommen in Euro angeben, so wie Sie es am besten wissen.

Kommentar zu Beispiel 2:
Der Text enthält viele Stimuli, die den Befragten eher verwirren als dass sie hilfreich sind, um an die für die Beantwortung wichtigen Einkommensquellen

zu denken. Es besteht die Gefahr, dass der Befragte einfach sein Nettogehalt ohne Berücksichtigung möglicher zusätzlicher Einnahmequellen nennt.

Beispiel 3 zu E1

Ich möchte Ihnen nun eine bestimmte Form der Autovermietung vorstellen, die Sie sicherlich stark an Car-Sharing erinnert. Für unsere Untersuchung ist wichtig, welche Meinung Sie zu der nachfolgend beschriebenen Form der Autovermietung haben und nicht, wie Sie das Car-Sharing in Ihrer Stadt beurteilen. Hören Sie bitte daher genau zu.
Im Unterschied zu den herkömmlichen Autovermietungen sind die Fahrzeuge auf Stationen in den Wohngebieten verteilt. Die Mindestmietdauer beträgt eine Stunde und nicht einen Tag. Allerdings können die Autos auch länger genutzt werden, z.B. für Urlaubsfahrten. Bei der Registrierung bekommt jeder Kunde eine Chipkarte, mit der die Autos geöffnet werden. Die Chipkarte dient auch als Fahrausweis in den öffentlichen Verkehrsmitteln und gewährt Rabatte bei Taxi und Fahrradverleih.

An allen Stationen stehen moderne Kleinwagen und Pkw der Golfklasse zur Verfügung, an einigen größeren Stationen auch Kombis, Vans, Transporter, Autos der Oberklasse und Sportwagen.
Die Preise variieren nach Fahrzeuggröße und setzen sich aus 2 Komponenten zusammen: einem Zeitanteil pro Stunde (ungefähr 2-3 Euro) und einem Nutzungsteil pro Kilometer (ungefähr 20-40 Cent). Benzin ist inklusive. Vielfahrer erhalten Rabatte. Im direkten Vergleich zum eigenen Auto ist das Angebot günstiger wenn man weniger als 12.000 Kilometern im Jahr mit dem Auto fährt.
Das beschriebene Angebot ist in allen deutschen Großstädten verbreitet. Sie können mit Ihrer Chipkarte auch in anderen Städten Fahrzeuge nutzen. Für den Arbeitsweg ist das Angebot aber aufgrund der langen Standzeit, die man bezahlen müsste, nicht geeignet.
Stellen Sie sich bitte vor, maximal 5 Minuten Fußweg von Ihrer Wohnung entfernt befände sich eine solche Station.
Hätten Sie Interesse an der Nutzung eines solchen Mietwagenangebotes?

Kommentar zu Beispiel 3:
Die Anweisung vermittelt zu viele und zu komplexe Informationen. Der Befragte ist nicht in der Lage, die vielen Detailinformationen bei der Beantwortung der Frage zur mentalen Repräsentation eines Szenarios zu verknüpfen. Es besteht die Gefahr, dass mit voranschreitender Aufnahme des Textes die ersten Informationen bereits wieder vergessen sind. Darüber hinaus besteht die Gefahr, dass der Interviewer zur Zeitersparnis sehr schnell liest (der Befragte kann die Bedeutung des Textes deshalb unter Umständen nicht gründlich genug erfassen) oder Textteile auslässt bzw. modifiziert, wobei auch der eigentliche Stimulus verändert wird.

Beispiel 4 zu E1

Es gibt ja so etwas wie ungeschriebene Regeln darüber, was man öffentlich sagen kann und was nicht. Stellen Sie sich bitte eine Person auf einer Zugfahrt vor, in einem Abteil mit einer anderen, ihr unbekannten Person. Die beiden kommen ins Gespräch und diskutieren über in Deutschland lebende Ausländer. Würden Sie mir bitte sagen, inwieweit es peinlich wäre, in einem solchen Gespräch unter Fremden die folgenden Meinungen zu äußern. Es geht hier nicht um Ihre eigene Meinung zu diesen Ansichten, sondern darum, was Sie glauben, was in der Öffentlichkeit gesagt werden kann und was nicht. Benutzen Sie für Ihre Antwort bitte diese Liste. 0 bedeutet, dass es überhaupt nicht peinlich wäre, eine solche Meinung zu äußern, 7, dass es sehr peinlich wäre. Mit den Zahlen dazwischen können Sie Ihre Einschätzung abstufen.

Int: Liste vorlegen

A   Wie peinlich wäre es in einem solchen Gespräch die Überzeugung zu äußern, dass die in Deutschland lebenden Ausländer ihren Lebensstil ein bisschen besser an den der Deutschen anpassen sollten.

B   Und wie peinlich wäre es die Überzeugung zu äußern, dass die in Deutschland lebenden Ausländer nicht gezwungen werden sollten, ihren Lebensstil ein bisschen besser an den der Deutschen anzupassen.

C   Und wie peinlich wäre es folgende Überzeugung zu äußern: Wenn Arbeitsplätze knapp werden, sollte man die in Deutschland lebenden Ausländer wieder in ihre Heimat zurückschicken.

Kommentar zu Beispiel 4:
Der Befragte hört eine umfangreiche Beschreibung einer Situation und wird mit einer komplizierten Aufgabe konfrontiert. Er soll *nicht seine eigene Meinung* einstufen, sondern öffentliche Normen beurteilen. Diesen komplizierten und sehr abstrakten Gedankengang wird der Befragte bei der Bewertung der drei Sätze vermutlich nicht stringent verfolgen, so dass man nicht sicher sein kann, welche Meinung bei den Antworten nun tatsächlich erhoben wurde: Die Meinung der Öffentlichkeit so wie der Befragte sie sieht oder seine eigene Meinung.

Beispiel 5 zu E1

Wie stark wechseln die Wochentage, an denen Sie arbeiten, von Woche zu Woche? Wechseln die Wochentage, an denen Sie arbeiten...

Int: Vorgaben vorlesen
...überhaupt nicht
...kaum
...ziemlich oder
...sehr stark?

Kommentar zu Beispiel 5:
Die Formulierung „Wochentage wechseln" klingt ungewöhnlich. Gemeint ist „an unterschiedlichen Wochentagen arbeiten". Der Nachschub „von Woche zu Woche" kompliziert zudem die Überlegungen, die ein Befragter anstellen muss. Auch ist die Frage nach der „Stärke eines Wechsels" ungewohnt und sprachlich schlecht und verkompliziert die Überlegungen zusätzlich.
Die Ergebnisse eines von den Autoren durchgeführten kognitiven Pretests mit 20 Testpersonen zeigten, dass die Frage sehr schwer verständlich ist. 16 Testpersonen waren nicht in der Lage, die Formulierung der Frage zu paraphrasieren, d.h. in eigenen Worten korrekt zu wiederholen.

Beispiel 6 zu E1

Menschen aus anderen Ländern kommen aus ganz verschiedenen Gründen nach Deutschland, um hier zu leben. Einige dieser Zuwanderer haben Vorfahren in Deutschland. Andere kommen, um hier zu arbeiten oder weil ihre Familien hier leben. Wieder andere kommen, weil sie in ihren Herkunftsländern bedroht werden. Ich möchte Ihnen zu diesem Thema einige Fragen stellen.
Wenn Sie an die Zuwanderer denken, die heute aus anderen Ländern nach Deutschland kommen, was würden Sie sagen...

INT.: Bitte vorlesen

...die meisten Zuwanderer gehören derselben Volksgruppe oder ethnischen Gruppe an wie die Mehrheit der Deutschen,
...oder: die meisten Zuwanderer gehören einer anderen Volksgruppe oder ethnischen Gruppe an als die Mehrheit der Deutschen,
...oder würden Sie sagen, dass diese beiden Zuwanderergruppen ungefähr gleich groß sind?

Kommentar zu Beispiel 6:
Die Frage ist zwar formal korrekt, dennoch. haben Befragte mit dieser Frage – wie Pretestergebnisse gezeigt haben – eine Reihe unterschiedlicher Probleme:

- Die vier im Einleitungstext angeführten Gründe stehen mit der eigentlichen Frage in keinem erkennbar direkten Zusammenhang. Dies führte zu Irritationen bei Befragten (siehe auch Problempunkt A3, Beispiel 2).
- Die Vielzahl der im Einleitungstext genannten Gründe haben in einem Pretest dazu geführt, dass einige Befragte der eigentlichen Frage gar keine Aufmerksamkeit mehr schenken konnten, weil sie mit der Verarbeitung der Informationsmenge überlastet waren. In diesen Fällen wurde die Frage nicht beantwortet.
- Einige Befragte konnten die dritte Antwortalternative nicht mit den beiden ersten in Zusammenhang bringen, weil sie irrtümlich annahmen, dass es in der Frage nur um die beiden Alternativen ... „gehören *derselben* Volksgruppe an" und ... „gehören einer *anderen* Volksgruppe an", handelt. Der in der dritten Alternative genannte Größenver-

gleich machte für diese Befragten deshalb keinen Sinn. Rückfragen wie z.B. „Welche zwei Gruppen?" verdeutlichen dieses falsche Verständnis.

- Weiterhin kann die Verwendung des Fremdwortes/Fachbegriffs „ethnische Gruppe" das Verständnis erschweren.
- Auch die Formulierung „*Mehrheit* der Deutschen" wird in Abgrenzung zu „die *meisten* Zuwanderer" nicht verstanden. Dies zeigen Rückfragen wie: „Ist *Mehrheit* dasselbe wie *die meisten*?"

Bereich F   Nicht intendierte Nebeneffekte

In diesem Bereich geht es um vom Forscher nicht intendierte Nebeneffekte von Fragen. Bestimmte Frageformulierungen, Themen und an den Befragten gestellte Aufgaben bergen in sich die Gefahr, dass Befragte sich bedroht fühlen und Widerstände, Ängste und Bedenken entwickeln. Betroffen sind weiterhin Fragen, die die Privatheit, die soziale Erwünschtheit oder die Weitergabe der Informationen an Dritte betreffen. Es sind vor allem zwei Typen von Fragen, die nicht intendierte Nebeneffekte auslösen können:

- Fragen, in denen Informationen verlangt werden, die bei Befragten eine gewisse subjektive Bedrohlichkeit erzeugen können. Der Extremfall wäre, wenn der Befragte bei aufrichtiger Beantwortung sogar mit einer Sanktionierung bzw. Strafe rechnen müsste. Dazu gehören vor allem Fragen, die Informationen erheben über

  ➢ delinquentes Verhalten
  ➢ Alkoholkonsum
  ➢ Sexualverhalten
  ➢ Einkommen/Vermögen

- Fragen, die zwar keinen bedrohlichen Charakter besitzen, aber bei denen die Gefahr besteht, dass Befragte nicht ehrlich antworten, weil sie sich in einem besseren Licht darstellen wollen. Dazu gehören z.B. Fragen, die Informationen erheben über
  ➢ Anzahl der Sexualpartner

> ➢ Anzahl der Bücher im Haushalt
> ➢ Besitz eines Bibliotheksausweises
> ➢ Teilnahme an Wahlen

Ob ein Aspekt tatsächlich als sensibel, heikel oder bedrohlich empfunden wird, hängt jedoch nicht unwesentlich von der Bezugsgruppe der Befragten und – bei Interviewer-administrierten Interviews – von Interviewermerkmalen ab. Das Fragen nach sensiblen, heiklen oder bedrohlichen Inhalten stellt keinen Fehler in der Fragenkonstruktion dar. Die Fehler, die hier angesprochen werden, beziehen sich vielmehr auf nicht vorhandene Maßnahmen zur Reduzierung von unerwünschten Effekten, mit denen bei Fragen dieses Typs gerechnet werden muss. Die beiden wichtigsten dieser Effekte:

> ➢ Die Frage wird gar nicht beantwortet.
> ➢ Die Frage wird nicht aufrichtig beantwortet, sondern z.b. in einer sozial erwünschten Richtung.

Die Maßnahmen zur Reduzierung dieser Effekte zielen darauf ab, den Grad der Sensibilität bzw. der Bedrohlichkeit abzumildern oder sozial unerwünschtes Verhalten als akzeptabel darzustellen.
Mögliche Maßnahmen wurden schon in Teil I (Abschnitt 2.6.2) dargestellt. Dazu gehören:

- Begründung der Frage, z.B. im Rahmen einer entsprechenden Einleitung, die die Notwendigkeit der heiklen Frage begründet.
- Den Befragten mehr Zeit zum Nachdenken lassen.
- In einem persönlich-mündlichen Interview heikle Fragen separat schriftlich erheben; der Befragte verschließt anschließend den schriftlichen Teil in einem Umschlag und übergibt diesen an den Interviewer. Bei CAPI-Interviews: Der Befragte gibt die Antworten selbst in den PC ein.
- Nach Möglichkeit „indirekt" fragen.
- Eine sozial unerwünschte oder delinquente Verhaltensweise akzeptabler machen, z.B. durch den Hinweis, dass andere dies auch tun.
- Eine sozial unerwünschte Verhaltensweise akzeptabler machen durch „gute Entschuldigungen".
- Emotional besetzte Begriffe/Formulierungen durch eher neutrale Begriffe/Formulierungen ersetzen

- Betonung der Anonymität.

Weitere oft auftretende, vom Forscher nicht intendierte Nebeneffekte sind:
- Die *suggestive Wirkung* von Fragen. Dabei geht es nicht um Widerstände oder Ängste von Befragten, vielmehr lenkt die Frage durch eine nicht-neutrale Formulierung in eine bestimmte Richtung. Solche Fragen suggerieren dem Befragten, dass es sich bei einer Antwortalternative um die vom Interviewer/Forscher und/oder die von der Bezugsgruppe des Befragten gewünschte Alternative handelt, der man nicht widersprechen kann, ohne den Interviewer zu enttäuschen oder von den Gruppennormen abzuweichen. Insofern hängt dieser Effekt direkt mit der sozialen Erwünschtheit zusammen.
- Antworteffekte bei Einstellungsfragen, wenn nicht beide Alternativen explizit ausformuliert sind.

F1   Es besteht die Gefahr, dass die Frage gar nicht oder nicht ehrlich beantwortet wird.

Beispiel 1 zu F1

Wie oft sind Sie in den letzten 12 Monaten mit mehr als 0.5 Promille Alkohol im Blut Auto gefahren?

Kommentar zu Beispiel 1:
Um die Sensitivität der Frage zu reduzieren, lassen sich einige der oben erwähnten Maßnahmen ins Auge fassen.
Weniger heikel wäre bereits folgende Variante:

Sind Sie in den letzten 12 Monaten mindestens einmal mit mehr als 0.5 Promille Alkohol im Blut Auto gefahren?
Ja
Nein

Eine *indirekte* Variante wäre:

Wie schlimm finden Sie es, wenn jemand mit mehr als 0.5 Promille Alkohol im Blut Auto fährt?

Sehr schlimm
Ziemlich schlimm
Weniger schlimm
Überhaupt nicht schlimm

Der Nachteil der indirekten Fragenvariante besteht darin, dass sie nicht das konkrete Verhalten des Befragten abfragt.

Eine weitere Maßnahme wäre, durch Verwendung einer Einleitung, in der begründet wird, warum die Frage gestellt wird, die Bedrohlichkeit zu reduzieren:

Für unsere Untersuchung ist es äußerst wichtig zu erfahren, ob Verkehrsteilnehmer – auch wenn es selten vorkommt – mit mehr als 0.5 Promille Alkohol im Blut Auto fahren. Wie ist das bei Ihnen?

Sind Sie in den letzten 12 Monaten mindestens einmal mit mehr als 0.5 Promille Alkohol im Blut Auto gefahren?

Ja
Nein

Noch eine Variante zur Verbesserung der Akzeptanz der Frage und zur Reduktion ihrer Sensitivität wäre die Hinzufügung eines Hinweises, dass andere ebenfalls ein solches Verhalten zeigen und daher auch ein entsprechendes Verhalten des Befragten nicht ungewöhnlich ist:

Wie Sie wissen, begehen viele Bürger hin und wieder eine kleinere Gesetzesübertretung.

Im Folgenden sind kleine Gesetzesübertretungen genannt. Bitte kreuzen Sie bei jeder Verhaltensweise an, wie oft Sie in Ihrem Leben so etwas schon getan haben.

(Skala: noch nie, 1mal, 2 bis 5mal, 6 bis 10mal, 11 bis 20mal, mehr als 20mal.)

- Öffentliche Verkehrsmittel benutzt, ohne einen gültigen Fahrausweis zu besitzen
- Mit mehr als 0,5 Promille Alkohol im Blut ein Kraftfahrzeug gefahren
- In einem Kaufhaus oder Geschäft Waren mitgenommen, ohne zu bezahlen
- Falsche Angaben bei der Einkommensteuererklärung oder beim Lohnsteuerjahresausgleich gemacht, um weniger Steuern zahlen zu müssen

Beispiel 2 zu F1

Haben Sie jemals in einem Kaufhaus oder Geschäft etwas gestohlen?

Ja
Nein

Kommentar zu Beispiel 2:

Die Sensitivität der Frage könnte in diesem Beispiel durch die Verwendung eher neutraler Begriffe/Formulierungen an Stelle emotional besetzter Begriffe/Formulierungen reduziert werden:

Haben Sie jemals in einem Kaufhaus oder Geschäft Waren mitgenommen, ohne zu bezahlen?

Der Begriff „Waren mitgenommen, ohne zu bezahlen" wirkt weit weniger abschreckend bzw. bedrohlich als das Wort „gestohlen".

F2   **Es besteht die Gefahr suggestiver Nebeneffekte.**

Beschreibung:
Die Frage provoziert ein bestimmtes Antwortverhalten. Die Antwort kann beeinflusst werden durch den Fragetext, durch eine Einleitung oder dadurch, dass
nicht beide in einer Frage enthaltenen Alternativen explizit vorgegeben werden.

Beispiel 1 zu F2

Für die meisten Menschen ist die Politik sehr kompliziert. Wie schwer oder
leicht fällt es Ihnen, sich über politische Themen eine Meinung zu bilden?

Sehr schwer, schwer, weder schwer noch leicht, leicht, sehr leicht

---

Kommentar zu Beispiel 1:
Die Formulierung „Für die meisten Menschen ist die Politik sehr kompliziert"
kann zu einer Verzerrung der Antwort führen, weil es sein kann, dass Befragte
nicht ihre wirkliche Meinung äußern, sondern sich der Mehrheit (den meisten
Menschen) anpassen wollen. Auch die entgegengesetzte Reaktion, dass Befragte
sich bewusst oppositionell verhalten, um sich von der Mehrheitsmeinung abzu-
heben, ist nicht auszuschließen.

Beispiel 2 zu F2

Heutzutage treiben mehr Menschen regelmäßig Sport als sie dies vor 10 Jahren
getan haben. Treiben Sie regelmäßig Sport – wie z.B. Fahrradfahren, Laufen
oder Schwimmen – oder treiben Sie nicht regelmäßig Sport?

Treibe regelmäßig Sport
Treibe nicht regelmäßig Sport

Kommentar zu Beispiel 2:
Die Frage setzt eine Norm. Eine Verzerrung der Antwort kann dadurch entstehen, dass sich der Befragte die anderen Menschen zum Vorbild nimmt und nicht zugeben möchte, dass er nicht der Norm entspricht, weil er selbst keinen Sport treibt.

Beispiel 3 zu F2

Sollte Ihrer Meinung nach das Rauchen überall gestattet sein, egal, wie stark die Gesundheit anderer Menschen dadurch beeinträchtigt wird.

Ja
Nein

Kommentar zu Beispiel 3:
Durch die Beschreibung der negativen Folgen des Rauchens könnte die Antwort tendenziell beeinflusst werden: Es ist zu vermuten, dass die Frage dadurch eher verneint wird.

F3   **Es besteht die Gefahr von Antworteffekten, wenn in einer Alternativfrage nicht beide Alternativen explizit formuliert sind.**

Beschreibung:
Bestimmte Effekte auf die Wahl von Antwortalternativen können auch entstehen, wenn in einer Einstellungsfrage nicht beide Alternativen explizit ausformuliert werden. In einem solchen Fall spricht man auch von einer „nicht ausbalancierten Frage". Die Formulierung von nur *einer* Alternative kann dazu führen, dass diese Alternative eine stärkere Zustimmung erfährt als dies der Fall wäre, wenn *beide* Alternativen ausformuliert sind. Effekte dieser Art wurden z.B. von Schuman/Presser (1981) und Noelle-Neumann (1970-1971) nachgewiesen. Experimente von Schumann/Presser (1981) und Rugg/Cantril (1965) haben allerdings auch gezeigt, dass diese Effekte dann sehr gering sind oder überhaupt nicht auftreten, wenn es in der Frage um Inhalte geht, zu denen Befragte über stabil vorhandene, „auskristallisierte" Einstellungen verfügen.

Um Effekte der genannten Art auf jeden Fall zu vermeiden, empfehlen wir, bei Einstellungsfragen beide Antwortmöglichkeiten auszuformulieren (auszubalancieren). Damit wird auch die Gefahr vermieden, dass Befragte die fehlende Alternative individuell und vermutlich unterschiedlich konstruieren, was eine nicht standardisierte Erhebung der Frage zur Folge hat.

Beispiel 1 zu F3
(Aus Schumann/Presser, 1981)

Variante A: Nicht ausbalanciert

If there is a union at a particular company or business, do you think that all workers there should be required to be union members?

Yes: 34.0%
No: 66.0%

Variante B: Ausbalanciert

If there is a union at a particular company or business, do you think that all workers there should be required to be union members, **or** are you opposed to this?

Yes, all in union: 32.1%
No, oppose: 67.9%

Kommentar zu Beispiel 1:
In dem Beispiel von Schumann und Presser zeigen sich nur geringe Differenzen bei den „ja"-Antworten der beiden Fragevarianten. Wurde die negative Antwortalternative im Text nicht ausformuliert (Variante A), so war die Zustimmung auf die Frage nur um 1.9% höher als dies bei einer balancierten Formulierung (Variante B) der Fall war. Der Effekt war hier also relativ klein. Um Effekte dieser Art auf jeden Fall zu vermeiden, empfehlen wir bei alternativen Einstellungsfragen immer *beide* Antwortalternativen vorzugeben.

178

Beispiel 2 zu F3
(Noelle-Neumann, 1970-1971)

Variante A: Nicht ausbalanciert

Finden Sie, dass in einem Betrieb alle Arbeiter in der Gewerkschaft sein sollten?

Ja: 36%
Nein   64%

Variante B: Ausbalanciert

Finden Sie, dass in einem Betrieb alle Arbeiter in der Gewerkschaft sein sollten, oder muss man es jedem einzelnen überlassen, ob er in der Gewerkschaft sein will oder nicht?

Ja, alle in der Gewerkschaft: 14%
Nein, es muss jedem einzelnen überlassen werden: 86%

Kommentar zu Beispiel 2:
Der Antworteffekt tritt in diesem Beispiel massiv auf: Wie die Verteilung zeigt, wird die Zustimmung zur ersten Alternative (ja, alle in der Gewerkschaft) um 22% geringer, wenn auch die zweite Alternative (nein, es muss jedem einzelnen überlassen werden) vorgegeben wird. Der Grund für diesen großen Unterschied liegt vermutlich nicht nur in der Tatsache einer balancierten bzw. nicht balancierten Fragenvariante, sondern auch in der Art und Weise, wie die zweite Antwortalternative formuliert wurde. Aus ihrer Formulierung geht hervor, dass es sich hier um eine gewisse „Pflichtmitgliedschaft" handelt, ein für das „richtige" Verständnis der Frage wichtiger Aspekt, der – wird die erste Antwortalternative allein vorgegeben – nicht deutlich erkennbar wird. Die Frage erfährt in ihrer ausbalancierten Form vermutlich eine andere Bedeutung, was zusätzlich zur Verstärkung des Effekts beiträgt. Um eine echte Balance sicherzustellen, empfehlen wir, die Bedeutung der beiden Alternativen in einem kognitiven Pretest zu überprüfen.

Bereich G   „Weiß-nicht"-Kategorie bei Einstellungs-
fragen

G1   Probleme mit der expliziten Vorgabe einer „weiß-nicht"-Kategorie bei Einstellungsfragen

Beschreibung:

Bei Einstellungsfragen stellt sich das Problem, ob eine Zusatzkategorie „weiß nicht" oder „habe dazu keine Meinung" [7] explizit vorgegeben werden soll oder nicht. Das heißt: Soll Befragten, die keine Meinung zum Thema haben (Nonattitudes), die Möglichkeit gegeben werden, dies im Rahmen einer expliziten Antwortvorgabe auszudrücken oder nicht. Beide Varianten haben Vor- und Nachteile:

- Eine Ausweichkategorie wird *nicht* explizit vorgegeben.
  Vorteil:
  Es wird erreicht, dass auch solche Befragte eine Frage beantworten, die nur eine schwache oder vage Meinung besitzen. Ein weiterer Vorteil besteht darin, dass Befragte, die zwar eine Meinung besitzen, bei denen jedoch eine geringe Antwortbereitschaft (z.B. durch mangelnde Motivation) vorliegt, keine Gelegenheit haben, auf eine „weiß-nicht"-Kategorie auszuweichen.
  Nachteil:
  Auch Befragte, die überhaupt keine Meinung zum Thema haben (Nonattitudes) werden die Frage beantworten. Beobachtungen in kognitiven Pretests haben gezeigt, dass Befragte dazu neigen, die Frage trotz Meinungslosigkeit zu beantworten, z.B. durch die eher willkürliche Wahl inhaltlicher Antwortalternativen oder – bei Antwortskalen –

---

[7] In der angelsächsischen Literatur wird die Kategorie „weiß nicht" auch für „keine Meinung" verwendet.

durch die Nennung eines Skalenwertes. Besitzt die Antwortskala eine Mittelkategorie, dann wird diese mittlere Kategorie häufig als Ersatz für die fehlende „weiß-nicht"-Kategorie gewählt. Solche Fälle sind insofern problematisch, als diese Werte in einer Umfrage als inhaltliche Werte in die Datenanalyse eingehen.

- Eine Ausweichkategorie wird explizit vorgegeben.
Vorteil:
In diesem Fall ist anzunehmen, dass in den Daten kaum Antworten von meinungslosen Befragten enthalten sind. Auf Seite der Befragten liegt der Vorteil darin, dass sie sich nicht gezwungen sehen, die Frage zu beantworten, obwohl sie zum Thema gar keine Meinung haben. Sie können sich der „weiß-nicht"-Kategorie zuordnen.
Nachteil:
Bei Befragten, die zwar eine Meinung besitzen, bei denen jedoch nur eine geringe Antwortbereitschaft vorliegt, besteht die Gefahr, dass sie auf die „weiß-nicht"-Kategorie ausweichen, weil das für sie weniger Aufwand bedeutet, als über die Beantwortung der Frage nachzudenken. Dem Forscher gehen damit Fälle für die Datenanalyse verloren.

In der Literatur gibt es widersprüchliche Empfehlungen zur Vorgabe von Ausweichkategorien bei Einstellungsfragen. Während z.B. Hippler/Schwarz (1989) die explizite Vorgabe einer „weiß-nicht"-Kategorie empfehlen, plädieren Krosnick et al. (2002) gegen die Vorgabe einer solchen Kategorie. Experimente von Krosnick et al. (2002) haben gezeigt, dass sich die Qualität der Daten durch die explizite Vorgabe einer „weiß-nicht"-Kategorie *nicht* verbessert – obwohl man es eigentlich vermuten würde. Krosnick kann einerseits nachweisen, dass nicht alle Meinungslosen die „weiß-nicht"-Kategorie tatsächlich nutzen, andererseits zeigen die Ergebnisse der Experimente, dass diese Kategorie jedoch auch von solchen Befragten gewählt wird, die eine Meinung besitzen. Bei diesen Befragten handelt es sich um solche, die entweder nur eine schwach ausgeprägte Meinung haben oder um Befragte, die nicht die notwendige Motivation besitzen, um über die Beantwortung der Frage nachzudenken. Die Tatsache, dass damit für die Datenanalyse Fälle verloren gehen, ist für Krosnick das Hauptargument gegen eine explizite Vorgabe der „weiß-nicht"-Kategorie.

Erfahrungen der Autoren aus kognitiven Pretestinterviews deuten darauf hin, dass die explizite Vorgabe einer „weiß-nicht"-Kategorie dann sinnvoll ist, wenn es sich *nicht* um Einstellungsfragen zu eher allgemein bekannten Themen handelt, sondern um solche, zu deren Beantwortung ein hohes Maß an Wissen notwendig ist. Damit würde vermieden, dass ein vermutlich hoher Anteil von Meinungslosen die Frage inhaltlich beantwortet. Dies soll am folgenden Beispiel verdeutlicht werden.

Beispiel 1 zu G1

Das Ziel der Nationalsozialisten war, durch den Krieg gegen die Sowjetunion den jüdischen Bolschewismus zu beseitigen

1 =Stimme überhaupt nicht zu bis 7 = Stimme voll und ganz zu

Kommentar zu Beispiel 1:
Die Beantwortung der Frage erfordert ein Spezialwissen, das nur bei ganz wenigen Befragten vorhanden sein dürfte. Das Hinterfragen (Probing) von bereits gegebenen Antworten (d.h. von genannten Skalenwerten) in einem von den Autoren durchgeführten kognitiven Pretest hat gezeigt, dass fast alle Testpersonen (N = 40) einen Skalenwert genannt hatten, obwohl sie über kein Wissen zu diesem Thema verfügten. Die Pretestergebnisse zeigten darüber hinaus, dass Befragte die durch Nichtwissen bedingte Meinungslosigkeit häufig mit der Wahl des mittleren Skalenwertes zum Ausdruck brachten (z.B. zeigt sich dies bei der Nennung des Skalenwerts 4 in einem Kommentar wie: „Vermute es, habe aber keinen blassen Schimmer"). In solchen Fällen werden – für den Forscher nicht erkennbar – Daten erhoben, die in der Literatur auch als „meaningless" bezeichnet werden. Mit der expliziten Vorgabe einer „weiß-nicht"-Kategorie hätte der Forscher solche Befragte als Nonattitudes erfasst und damit invalide Antworten verhindert.

Bereich H   Kontext der Frage/Fragensukzession

In Fragebogen taucht häufig das Problem auf, dass ein Kontextwechsel, z.B. ein Wechsel des Themas oder ein Wechsel der Bezugsebene von Befragten nicht wahrgenommen wird und eine Frage deshalb nicht im intendierten Kontext verstanden und beantwortet wird.

Ein weiteres Problem, das ebenfalls mit der Verknüpfung bzw. Reihenfolge von Fragen zu tun hat besteht darin, dass die Antwort auf eine Frage die Beantwortung nachfolgender Fragen beeinflussen kann.

H1   Es besteht die Gefahr, dass die Frage auf Grund vorangegangener Fragen nicht in der intendierten Weise interpretiert wird.

Beispiel 1 zu H1

Betrachtet seien die folgenden beiden Fragen:

Frage 1:

Denken Sie bitte an die letzten zwei Jahre, also an die Zeit von Anfang 2006: Haben die fachlichen Anforderungen Ihrer Arbeit zugenommen, sind sie gleich-beblieben oder haben sie abgenommen?

Zugenommen
Gleich geblieben
Abgenommen

Frage 2:

Erwarten Sie, dass die fachlichen Anforderungen in Ihrem Berufsfeld in den nächsten 5 Jahren zunehmen werden, dass Sie gleich bleiben oder dass sie abnehmen?

Werden zunehmen
Werden gleich bleiben
Werden abnehmen

Kommentar zu Beispiel 1:
Sowohl in Frage 1 als auch in Frage 2 geht es um „fachliche Anforderungen". In Frage 1 werden allerdings die fachlichen Anforderungen, die an den Befragten selbst gestellt werden („Anforderungen Ihrer Arbeit") angesprochen, während in Frage 2 nicht mehr die Individualebene angesprochen wird, sondern die allgemeine Ebene. Es geht nun um die Anforderungen im Berufsfeld des Befragten allgemein („Anforderungen in Ihrem Berufsfeld"). In einem von den Autoren durchgeführten kognitiven Pretest zeigte sich, dass die meisten Testpersonen auch in Frage 2 an ihre eigene Tätigkeit gedacht hatten, besonders auch deshalb, weil es in Frage 1 um die Vergangenheit geht und in Frage 2 um die zukünftige Entwicklung, was von den Befragten als logische Abfolge empfunden wurde. Der wichtige Stimuluswechsel von der Individualebene (Frage 1) auf eine generellere Ebene (Frage 2) wurde von den Testpersonen gar nicht wahrgenommen. Um den Wechsel in Frage 2 deutlich zu machen, muss explizit erwähnt werden, dass es hier nicht mehr um die Anforderungen der *eigenen* Arbeit geht.

Beispiel 2 zu H1

Betrachtet seien die folgenden Fragen:

Frage 1:
Haben Sie eigene Kinder geboren?

Frage 2:
Wie viele Kinder haben Sie insgesamt geboren?

Frage 3:
Haben oder hatten Sie Stief- bzw. Adoptivkinder

Frage 4:
Wie viele Stief- bzw. Adoptivkinder haben/hatten Sie?

Frage 5:
Wie viele Kinder leben noch bei Ihnen?

Kommentar zu Beispiel 2:

Mit Frage 5 soll erhoben werden, wie viele der angegebenen Kinder ständig im Haushalt leben. Das Wort „noch" ist hier zeitlich gemeint im Sinne von „immer noch". Wie in einem von den Autoren durchgeführten kognitiven Pretest festgestellt wurde, kann die Frage aber auch anders verstanden werden, und zwar im Sinne von „Wie viele *weitere* Kinder (unabhängig von den bereits genannten) leben in Ihrem Haushalt?" Das Wort „noch" (stark betont) wurde hier verstanden im Sinne von „darüber hinaus". Das mögliche Missverstehen von Frage 5 lässt sich aus dem Kontext der vorangegangenen Fragen erklären. Frage 5 wurde hier fälschlich als Fortsetzung der Fragen 1 bis 4 interpretiert.

H2   Es besteht die Gefahr, dass die Beantwortung der Frage von der Beantwortung vorangegangener Fragen beeinflusst wird.

Beschreibung:

In einer Reihe von Experimenten wurde nachgewiesen, dass die Antwort auf eine Frage von der Antwort auf vorangegangene Fragen – meist von der direkt zuvor gestellten Frage – beeinflusst werden kann. Diese Art von Beeinflussung wird als Reihenfolgeeffekt bzw. Positionseffekt bezeichnet (siehe z.B. Dillman 2006 oder Schuman/Presser 1981).

Im Wesentlichen lassen sich folgende Arten von Reihenfolgeeffekten unterscheiden:

- Konsistenz- bzw. Assimilationseffekte
- Kontrasteffekte
- Effekte des Bezugsrahmens

Im Folgenden wird an vier Beispielen demonstriert, welche Probleme im Zusammenhang mit solchen Effekten auftreten können. Dabei sei darauf hingewiesen, dass sowohl die Identifizierung als auch die Lösung solcher Probleme schwierig ist. Die Probleme können mit einer veränderten Fragenreihenfolge (siehe Beispiel 1) nicht immer gelöst werden.

Beispiel 1 zu H2

Frage A:

Wie beurteilen Sie Ihren jetzigen Gesundheitszustand?

Sehr gut
Gut
Mittelmäßig
Schlecht

Nachfolgende Frage B:

Wie oft waren Sie in den letzten 12 Monaten beim Arzt?

Kommentar zu Beispiel 1:

Bei der in diesem Beispiel angesprochenen Art von Reihefolgeeffekten besteht die Möglichkeit eines *Konsistenz- bzw. Assimilationseffekts*. Dabei versucht der Befragte, eine „Stimmigkeit" bzw. Konsistenz in den Antworten auf zwei (oder mehr als zwei) unterschiedliche Fragen herzustellen.

Angenommen, ein Befragter hat Frage A mit „sehr gut" beantwortet. Obwohl er im letzten Jahr öfter beim Arzt war, wird er evtl. in Frage B weniger Arztbesuche nennen als er tatsächlich gemacht hat, um seine Angaben über Gesundheitszustand und Arztbesuche konsistent bzw. „stimmig" zu machen im Sinne von „wer gesund ist, geht auch nicht oft zum Arzt".

Diese Art von Reihenfolgeeffekt stellt ein Problem dar, das nicht einfach zu lösen ist. Auch ein Tausch der Reihenfolge der beiden Beispielfragen würde keine gute Lösung bedeuten, weil der Effekt jetzt genau umgekehrt wäre: Der Befragte würde jetzt evtl. die tatsächliche Anzahl der Arztbesuche nennen, jedoch seinen Gesundheitszustand „stimmig machen" und entsprechend schlechter beurteilen.

Beispiel 2 zu H2

Frage A:

Wie würden Sie – alles in allem – Ihre Ehe beschreiben? Sind Sie in Ihrer Ehe...

...sehr glücklich
...ziemlich glücklich
...nicht so glücklich

Nachfolgende Frage B:

Alles in allem, sind Sie in Ihrem Leben...

...sehr glücklich
...ziemlich glücklich
...nicht so glücklich

Kommentar zu Beispiel 2:
In diesem Beispiel geht es ebenfalls um einen Konsistenzeffekt. Die Beantwortung von Frage B kann von der Beantwortung von Frage A abhängen. Ein Experiment von Schuman/Presser (1981) konnte zeigen, dass die Kategorie „sehr glücklich" in Frage B häufiger gewählt wurde, wenn Frage A vorausging (52%), als dies bei umgekehrter Reihenfolge der Fall war (38%).

Schuman und Presser erklären diesen Effekt folgendermaßen: Befragte übertragen die in Frage A erzeugte positive Einstellung (70% hatten ihre Ehe als „sehr glücklich" bewertet) auf ihre Antwort von Frage B.

Beispiel 3 zu H2

Frage A:

Meinen Sie, dass einer schwangeren Frau eine legale Abtreibung ermöglicht werden sollte, wenn sie verheiratet ist und keine weiteren Kinder wünscht?
Ja
Nein

Nachfolgende Frage B:

Meinen Sie dass einer schwangeren Frau eine legale Abtreibung ermöglicht werden sollte, wenn ihr Kind mit großer Wahrscheinlichkeit mit einem ernsthaften körperlichen Schaden geboren wird?

Ja
Nein

Kommentar zu Beispiel 3:

In diesem Beispiel geht es um einen *Kontrasteffekt*. Ergebnisse aus Experimenten haben ergeben, dass Frage A einen höheren Anteil an „ja"-Antworten erhält, wenn sie zuerst gestellt wird (vgl. Schuman & Presser 1981). Dieser Effekt kann folgendermaßen erklärt werden: Der in Frage B genannte Grund für einen Schwangerschaftsabbruch wird vermutlich als schwerwiegender angesehen als der in Frage A genannte Grund. Wenn Frage B zuerst gestellt wird, wird Frage A eher mit „nein" beantwortet, weil der in A genannte Grund als weniger schwerwiegend empfunden wird als derjenige aus Frage B. Der Befragte versucht also, damit den Unterschied (Kontrast) zwischen diesen beiden Begründungen für einen Schwangerschaftsabbruch zum Ausdruck bringen.

Wenn aber Frage A zuerst gestellt wird, dann ist der dort genannte Grund bereits schwerwiegend genug, um zuzustimmen.

Beispiel 4 zu H2

Frage A:

Sind Sie gegenwärtig erwerbstätig?
Ja
Nein

Nachfolgende Frage B:

Wie beurteilen Sie ganz allgemein die heutige wirtschaftliche Lage in Deutschland?
Sehr gut
Gut
Teils gut/ teils schlecht
Schlecht
Sehr schlecht

Kommentar zur Beispiel 4:
In diesem Beispiel ist nicht auszuschließen, dass arbeitslose Befragte die in der zweiten Frage angesprochene wirtschaftliche Lage negativer beurteilen als es der Fall gewesen wäre, wenn die erste Frage nicht vor der zweiten gestellt wurde. Durch die erste Frage wird die wirtschaftliche Lage mit dem Thema „Erwerbstätigkeit" einschließlich aller negativen Konnotationen in Verbindung gebracht (Effekt des Bezugsrahmens).

Bereich J   Antwortvorgaben/Antwortskalen

Die unterschiedlichen Formen von Antwortskalen wurden in Teil I (Abschnitt 1.3) zusammen mit ihren messtheoretischen Eigenschaften und zentralen empirischen Befunden zu verschiedenen Aspekten der Skalengestaltung genauer dargestellt. Das FBS thematisiert nur solche Aspekte, die nicht direkt mit den messtheoretischen Eigenschaften zu tun haben.

J1   **Die Antwortvorgaben passen nicht zur Frage.**

Beispiel 1 zu J1

Glauben Sie, dass sich Politiker im Allgemeinen darum kümmern, was Leute
wie Sie denken? Bitte benutzen Sie für Ihre Antwort diese Liste.

- Kaum ein Politiker kümmert sich darum, was Leute wie ich denken
- Nur sehr wenige kümmern sich darum
- Manche kümmern sich darum
- Viele kümmern sich darum
- Die meisten Politiker kümmern sich darum, was Leute wie ich denken

---

Kommentar zu Beispiel 1:
Im Fragetext geht es um die Meinung zu einem Sachverhalt, wobei die Frage so
gestellt ist, dass sie nur mit „ja" oder „nein" beantwortet werden kann. Bei den
Antwortvorgaben auf der Liste geht es aber um die Ausprägung der Anzahl von
Politikern. Diese inhaltliche Diskrepanz könnte bei einem aufmerksamen Befragten zu Irritationen führen. Tatsächlich bemerken Befragte solche Konstruk-
tionsmängel in den meisten Fällen gar nicht, weil die Bedeutung des Fragetextes
im Interviewer-administrierten Interview nicht präzise erinnert wird bzw. beim
selbst-administrierten Fragebogen der Text nicht präzise gelesen wird und die
Aufmerksamkeit auf die Antwortvorgaben gerichtet ist. Der Konstruktionsman-
gel wird also vermutlich keine negative Auswirkung haben.

Wird allerdings in einem Interviewer-administrierten Interview die Frage,
die fälschlicherweise als Alternativfrage konstruiert ist, vorzeitig mit „ja" oder
„nein" beantwortet, so kann dies negative Auswirkungen mit sich bringen. Antwortet z.B. ein Befragter spontan mit „nein, glaube ich nicht", so muss der Interviewer erneut auf die Liste hinweisen und dem Befragten seine Aufgabe noch
einmal erklären, was zusätzliche Zeit und Anstrengung erfordert. Falsch würde
sich der Interviewer dann verhalten, wenn er die Spontanantwort „nein, glaube
ich nicht" eigenmächtig der ersten Kategorie auf der Liste zuordnet, eine Vorgehensweise, die Interviewer häufig dann praktizieren, wenn sie im Interview
schnell vorankommen wollen. Der Interviewer muss – um die Antwort formal
korrekt zu erheben – hier noch einmal auf die Liste verweisen, was zusätzliche
Zeit und zusätzlichen Aufwand erfordert.

Beispiel 2 zu J1

Bei der Bundestagswahl konnten Sie ja zwei Stimmen vergeben. Die Erststimme für einen Kandidaten aus Ihrem Wahlkreis, die Zweitstimme für eine Partei. Welchem Kandidaten haben Sie Ihre Erststimme gegeben?
Int.: Auf Nachfrage: gemeint ist die Partei, welcher der Kandidat aus dem Wahlkreis angehört.

Liste mit Antwortkategorien:
SPD
CDU/CSU
Bündnis 90/Die Grünen
FDP
PDS
Republikaner

Kommentar zu Beispiel 2:
Hier wird eindeutig nach einem Kandidaten gefragt. Dass die Frage darauf abzielt, nach einer Partei zu fragen, steht lediglich in der Intervieweranweisung und ist dem Befragten nur dann bekannt, wenn er rückfragt und der Interviewer ihm die Zusatzinformation vermittelt. Dass es hier um Parteien und nicht um Kandidaten geht, erkennt der Befragte erst, wenn er die Vorgaben auf der Liste liest. Die Diskrepanz zwischen Antwortkategorien und Fragetext ist zwar ein unschöner Konstruktionsfehler, der den Befragten irritieren kann, der sich aber wahrscheinlich nicht wesentlich auf die Qualität der Daten auswirken wird.

Beispiel 3 zu J1

Finden Sie, dass Sie oft genug mit Ihrem Partner/Ihrer Partnerin etwas gemeinsam unternehmen oder würden Sie gerne häufiger oder weniger häufig Dinge gemeinsam tun?
Was von dieser Liste trifft auf Sie zu?

Int.: Liste C vorlegen

- Ich finde, wir sollten mehr gemeinsam unternehmen.
- Ich finde, wir tun genug Dinge gemeinsam.
- Ich finde, ich sollte doch öfters etwas allein tun.
- Ich finde, wir tun zu viel gemeinsam.

Kommentar zu Beispiel 3:
Die im einleitenden Fragetext genannten Antwortalternativen stimmen nicht mit denen auf der Liste überein, was auch hier zu Irritationen seitens des Befragten führen könnte. Das Problem lässt sich dadurch lösen, dass die Antwortalternativen im Fragetext und auf der Liste identisch sind, oder einfacher: Im Fragetext werden die Antwortalternativen nicht erwähnt.

J2   Antwortvorgaben überschneiden sich.

Beschreibung:
Antwortkategorien, die sich gegenseitig ausschließen sollen, überschneiden bzw. überlappen sich, so dass eine Antwort – entgegen der Intention des Fragekonstrukteurs – mehr als einer Antwortkategorie zugeordnet werden kann.

Beispiel 1 zu J2

Wofür nutzen Sie den Computer? Geben Sie bitte für jede Tätigkeit an, wie häufig Sie diese jeweils innerhalb der letzten 3 Monate getan haben. Benutzen Sie für Ihre Antwort bitte die Skala.

Skala: Täglich / Mehrmals pro Woche / Mehrmals im Monat / Seltener / Gar nicht

Tätigkeiten:
    A   Spielen von Computerspielen
    B   Texte schreiben
    C   Musik hören

D	Arbeiten für die Schule oder den Beruf
E	Malen, Zeichnen, Grafiken erstellen, Bild-/Videobearbeitung
F	Programmieren
G	Brennen von CDs oder DVDs

Kommentar zu Beispiel 1:
Die Antwortkategorien schließen sich nicht gegenseitig aus. Die Inhalte von B, C, und E können mit D identisch sein. So kann z.b. ein Befragter aus beruflichen Gründen am Computer Musik hören und nennt für die Kategorien C *und* D jeweils den Skalenwert „Mehrmals pro Woche". Der Forscher kann die Angaben aber auch dahingehend interpretieren, dass der Befragte den Computer sowohl für Lern- und Berufszwecken als für private Zwecke (Musik hören) nutzt.

Beispiel 2 zu J2

Wie viele Beschäftigte hat Ihr Betrieb?

Bis zu 5 Beschäftigte
5 bis 10 Beschäftigte
10 bis 15 Beschäftigte
Mehr als 15 Beschäftigte

Kommentar zu Beispiel 2:
Die Kategorien enthalten Häufigkeiten, die sich überschneiden. So kann ein Betrieb mit z.B. fünf Beschäftigten sowohl dem ersten als auch dem zweiten Intervall zugeordnet werden. Dasselbe Problem tritt in diesem Beispiel auch bei 10 und 15 Beschäftigten auf.

Beispiel 3 zu J2

Im Folgenden geht es um Dinge, die man in seiner freien Zeit tun kann. Bitte geben Sie mit Hilfe der Skala jeweils an, wie häufig Sie dazu kommen.

- Täglich
- mindestens einmal in der Woche oder am Wochenende
- einmal im Monat oder seltener
- unregelmäßig
- gar nicht.

- Spazierengehen oder Wandern
- Aktiv Sport treiben
- Fernsehen

Kommentar zu Beispiel 3:
Das Problem betrifft in diesem Fall die Abstufungen der Antwortvorgaben. Bei vier von fünf Punkten geht es um eine Häufigkeitsabstufung; in einem Punkt wird mit dem Wort „unregelmäßig" eine andere Dimension angesprochen. Dies hat evtl. zur Folge, dass *eine* Aktivität mit mehr als einem Skalenpunkt bewertet werden kann. Beispiel: Ein Befragter unternimmt Spaziergänge am Wochenende, diese aber unregelmäßig. Da jeder Aktivität nur *ein* Skalenpunkt zuzuordnen ist, ist unklar, welchen Punkt der Befragte in einem solchen Fall wählt: „mindestens einmal in der Woche oder am Wochenende" oder „unregelmäßig". Auch unter Auswertungsgesichtspunkten ist unklar, wie „unregelmäßiges" Verhalten im Kontext der Häufigkeitsskala zu interpretieren ist.

Beispiel 4 zu J2

Wie lange dauerten die Renovierungsarbeiten in Ihrem Haus?

- weniger als 1 Woche
- länger als 1 Woche
- länger als 2 Wochen
- länger als 3 Wochen
- länger als 4 Wochen

Kommentar zu Beispiel 4:
Logisch gesehen sind in der Kategorie „länger als 1 Woche" alle weiteren Kategorien enthalten. Wenn jemand z.b. für Renovierungsarbeiten vier Wochen benötigt hat, treffen auch die Kategorien „länger als 1 Woche", „länger als 2 Wochen" und „länger als 3 Wochen" zu. Die Kategorien überschneiden sich also. Um diesen Fehler zu vermeiden, sollte man Kategorien verwenden, die sich klar voneinander abgrenzen, wie z.b.
  - weniger als 1 Woche
  - 1 Woche bis unter 2 Wochen
  - 2 Wochen bis unter 3 Wochen
  - 3 Wochen bis unter 4 Wochen
  - 4 Wochen und länger

J3   Der Befragte soll alle Antwortvorgaben nennen/anzukreuzen, die auf ihn zutreffen („Check-all-that-apply"-Fragen).

Beschreibung:
Hier geht es um Fragen, die eine Reihe von Antwortmöglichkeiten besitzen, und bei denen der Befragte alles nennen bzw. ankreuzen soll, was auf ihn zutrifft.

Beispiel 1 zu J3

Wo informieren Sie sich über die Themen Gesundheit und Krankheit?

- Bekannte, Freunde
- Familie, Verwandte
- Nachbarn
- In Zeitungen, Zeitschriften
- Im Fernsehen/Radio
- Im Internet
- Bei meinem Hausarzt
- In der Apotheke
- Beim Gesundheitsamt
- Bei meiner Krankenkasse
- Bei Verbraucherzentralen
- Bei Selbsthilfegruppen

Kommentar zu Beispiel 1:
In solchen Fällen, in denen der Befragte die Antwortmöglichkeiten selbst liest (auf einer Liste in einem interviewer-gestützten Interview oder im Fragebogen bei einer selbst-administrierten Frage), besteht die Gefahr, dass die Aufmerksamkeit des Befragten beim Lesen der langen Liste nachlässt und/oder die Antwortmöglichkeiten nicht alle gelesen werden. Dies kann dazu führen, dass diejenigen Antwortmöglichkeiten, die zu Beginn der Aufzählung stehen, häufiger gewählt werden als solche, die später aufgelistet sind (primacy effect).

Werden die Antwortmöglichkeiten ohne Listenvorlage hintereinander vom Interviewer vorgelesen, dann ist es gerade umgekehrt. Hier besteht die Tendenz, dass die zuletzt gehörten Antwortmöglichkeiten bevorzugt genannt werden (recency effect, vgl. Krosnick & Alwin, 1987)

Um diese Effekte zu vermeiden, schlägt Dillman (2000) vor, die Antwortmöglichkeiten einzeln und sukzessive beantworten zu lassen (z.B. jeweils mit „ja/nein" oder „gibt es/gibt es nicht").

J4   Antwortvorgaben fehlen.

Beschreibung:
Es fehlen Antwortvorgaben, die aus inhaltlich-logischen Gründen zur Beantwortung der Frage notwendig sind. Dies kann zur Nichtbeantwortung oder zur willkürlichen Wahl einer Kategorie führen. Grundsätzlich sollten Antwortvorgaben auf Vollständigkeit hin geprüft werden. Dies geschieht sinnvollerweise im Rahmen kognitiver Interviews. Hilfreich ist es auch, wenn bei der Entwicklung der Frage Dritte (z.B. Experten) gebeten werden, die Kategorien unter dem Gesichtspunkt der Vollständigkeit noch einmal zu überprüfen.

Beispiel 1 zu J4

Nun zu der Frage, wie vielen Zuwanderern es Deutschland erlauben sollte, hier zu leben. Zunächst geht es um die Zuwanderer, die derselben Volksgruppe oder ethnischen Gruppe angehören wie die Mehrheit der Deutschen. Wie vielen von ihnen sollte Deutschland erlauben, hier zu leben?

Sollte Deutschland es...

...vielen erlauben, herzukommen und hier zu leben,
...einigen erlauben,
...ein paar wenigen erlauben,
...niemandem erlauben?

Kommentar zu Beispiel 1:
Es fehlt die Antwortkategorie „Deutschland sollte es allen erlauben", da diese Meinung durchaus vertreten werden kann.

Beispiel 2 zu J4

Was war für Sie die wichtigste Informationsquelle zum Stillen?

- Geburtsvorbereitungskurs
- Stillgruppe/Hebamme
- Arzt
- Eigene Familie
- Bekannte
- Bücher/Zeitschriften

Kommentar zu Beispiel 2:
Es fehlt die Kategorie „Eine andere Informationsquelle". So können z.B. die beste Freundin" oder „Vorträge" wesentliche Informationsquellen sein, die durch die genannten Informationsquellen nicht abgedeckt sind und die deshalb evtl. zur Nichtbeantwortung der Frage führen. Fragen dieser Art sollten generell eine „Restkategorie" mit aufführen, damit Befragte die Möglichkeit haben, auch eine Antwort geben zu können, die in keine der vorhandenen Kategorien „passt".

Beispiel 3 zu J4
(Durch eine vorausgegangene Frage ist bekannt, dass ein Internetzugang vorhanden ist.)

Was für einen Internetzugang haben Sie?

- Über Computer mit analogem Modem
- Über Computer mit digitalem Modem (ISDN)
- Über Computer mit ADSL/DSL
- Sonstiger Zugang

Kommentar zu Beispiel 3:
Es fehlt die Kategorie „weiß nicht". Nicht alle Befragte, die das Internet nutzen, sind über solche technischen Details informiert. Ohne Vorgabe einer „weiß-nicht"-Kategorie besteht die Gefahr, dass Befragte sich entweder willkürlich einer Kategorie zuordnen oder überhaupt keine Antwort geben.

J5   Antwortvorgaben sind unlogisch/unsystematisch angeordnet.

Beschreibung:
Die Abfolge von Antwortkategorien entspricht nicht den Prinzipien einer logischen Abstufungsreihenfolge.

Beispiel 1 zu J5

Im Folgenden geht es um den Zuzug verschiedener Personengruppen nach Deutschland. Wie ist Ihre Einstellung dazu?
Wie ist es mit Arbeitnehmern aus Nicht-EU-Staaten, z.B. aus der Türkei?

- Der Zuzug soll begrenzt werden
- Der Zuzug soll uneingeschränkt möglich sein
- Der Zuzug soll völlig unterbunden werden

Kommentar zu Beispiel 1:
Die vorliegende Reihenfolge der Antwortkategorien ist inhaltlich nicht logisch. Um dem Befragten das Verständnis der Struktur des Antwortspektrums zu erleichtern, sollte man die Reihenfolge folgendermaßen umstellen:

- Der Zuzug soll uneingeschränkt möglich sein
- Der Zuzug soll begrenzt werden
- Der Zuzug soll völlig unterbunden werden

Beispiel 2 zu J5
Im Vergleich dazu, wie andere hier in Deutschland leben: Glauben Sie, dass Sie...
- Ihren gerechten Anteil erhalten,
- mehr als Ihren gerechten Anteil,
- etwas weniger oder
- sehr viel weniger?

Kommentar zu Beispiel 2:
Die Skalenpunkte sind unlogisch angeordnet, weil das „Ausmaß" an Gerechtigkeit nicht kontinuierlich abnimmt: Der erste Skalenpunkt repräsentiert eine Art Mittelpunkt, der zweite Skalenpunkt bedeutet im Vergleich zum ersten Skalenpunkt eine Zunahme und die letzten beiden Skalenpunkte eine Abnahme. Besser wäre u. E. folgende Antwortskala:

- sehr viel mehr als Ihren gerechten Anteil
- etwas mehr als Ihren gerechten Anteil
- Ihren gerechten Anteil
- etwas weniger oder
- sehr viel weniger?

Diese Skala hätte auch den Vorteil, dass die Kategorien ausbalanciert sind, was bei der Skala im Beispiel oben nicht der Fall ist (vgl. Problempunkt J7).

J6   Wenn mehrere Antwortvorgaben vorgelesen werden, besteht die Gefahr, dass ihr Wortlaut von den Befragten nicht behalten wird.

Beschreibung:
Es werden mehrere Antwortkategorien vorgelesen, die Befragte in ihrer Gesamtheit nicht im Gedächtnis speichern können. Dieses Problem betrifft sowohl die Anzahl der Kategorien als auch ihren textlichen Umfang.

Nach Erfahrung der Autoren sollten nicht mehr als drei „kurze" bzw. zwei „lange" Kategorien vorgelesen werden.

Beispiel 1 zu J6

Im Vergleich dazu, wie andere hier in Deutschland leben: Glauben Sie, dass Sie...
- Ihren gerechten Anteil erhalten,
- mehr als Ihren gerechten Anteil,
- etwas weniger oder
- sehr viel weniger?

Kommentar zu Beispiel 1:
Beobachtungen in Pretests haben ergeben, dass die Antwortmöglichkeiten nachgefragt werden, weil sie in ihrem korrekten Wortlaut nicht erinnert werden können. Es wäre besser, sie auf einer Liste vorzugeben.

Ein weiterer Problempunkt bei dieser Frage ist, dass die Antwortmöglichkeiten nicht logisch angeordnet sind (siehe hierzu Punkt J5, Beispiel 2).

Beispiel 2 zu J6

Nun möchte ich Sie bitten, dieses Fortbildungsprogramm zu beurteilen. Sagen Sie mir bitte für jede der Meinungen, die ich Ihnen gleich nenne, ob sie aus Ihrer Sicht ‚voll und ganz zutrifft', ‚eher zutrifft', ‚eher nicht zutrifft' oder ‚überhaupt nicht zutrifft'.

	Trifft voll und ganz zu	Trifft eher zu	Trifft eher nicht zu	Trifft überhaupt nicht zu
Das Programm verbessert meine Chancen, eine richtige Beschäftigung zu finden..	☐	☐	☐	☐
Das Programm entspricht meinen persönlichen Fähigkeiten.	☐	☐	☐	☐

Das Programm trägt zur Verbesserung meiner finanziellen Situation bei.............	☐	☐	☐	☐
Das Programm gibt mir das Gefühl, etwas Sinnvolles zu tun.	☐	☐	☐	☐
Das Programm empfinde ich als entwürdigend.	☐	☐	☐	☐
Das Programm mache ich nur, weil mir sonst das Geld gekürzt wird.	☐	☐	☐	☐
Das Programm ist gut, um wieder unter Menschen zu kommen..........................	☐	☐	☐	☐

Kommentar zu Beispiel 2

Es besteht die Gefahr, dass die Skala, die den Befragten ohne Listenvorlage vorgelesen wird, von diesen nicht behalten werden kann. Beobachtungen in einem Pretest haben gezeigt, dass manche Befragte die vier Skalenpunkte nicht erinnern, wenn diese nicht bei jedem Item neu vorgelesen werden.

Entweder fragen die Befragten nach dem Vorlesen des Textes durch den Interviewer die Verbalisierung der Skala nach oder sie wählen eine andere Antwortstrategie. Manche Befragte antworten in eigenen Worten, manche mit „ja" bzw. „nein." Auch nach einer Wiederholung der Skalenpunkte durch den Interviewer wird deren Formulierung nicht behalten; das zeigen Antwortreaktionen wie: „das zweite" oder „nicht im geringsten."

Handelt es sich um eine Interviewer-administrierte face-to-face-Befragung (PAPI/CAPI) sollte unterstützend eine Liste vorgelegt werden. Handelt es sich um ein Telefoninterview, so empfiehlt sich einerseits das wiederholte Vorlesen der Kategorien nach jedem Item als auch ein *Branching*, d.h. die Bewertung wird in zwei Schritten erhoben: im ersten Schritt wird alternativ gefragt, ob die Meinung zu trifft oder nicht zu trifft. Im zweiten Schritt wird dann für die gewählte Alternative das Ausmaß erhoben („voll und ganz", „eher" bzw. „eher nicht", „überhaupt nicht").

J7   Die Abstände zwischen Skalenpunkten sind nicht gleich/die Skala ist nicht ausbalanciert.

Ein Experiment von Lam und Klockars (1982) zu diesem Problem zeigt, dass eine nicht ausbalancierte Skala (pure, fair, good, very good, excellent) im Vergleich zu einer ausbalancierten (pure, needs improvement, satisfactory, quite good, excellent) zu anderen Mittelwerten führt. D.h. bei der nicht ausbalancierten Skala liegt der Mittelwert im Vergleich zur ausbalancierten mehr auf der positiven Seite. Darüber hinaus zeigt das Experiment, dass es keinen Unterschied macht, ob bei einer Skala nur die Endpunkte benannt sind oder ob sie voll verbalisiert ist (verglichen wurde in diesem Fall eine endpunktverbalisierte 5-Punkte-Skala mit einer voll verbalisierten 5-Punkte-Skala). Shaeffer et al. (2005) konnten zeigen, dass eine minimale Balancierung ausreicht.

Beispiel 1 zu J7

Wie stark leiden Sie unter den folgenden Beschwerden?

- stark
- mäßig
- kaum
- gar nicht

- Kurzatmigkeit
- Schwächegefühl
- Schluckbeschwerden
- Mattigkeit
- Übelkeit

Kommentar zu Beispiel 1:
Der Abstand zwischen „stark" und „mäßig" in der Skala wird evtl. als viel größer empfunden als die anderen beiden Abstände zwischen „mäßig" und „kaum" sowie zwischen „kaum" und „gar nicht".
Für Befragte könnte das Problem auftreten, dass sie die Intensität einer Beschwerde zwischen „stark" und „mäßig" einordnen möchten, da „stark" eine zu große und „mäßig" eine zu geringe Intensität zum Ausdruck bringen würde.

Beispiel 2 zu J7

Wie groß ist Ihre Bereitschaft, die folgenden gemeinnützigen Organisationen mit einer Spende zu unterstützen?

Ist Ihre Bereitschaft jeweils
- sehr groß
- groß
- oder eher gering?

- Greenpeace
- Rotes Kreuz
- Johanniter
- Tierschutzbund
- Welthungerhilfe
- Heilsarmee

Kommentar zu Beispiel 2:
Die Antwortskala ist nicht ausbalanciert, d.h. es gibt *zwei* Ausprägungen im positiven (sehr groß, groß), aber nur *eine* im negativen Bereich (eher gering). Für Befragte, die für eine Organisation nicht spenden wollen, fehlt eine entsprechende Kategorie.

J8   Eine negativ formulierte Aussage soll mittels einer bipolaren Antwortskala bewertet werden.

Beschreibung:
Wenn eine Aussage negativ formuliert ist und mit einer Antwortskala bewertet werden soll, die neben positiven auch negative Ausprägungen besitzt, dann besteht die Gefahr, dass Befragte einen „falschen" Skalenwert d.h. einen Skalenwert auf der „falschen Seite" der Skala wählen. Viele Beobachtungen in Pretests haben gezeigt, dass Befragte, die eine *negativ* formulierte Aussage bejahen wollen, diese nicht mit einem positiven Skalenwert belegen, sondern – rein gefühlsmäßig – einen negativen Wert wählen.

Negativ formulierte Aussagen in Kombination mit dieser Art von Skalen sollten möglichst vermieden werden, weil sie zu schwerwiegenden Fehlern führen können.

Beispiel 1 zu J8

Inwieweit trifft die folgende Aussage auf Sie persönlich zu:

Ich glaube nicht, dass ein Computer für mich von Nutzen wäre.

Trifft voll und ganz zu, trifft eher zu, trifft eher nicht zu, trifft überhaupt nicht zu.

Kommentar zu Beispiel 1:
Das Problem besteht hier darin, dass ein Befragter, der eine *positive* Einstellung zum gefragten Gegenstand besitzt (er glaubt, dass ein Computer für ihn von Nutzen wäre) muss seine Meinung mit einem *negativ* formulierten Skalenwert („trifft eher nicht zu" oder „trifft überhaupt nicht zu") zum Ausdruck bringen. Wie die Ergebnisse von kognitiven Pretests gezeigt haben, verwirrt diese Denkweise viele Befragte und führt unter Umständen zu fehlerhaften Antworten, in dem Befragte mit einem Skalenwert auf der „gegenüberliegenden" Seite der Skala (in diesem Fall auf der positiven Seite) antworten.

Beispiel 2 zu J8

Für jemand wie mich ist es nicht schwierig, viel für die Umwelt zu tun.

Stimme stark zu, stimme eher zu, stimme eher nicht zu, stimme überhaupt nicht zu.

Kommentar zu Beispiel 2:

Um auszudrücken, dass es schwierig ist, viel für die Umwelt zu tun, muss ein Befragter einen Wert auf der negativen Skalenseite wählen. Er muss genau erkennen, dass eine doppelte Verneinung seine positive Einstellung ausdrückt. Solche sprachlichen Konstruktionen können dazu führen, dass der Befragte es unterlässt, die erforderlichen mentalen Operationen auszuführen und unter Umständen eine invalide Antwort gibt.

J9 Es besteht die Gefahr der Antwortverzerrung durch Antwortvorgaben/Antwortskalen.

Beschreibung:

In der Literatur gibt es Hinweise darauf, dass sich die Art und Weise, wie Antwortvorgaben/Skalen benannt oder polarisiert sind, auf das Antwortverhalten von Befragten auswirken kann (Siehe hierzu: Schwarz, 1985; Hippler et. al. 1991; Tourangeau et al., 2000). Nach Schwarz (1988) stellen Antwortvorgaben nicht nur ein reines Messinstrument dar; sie werden von Befragten auch als eine Art Orientierungshilfe bei der Beantwortung genutzt – wie das folgende Experiment zeigt.

Beispiel 1 zu J9

Version 1

Wie viele Stunden sehen Sie an einem normalen Werktag fern?

Bis 2 ½ Stunden	62.5%
2 ½ bis 3 Stunden	23.4%
3 bis 3 ½ Stunden	7.8%
3 ½ bis 4 Stunden	4.7%
4 bis 4 ½ Stunden	1.6%
Mehr als 4 ½ Stunden	0.0%

Beispiel 1 zu J9

Version 2

Wie viele Stunden sehen Sie an einem normalen Werktag fern?

Bis ½ Stunde	7.4%
½ bis 1 Stunden	17.5%
1 bis 1 ½ Stunden	26.5%
1 ½ bis 2 Stunden	14.7%
2 bis 2 ½ Stunden	17.7%
Mehr als 2 ½ Stunden	16.2%

Kommentar zu Beispiel 1:

Das oben angeführte Beispiel ist ein bekanntes Beispiel aus einer Studie von Schwarz et al. (1985). Beide Fragen erheben die Anzahl der Fernsehstunden pro Werktag mit unterschiedlichen Häufigkeiten in den Antwortvorgaben. Die Autoren konnten zeigen, dass die unterschiedliche Präsentation der Antwortvorgaben einen Einfluss auf das Antwortverhalten der Befragten haben kann. Betrachtet man diejenigen Befragten, die mehr als 2 ½ Stunden an einem Werktag fernsehen, dann waren das in der Version 1 (Range: bis 2 ½ Stunden/mehr als 4 ½ Stunden) 37.5% der Befragten, während es in der Version 2 (Range: bis ½ Stunde/mehr als 2 ½ Stunden) nur 16.2% der Befragten waren. Schwarz et al. erklären diesen Unterschied damit, dass Befragte, für die die Schätzung ihres „normalen" Fernsehkonsums schwierig ist, sich bei ihrer Antwort an den vorgegebenen Kategorien orientieren und davon ausgehen, dass diese den „typischen" Fernsehkonsum in der Bevölkerung repräsentieren.

Um eine solche Antwortverzerrung zu vermeiden, gibt Schwarz die Empfehlung, die Häufigkeit von Verhalten „offen" zu erheben.

Beispiel 2 zu J9

Wie erfolgreich waren Sie bisher in Ihrem Leben? Bitte benutzen Sie die Leiter um mir zu antworten.

Version A	Version B
außerordentlich	außerordentlich
+ 5	10
+ 4	9
+ 3	8
+ 2	7
+ 1	6
0	5
- 1	4
- 2	3
- 3	2
- 4	1
- 5	0
Überhaupt nicht	Überhaupt nicht

Kommentar zu Beispiel 2:

Anhand dieses Beispiels wurde experimentell nachgewiesen, dass sich Befragte bei der Wahl eines Skalenwertes von den Labels einer Skala beeinflussen lassen. Ergebnisse eines Experiments haben gezeigt, dass Befragte auf einer Skala von „0 bis 10" ihr Leben erfolgreicher bewerten als sie es auf einer Skala tun, die mit Plus- und Minuspunkten versehen ist und von „-5 bis + 5" verläuft (vgl. Hippler et al., 1991). Befragte empfinden *explizit* als negativ bezeichnete Skalenwerte (- 5 bis - 1 bei Version A) als negativer als die vergleichbaren niedrigen Positivwerte (0 bis 4 bei Version B). Befragte bevorzugen demnach also eher die positive Seite einer bipolaren Skala.

Bereich K   Offene Fragen

Eine offene Frage stellt an sich kein Problem dar und ist schon gar nicht als Fehler zu bezeichnen. In der Regel setzt man dann offene Fragen ein, wenn es z.b. in einer Vorstudie darum geht, Informationen über einen noch unbekannten Inhalt zu sammeln, um diese dann für eine geschlossene Frage in Antwortkategorien zu verarbeiten. Wird eine offene Frage allerdings in cincr Hauptstudie eingesetzt, dann soll an dieser Stelle auf die Besonderheiten hingewiesen werden, die beim Stellen von offenen Fragen zu bedenken sind.

Eine offene Frage zeichnet sich dadurch aus, dass dem Befragten keine Antwortkategorien vorgegeben werden. Der Befragte formuliert die Antwort in eigenen Worten bzw. notiert seine Antwort im Fragebogen. Dies kann einerseits für den Befragten entlastend sein, weil er hier die Möglichkeit hat, in der ihm gewohnten Weise zu sprechen und seine Gedanken genau zum Ausdruck zu bringen und sich nicht in ein vorgegebenes Kategorienschema pressen zu müssen. Andererseits stellt eine offene Frage auch einen hohen Anspruch an den Befragten. Der Fragetext einer offenen Frage lässt in der Regel viele Facetten von Inhalten bei einer Antwort zu. Dem Befragten wird nicht – wie bei der geschlossenen Frage durch die Antwortvorgaben – ein bestimmter Rahmen vorgegeben. Er muss den Rahmen selbst bestimmen und nachdenken, in welche Richtung er seine Antwort formuliert. Hierfür benötigt er Zeit, Konzentration und ein gewisses Maß an Verbalisierungsfähigkeit.

Weitere bedenkenswerte Punkte bei der Verwendung offener Fragen sind:

- Die Antworten sind unter Umständen nicht ausführlich und präzise genug und deshalb schwer oder gar nicht interpretierbar.
- Im schriftlichen Interview sind die Antworten nicht immer lesbar. Im interviewer-gestützten Interview kann der Interviewer längere Ausführungen nicht wörtlich mitschreiben, wobei wesentliche Inhalte verloren gehen können.
- Im interviewer-gestützten Interview muss der Interviewer die Fähigkeit besitzen, bei unklarer/ungenügender Spontanbeantwortung zur Klärung neutrale Nachfragen zu stellen, die den Befragten in seiner Antwort nicht beeinflussen.

- Für die Auswertung müssen die Antworten verschriftet und vercodet werden, was einen hohen finanziellen und zeitlichen Aufwand bedeutet.

K1 **Es besteht die Gefahr, dass die Bedeutung der offenen Frage nicht klar wird, weil der Bezugsrahmen nicht eindeutig vorgegeben ist.**

Beschreibung:
Die offene Frage kann den Befragten in eine Richtung lenken, die dem Untersuchungskonzept des Forschers nur teilweise oder gar nicht entspricht. Diese Frageform überlässt dem Befragten weitgehend die Entscheidung, welche inhaltlichen Aspekte er in seiner Antwort anspricht. Aus diesem Grund sollte eine offene Frage möglichst präzise formuliert sein, um dem Befragten zu vermitteln, auf was es dem Forscher bei der Frage ankommt.

Beispiel 1 zu K1:
(Die Frage wurde an ökologische Weinbauunternehmer gerichtet.)

Welche Schwierigkeiten traten bei der Umstellung Ihres Betriebes auf die ökologische Wirtschaftsweise auf?

Kommentar zu Beispiel 1:
Welche Art von Schwierigkeiten der Befragte nennt, bleibt ihm überlassen. So kann es der Fall sein, dass er solche Inhalte nennt, die für den Forscher nicht von Interesse sind. Hat die Frage z.B. zum Ziel, ausschließlich ökonomische Aspekte (wie z.B. Investitionen oder Personalausstattung) als Indikator für Schwierigkeiten zu überprüfen, dann sollte die Frage besser geschlossen und diese Aspekte als Antwortmöglichkeiten vorgegeben werden.
   Die Frage sollte nur dann offen gestellt werden, wenn es dem Forscher darauf ankommt, das vom Befragten spontan Erinnerte zu erfassen oder noch weitere mögliche Antwortvarianten zu sammeln, die im Kontext dieser Frage relevant sind, die er aber noch nicht kennt.

Beispiel 2 zu K1:
(Die Frage wurde an ökologische Weinbauunternehmer gerichtet.)

Wann wurde Ihr Betrieb auf die ökologische Wirtschaftsweise umgestellt?

Kommentar zu Beispiel 2:
Die Frage ist so formuliert, dass der Befragte nicht mit Sicherheit weiß, welche Antwort gewünscht ist: will der Forscher eine Jahreszahl oder einen Zeitpunkt, bei dem ein Ereignis beschrieben wird wie z.b. „zu dem Zeitpunkt als ich den Betrieb übernommen habe" oder „nach dem Ausscheiden meines Partners." Um deutlich zu machen, in welche Richtung die Frage zu verstehen ist, muss der Fragetext präzisiert werden z.b.:

„In welchem Jahr wurde Ihr Betrieb auf die ökologische Wirtschaftsweise umgestellt?"
Jahreszahl *(bitte eintragen):*_____

K2 Es besteht die Gefahr von Zuordnungsfehlern, wenn der Interviewer die Antwort auf eine offene Frage während des Interviews verschlüsseln muss (Feldverschlüsselung).

Beschreibung:
Dieser Problempunkt betrifft die Feldverschlüsselung im Zusammenhang mit einer offenen Frage, die der Befragte in eigenen Worten beantwortet.

Eine Feldverschlüsselung liegt dann vor, wenn der Interviewer die Antwort des Befragten direkt den im Fragebogen vorgegebenen Kategorien zuordnen muss. Da der Befragte in seiner Antwortformulierung völlig frei ist, besteht die Schwierigkeit für den Interviewer darin, im Fragebogen die dieser Antwort entsprechende inhaltliche Kategorie zu finden. Hier kann es Zuordnungsfehler geben.

Beispiel 1 zu K2

Menschen gehen aus den unterschiedlichsten Gründen zum Zahnarzt. Was war der Hauptgrund für Ihren letzten Zahnarztbesuch?
Feldverschlüsselungskategorien im Fragebogen:

- Notfall
- Routineuntersuchung
- Füllung
- Krone oder Brücke
- Zahnreinigung
- Zahn ziehen
- Kieferorthopädie
- Zahnfleischbehandlung

Kommentar zu Beispiel 1:
Der Befragte kennt die im Fragebogen aufgeführten Antwortkategorien nicht und antwortet auf die Frage: „Ich habe mir die Zähne weißen lassen." Der Interviewer muss nun entscheiden, welcher Kategorie er diese Antwort zuordnet. In vorliegendem Beispiel ist nicht auf Anhieb ersichtlich, wo die Antwort einzuordnen ist.

Antworten auf offene Fragen durch Interviewer während des Interviews codieren zu lassen ist problematisch, weil die Antworten häufig nicht exakt den Kategorien entsprechen. Der Interviewer besitzt in solchen Fällen einen mehr oder weniger großen Interpretationsspielraum und kann deshalb bei der Zuordnung mitunter falsche Entscheidungen treffen.

Ein weiteres Problem besteht darin, dass der Interviewer bei einer langen Liste von Antwortkategorien nicht genügend Zeit hat, um die Antwort korrekt zuzuordnen, insbesondere dann, wenn die Antwortkategorien nicht nur aus Worten/Begriffen, sondern aus Sätzen bestehen. Eine zusätzliche Kategorie „*Sonstiges, bitte notieren*" darf wegen der genannten Probleme in der Reihe der Antwortkategorien nicht fehlen. Der Interviewer muss angewiesen sein, diese Kategorie im Zweifelsfall zu nutzen und die Antwort möglichst wörtlich zu notieren.

Beispiel 2 zu K2

Was vermissen Sie am meisten aus Ihrem Heimatland?

Interviewer:
Antwortvorgaben nicht vorlesen. Nur die beiden vom Befragten erstgenannten
Nennungen ankreuzen.

- Familie
- Freunde
- Traditionen, Folklore, Feste
- Lebensstil
- Wetter, Natur, Landschaft
- Essen
- Kunst, Denkmäler
- Sport, andere Freizeittätigkeiten
- Nationale Mentalität (z.B. Humor etc.)
- Soziale Normen (z.B. die Art und Weise wie Dinge funktionieren; wie Leute einen respektieren)
- Rechtsnormen, öffentliche Einrichtungen (z.B. nationales Gesundheitssystem, öffentliche Verwaltung/Dienst)
- Sonstiges: ....
- weiß nicht

Kommentar zu Beispiel 2:
Die Aufgabe der Feldverschlüsselung ist hier für den Interviewer besonders schwer, weil die Antwortliste neben Begriffen wie z.B. „Familie" oder „Freunde" auch solche enthält, die einen großen Interpretationsspielraum aufweisen wie z.B. „Lebensstil", „Soziale Normen" oder „Nationale Mentalität". Wenn ein Interviewer diese Art von Vercodungsarbeit im Interview durchführt, dann besteht die große Gefahr, dass er Zuordnungsfehler macht.

Bereich L   Instruktionen bei Interviewer-administrierten Fragen

In diesem Bereich geht es um Probleme/Fehler im Zusammenhang mit fragebezogenen Intervieweranweisungen.

L1   **Der Interviewer hat Probleme zu entscheiden, ob vorhandene Zusatztexte vorzulesen sind.**

Beschreibung:
Bei einem standardisierten Interview ist es Aufgabe des Interviewers, den Fragetext in allen Fällen exakt im vorgegebenen Wortlaut vorzulesen, um für alle Befragten die gleichen Voraussetzungen für die Beantwortung der Frage zu schaffen. Deshalb müssen bei einer Frage die Texte so konstruiert sein, dass für den Interviewer klar erkennbar ist, welche Teile einer Frage vorzulesen sind und welche nicht. In der folgenden Frage hat der Interviewer Schwierigkeiten zu entscheiden, ob bestimmte Teile der Frage vorzulesen sind oder nicht.

Beispiel 1 zu L1
(Hinweis: Die Frage wurde in einer allgemeinen Bevölkerungsumfrage erhoben und nicht ausschließlich an Befragte mit gesundheitlichen Problemen gestellt.)

Wie sehr haben Probleme mit der körperlichen Gesundheit Sie in den letzten sieben Tagen bei normalen körperlichen Tätigkeiten eingeschränkt (z.B. beim zu Fuß gehen oder Treppensteigen)?
War das...
INT: Bitte Antwortvorgaben vorlesen
...sehr stark
...eher stark
...eher wenig
...gar nicht

Kommentar zu Beispiel 1:

Es ist nicht klar, wie der Interviewer mit dem Text in der Klammer („z.B. beim zu Fuß gehen oder Treppensteigen") umgehen soll, womit ihm überlassen bleibt, wie er tatsächlich damit umgeht: Liest er den Text in der Klammer vor oder nicht? Das Interviewerverhalten kann hier variieren, was dazu führt, dass Antworten von Befragten nicht auf der Grundlage einheitlich gesetzter Fragetexte erfolgen. Werden die Beispiele in Klammer *nicht* vorgelesen, dann denkt ein Befragter mit guter körperlicher Gesundheit vermutlich nicht an Tätigkeiten wie „zu Fuß gehen" oder „Treppensteigen", da diese für ihn als gesunden Menschen zu selbstverständlich sind. Er beantwortet die Frage evtl. in Bezug auf andere Tätigkeiten wie z.B. „sportliche Aktivitäten". Liest der Interviewer jedoch den Text in Klammer vor, dann bewertet der Befragte die beispielhaft angeführten Aktivitäten, was dazu führen kann, seine Gesundheit anders zu bewerten als im Hinblick auf sportliche Aktivitäten.

Um zu gewährleisten, dass alle Befragten mit den gleichen Stimuli konfrontiert werden, müssen die bei der Frage in Klammer gesetzten Beispiele in den Text eingearbeitet werden.

Beispiel 2 zu L1

Bitte geben Sie für die folgenden Punkte an, welche Aussage Ihren heutigen Gesundheitszustand am besten beschreibt.

Beweglichkeit und Mobilität

INT: Bitte Antwortvorgaben vorlesen!

Ich habe keine Probleme herumzugehen .... ☐

Ich habe Probleme herumzugehen .... ☐

Ich bin ans Bett gebunden .... ☐

Allgemeine Tätigkeiten wie z.B. Arbeit, Studium, Hausarbeit, Familien- oder Freizeitaktivitäten

INT: Bitte Antwortvorgaben vorlesen!

Ich habe keine Probleme, meinen alltäglichen Tätigkeiten nachzugehen.... ☐

Ich habe Probleme, meinen alltäglichen Tätigkeiten nachzugehen............ ☐

Ich bin nicht in der Lage, meinen alltäglichen Tätigkeiten nachzugehen ... ☐

Kommentar zu Beispiel 2:
Es ist für den Interviewer nicht klar, wie er mit den Bereichsüberschriften über den Antwortvorgaben verfahren soll. Soll er sie so vorlesen, wie sie dastehen, soll er dafür eigene Sätze bilden oder soll er die Überschriften ignorieren? Vermutlich werden Interviewer hier unterschiedliche Lösungen suchen.

In einem Interviewer-administrierten Fragebogen müssen die Überschriften als für den Interviewer vorzulesender Text konzipiert werden, um sicher zu stellen, dass die Frage standardisiert vorgelesen wird. In einem selbstadministrierten Fragebogen wäre die hier vorliegende Konstruktion problemlos.

L2   Dem Interviewer fehlen Anweisungen zur technischen Vorgehensweise/Anweisungen stehen an der falschen Stelle.

Beschreibung:
Abgesehen von reinen Alternativfragen sollte jede Frage in Bezug auf ihre technische Handhabung mit einer Intervieweranweisung versehen sein. Dabei muss die Anweisung *unmittelbar vor* der durchzuführenden Aktion stehen.

Beispiel 1 zu L2

Bitte sehen Sie sich diese Liste an und sagen Sie mir für jede der folgenden Maßnahmen, Kurse und Beratungen, die ich Ihnen jetzt vorlese, ob Ihnen diese bekannt sind, ob Sie daran in den letzten 12 Monaten teilgenommen haben und ob Sie vor mehr als 12 Monaten schon einmal daran teilgenommen haben.

	Kenne ich nicht	Kenne ich, habe aber noch nicht teilgenommen	Habe in den letzten 12 Monaten teilgenommen	Habe vor mehr als 12 Monaten teilgenommen
1. Raucherentwöhnung...........	☐	☐	☐	☐
2. Gesunde Ernährung...........	☐	☐	☐	☐
3. Gewichtsreduktion.............	☐	☐	☐	☐
4. Rückengymnastik..............	☐	☐	☐	☐
5. Bewegung/ Sport...............	☐	☐	☐	☐
6. Stressbewältigung..............	☐	☐	☐	☐
7. Alkoholentwöhnung...........	☐	☐	☐	☐
8. Drogenentwöhnung...........	☐	☐	☐	☐
9. Sonstiges (bitte eintragen):		☐	☐	☐

Kommentar zu Beispiel 1:
Bei dieser Frage existiert eine Liste mit den Items und den Antwortkategorien, es fehlt jedoch eine Anweisung, die dem Interviewer sagt, dass er diese Liste vorlegen muss. Diese Anweisung muss *vor* dem Fragetext stehen: *Int.: Liste... vorlegen* Außerdem fehlt eine Beschreibung, wie er bei der Frage technisch vorgehen muss. Diese muss zwischen Fragetext und Antwortschema stehen: *Bitte jede Maßnahme vorlesen und in jeder Zeile ein Kästchen ankreuzen.*

Beispiel 2 zu L2

Auf dieser Liste steht eine Reihe von Tätigkeiten, die im Haushalt anfallen.
Wie werden diese Tätigkeiten in Ihrem Haushalt zwischen Ihnen und Ihrem Partner aufgeteilt? Wer verrichtet die Tätigkeiten?

--> **Liste S63 vorlegen!**   --> **Zu jeder Vorgabe eine Antwort ankreuzen!**

	Stets die Frau	Meistens die Frau	Jeder zur Hälfte/ beide gemeinsam	Meistens der Mann	Stets der Mann	Wird von anderer Person gemacht	Kann ich nicht sagen
Zuberei- ten der Mahlzei- ten	○	○	○	○	○	○	○
Einkaufen der Le- bensmit- tel	○	○	○	○	○	○	○
Wäsche waschen	○	○	○	○	○	○	○
Putzen der Woh- nung	○	○	○	○	○	○	○

Kommentar zu Beispiel 2:

Wenn sich der Fragetext auf konkrete Informationen bezieht, die auf einer Liste stehen, dann sollte die Liste stets *vor* dem Vorlesen der Frage überreicht werden.

Im Beispiel oben steht die Intervieweranweisung „Liste S63 vorlegen" somit an der falschen Stelle. Es werden zwei Fragen über Tätigkeiten im Haushalt gestellt, ohne dass der Befragte weiß, um welche Tätigkeiten es sich handelt. Besser wäre, wenn der Befragte bereits beim Vorlesen des Fragetextes einen Einblick in die Liste hätte. Deshalb sollte die Anweisung „Liste S63 vorlegen" *vor* dem Fragetext stehen.

Die Anweisung „Zu jeder Vorgabe eine Antwort ankreuzen!" steht direkt vor dem Antwortschema in dem der Interviewer ankreuzen muss und somit an der richtigen Stelle.

Beispiel 3 zu L2

Angenommen, Sie würden von jetzt an jeden Monat über zusätzliche 100 Euro verfügen können.
Was würden Sie mit diesem Geld tun? Nennen Sie mir bitte die <u>drei</u> Verwendungszwecke, die für Sie am ehesten infrage kommen.

Int.: Liste L vorlegen. Nur drei Nennungen!

- Sich öfter etwas Gutes zum Essen oder Trinken leisten
- Für die Kinder verwenden
- Öfter ins Theater gehen
- Besser kleiden
- Bücher kaufen
- Für Urlaub sparen
- Für Vermögensbildung (Bausparverträge, Vermögensbildung o.ä.) verwenden
- Anschaffungen für die Wohnung (Möbel, Haushaltsgeräte usw.) machen
- (Neues) Auto ansparen
- Erst mal sparen

Kommentar zu Beispiel 3:
Die anfangs gestellte Frage wirkt auf Befragte wie eine *offene* Frage, die kein Antwortformat vorgibt, d.h. der Befragte könnte *spontan* einen oder mehr Verwendungszwecke nennen, die ihm gerade einfallen, da zu diesem Zeitpunkt noch nicht bekannt ist, dass er Möglichkeiten aus einer Liste auswählen soll. Der Interviewer müsste jetzt korrigierend eingreifen und den Befragten dann ein zweites Mal mittels der Liste antworten lassen. Das wäre für Interviewer und Befragten belastend und würde zu einer zeitlichen Verzögerung führen. Um diese Situation zu vermeiden, sollte die Liste bereits *vor* dem Vorlesen der Frage vorgelegt werden.

L3   **Der Interviewer muss wichtige Zusatzinformationen, die für das Stellen der Frage wichtig sind, informell ermitteln.**

Beschreibung:
Bei diesem Problemtyp geht es darum, dass Informationen, die ein Interviewer braucht, um entscheiden zu können, ob bzw. wie eine nachfolgende Frage zu stellen ist, nicht mit Hilfe einer standardisierten Frage erhoben werden, sondern vom Interviewer „informell", d.h. ohne explizite Textvorlage, erfragt werden müssen. Diese „informelle" Vorgehensweise kann sowohl dazu führen dass sich ein Interviewer von Interview zu Interview anders verhält, als auch dazu, dass unterschiedliche Interviewer sich unterschiedlich verhalten. Diese nicht standardisierte Vorgehensweise schafft unterschiedliche Bedingungen für die Beantwortung der Frage und gefährdet die *Durchführungsobjektivität.*

Beispiel 1 zu L3

Wie hoch ist Ihr eigenes monatliches Netto-Einkommen? Ich meine dabei die Summe, die nach Abzug der Steuern und Sozialversicherungsbeiträge übrig bleibt.

Int.: Bei Selbstständigen nach dem durchschnittlichen monatlichen Netto-Einkommen, abzüglich der Betriebsausgaben fragen!

Kommentar zu Beispiel 1:
Der Interviewer muss an dieser Stelle wissen, ob es sich bei dem Befragten um einen Selbständigen handelt, um zu entscheiden, ob er den Fragetext gemäß der Intervieweranweisung modifizieren muss oder nicht. Um unterschiedliches Interviewerverhalten zu vermeiden, sollte diese Information dem Interviewer durch eine vorausgegangene Frage vorliegen.

Beispiel 2 zu L3

Int.:   Frage nur dann vorlesen, falls Befragter die deutsche Staatsangehörigkeit besitzt.

Kommentar zu Beispiel 2:
Die Information muss dem Interviewer bekannt sein, um zu entscheiden, ob die Frage gestellt werden muss oder nicht. In einer vorangegangenen Frage muss bereits erhoben worden sein, welche Staatsangehörigkeit Befragter hat.

L4   Inhalte/Informationen, die für die Beantwortung der Frage relevant sind, stehen nur in der Anweisung und nicht im Fragetext.

Beschreibung:
Die für die Beantwortung der Frage notwendigen Informationen werden vom Interviewer nicht durch Vorlesen eines vorgegebenen Textes übermittelt, sondern in zusätzlichen Erläuterungen lediglich für den Interviewer beschrieben und sollen den Befragten nur auf deren Nachfrage gegeben werden. Da manche Befragte nachfragen könnten, welche Situationen/Bedingungen zur Beantwortung mit einzubeziehen sind, andere Befragte aber nicht nachfragen und die Frage nach ihrem Gutdünken interpretieren, ist davon auszugehen, dass die Antworten auf höchst unterschiedlichem Informationsniveau beruhen und damit nicht vergleichbar sind.

Beispiel 1 zu L4

Int.: Liste vorlegen. Mehrfachnennungen möglich

Wenn Sie jetzt einmal an die letzten drei Monate denken:
Aus welchem Anlass bzw. welchen Anlässen sind Sie in den letzten drei Monaten beim Arzt gewesen?
Was von dieser Liste trifft auf Sie zu. Nennen Sie mir alle zutreffenden Kennbuchstaben.

Int.: Hierzu zählen Praxisbesuche und ambulante Behandlungen in Kliniken oder Notfallzentralen, nicht jedoch Untersuchungen während eines stationären Krankenhausaufenthaltes oder Arztbesuche, zu denen man Angehörige oder Kinder begleitet oder gebracht hat!

Kommentar zu Beispiel 1:
Es liegt in der Entscheidung des Interviewers,

- ob er diese Zusatzinformationen in jedem Fall vorliest oder nur in bestimmten Fällen, z.B. auf Nachfrage,
- ob er alle Zusatzinformationen vorliest oder nur bestimmte,
- ob er diese Zusatzinformationen wörtlich vorliest oder in eigene Worte fasst.

Dieser Entscheidungsspielraum führt zwangsläufig zu nicht-standardisiertem Interviewerverhalten und als Folge davon auch zu einer nicht-standardisierten Frageformulierung.

Beispiel 2 zu L4

Wie viele Jahre haben Sie insgesamt eine Schule besucht, inklusive den etwaigen Besuch einer Berufsschule oder Hochschule?

INT.: Es geht um die Gesamtdauer der Schul- und Ausbildungszeit des/der Befragte(n). Tragen Sie nur ganze Jahre ein, einschließlich der Jahre mit Schulpflicht bzw. in der Grundschule. Bei Berufsausbildung Jahre mit Berufsschule dazuzählen. Alle nach dem Ende der regulären Schulzeit an einer weiterführenden Schule, Fachhochschule, Hochschule oder sonstigen Bildungseinrichtung absolvierten (Fort)bildungsmaßnahmen dazuzählen. Lücken in den Schul- bzw. Ausbildungszeiten, die ein akademisches Jahr oder kürzer waren, ignorieren. Berufliche Ausbildungs- oder Qualifizierungsmaßnahmen (z.B. Praktika, Traineeprogramme) ohne den parallelen Besuch einer Berufsschule, Fachhochschule, Hochschule oder sonstigen Bildungseinrichtung nicht mitzählen!

Kommentar zu Beispiel 2:
Für den Interviewer ist es unmöglich, die Vielzahl der in der Anweisung enthaltenen wichtigen Informationen dem Befragten in standardisierter Form zu vermitteln. Man kann davon ausgehen, dass Informationen aus der Anweisung mehr oder weniger zufällig an den Befragten gelangen, nämlich dann, wenn dieser rückfragt oder seine Gedanken entsprechend kommentiert. Damit ergeben sich unterschiedliche Voraussetzungen für die Beantwortung der Frage.

Bereich M — Probleme im Zusammenhang mit der Aufgabenbeschreibung in selbst-administrierten Fragen

Zu den selbst-administrierten Fragen zählen alle Fragen, die – unabhängig davon, ob mit oder ohne Computerunterstützung – ohne Beteiligung eines Interviewers gestellt werden. Diese Probleme gelten also gleichermaßen für Papierfragebogen wie auch für Online/Web-Fragebogen. Wie bereits erwähnt, werden Layout-Probleme im FBS nicht behandelt.

M1 Es fehlen Anweisungen zur technischen Vorgehensweise.

Beschreibung:
Wie bei der Interviewer-administrierten Frage gilt auch bei der selbstadministrierten Frage:

Jede Frage – abgesehen von Alternativfragen (Fragen mit nur zwei Antwortkategorien) – sollte mit einer Anweisung/Instruktion versehen sein.

Falls die Zielsetzung der Frage nur eine Antwort zulässt:

- *Bitte kreuzen Sie nur ein Kästchen an.*

Falls Mehrfachnennungen möglich sind:

- *Sie können mehrere Kästchen ankreuzen.*

Bei einer Itembatterie mit Skala:

- *Bitte machen Sie in jeder Zeile ein Kreuz.*

oder

- *Bitte kreuzen Sie bei jeder Aussage an.*

Diese technischen Anweisungen sind am besten in kursiver Schrift oder in einem anderen Schrifttyp als der Fragetext zu halten.

Beispiel 1 zu M1

Woraus beziehen Sie überwiegend die Mittel für Ihren Lebensunterhalt?

Eigene Erwerbstätigkeit .... □
Arbeitslosengeld I .... □
Leistungen nach Hartz IV .... □
Rente/Pension.. □
Eigenes Vermögen/Ersparnisse.. □
Vermietung/Verpachtung.. □
Sonstige Unterstützungen (z.B. BaföG, Stipendium,
Asylbewerberleistungen) .... □

Kommentar zu Beispiel 1:

Ohne die Anweisung „*Bitte kreuzen Sie nur eine Antwortmöglichkeit an*" besteht die Gefahr, dass der Befragte alles auf ihn Zutreffende ankreuzt. Dies ist für ihn wahrscheinlich leichter als sich zu überlegen, von welcher der Einnahmequellen er *überwiegend* lebt. Das Wort „überwiegend" im Fragetext reicht erfahrungsgemäß nicht aus, um dem Befragten zu vermitteln, dass er nur *ein* Kästchen ankreuzen darf. Zwischen Fragetext und Antwortvorgaben muss eine technische Anweisung stehen.

M2   Mehrere Fragen müssen vom Befragten in einem komplizierten Antwortschema beantwortet werden.

Beschreibung:

In Fragebogen zum Selbstausfüllen werden oft mehrere Fragen in einem komplexen Antwortschema zusammengefasst. Dies geschieht vor allem, um den Umfang des Fragebogens möglichst klein zu halten. Die damit verbundene Komplexität fordert vom Befragten eine hohe Konzentration und führt oft zu Ausfüllfehlern. Zudem ist damit meist eine lange Ausfülldauer verbunden, weil

Befragte ein solches komplexes Schema erst einmal in seiner Gesamtheit „verstehen" müssen.

Beispiel 1 zu M2

XV-2. Bitte geben Sie an, welche Möglichkeiten des Liquiditätsmanagements Sie kennen und nutzen:

In der folgenden Liste sind Möglichkeiten des Zahlungsverkehrs / Liquiditätsmanagements aufgeführt.

Welche der der angeführten **Formen des Zahlungsverkehrs**
(1) sind Ihnen bekannt?
(2) nutzen Sie aktuell?
(3) nutzen Sie aktuell bei einer Sparkasse?

Wie hoch schätzen Sie den Teil, den Sie bei der Sparkasse nutzen? *(Bitte geben Sie den Anteil bezogen auf das gesamte €-Volumen an)*

	(1)	(2)	seit wann *(Jahr)*	(3)	seit wann *(Jahr)*	nichts 0	1	2	3	4	die Hälfte 5	6	7	8	9	alles 10
Girokonto *(Positiver Saldo)*	⊔	⊔ ___		⊔ ___		⊔	⊔	⊔	⊔	⊔	⊔	⊔	⊔	⊔	⊔	⊔
Eingeräumter Dispositionskredit *(Eingeräumtes Limit auf dem Girokonto)*	⊔	⊔ ___		⊔ ___		⊔	⊔	⊔	⊔	⊔	⊔	⊔	⊔	⊔	⊔	⊔
Genutzter Dispositionskredit *(Genutztes Limit auf dem Girokonto)*	⊔	⊔ ___		⊔ ___		⊔	⊔	⊔	⊔	⊔	⊔	⊔	⊔	⊔	⊔	⊔
Private Kreditkarte *(Ausgaben mit der Kreditkarte / Umsatz)*	⊔	⊔ ___		⊔ ___		⊔	⊔	⊔	⊔	⊔	⊔	⊔	⊔	⊔	⊔	⊔
Gesamt: Girokonto / Liquiditätsmanagement						⊔	⊔	⊔	⊔	⊔	⊔	⊔	⊔	⊔	⊔	⊔

Kommentar zu Beispiel 1:

Im abgebildeten Schema werden vier verschiedene Formen des Zahlungsverkehrs aufgeführt, für die jeweils fünf Fragen zu beantworten sind. Das Schema ist vom Layout her so angeordnet, dass es schwer fällt, sowohl die Fragen zu identifizieren, als auch zu erkennen, wo angekreuzt werden soll. Im Hinblick auf die Datenqualität sind komplizierte Schemata dieser Art zu vermeiden.

M3 **Wichtige Zusatzinformationen sind nicht im Fragetext integriert, sondern getrennt aufgeführt.**

Beschreibung:

Der Problempunkt ist, dass Informationen, die für die Beantwortung der Frage von Wichtigkeit sind, separat vom Fragetext aufgeführt werden. Dies stellt insofern ein Problem dar, als Befragte sich beim Beantworten eines selbstadministrierten Fragebogens mehr oder weniger selektiv besonders auf die reinen Fragetexte sowie die Antwortkategorien konzentrieren. Besonders Texte, die erkennbar nicht zum Fragetext gehören (z.B. durch eine andere Schriftformatierung), werden erfahrungsgemäß entweder gar nicht gelesen oder nur überflogen. Dies kann sich in solchen Fällen negativ auf die Antwortqualität auswirken, da wichtige Aspekte vom Befragten nicht oder nur ungenügend wahrgenommen und damit auch nicht berücksichtigt werden.

Beispiel 1 zu M3

In der nächsten Frage möchten wir uns Ihrer beruflichen Ausbildung zuwenden. Wir interessieren uns für alle Arten von Ausbildungen, die Sie mit einem beruflichen Abschluss beendet haben. Hierzu zählen auch Aufstiegsfortbildungen, also Fortbildungen, die in der Regel einen beruflichen Aufstieg ermöglichen wie z.B. die Fortbildung zum Techniker, Meister, Fach- oder Betriebswirt sowie beruflichen Umschulungen auf einen neuen Beruf. Nicht dazu zählen Weiterbildungskurse, die mit dem Ziel absolviert wurden, berufliche Kenntnisse aufzufrischen bzw. zu erweitern, also die so genannte Anpassungsfortbildung.

Welche Ausbildungen haben Sie in Ihrem Leben abgeschlossen? Bitte nennen Sie Ihre Ausbildungen der Reihe nach.

Kommentar zu Beispiel 1:
Dem Fragetext vorangestellte Zusatzinformationen wie in diesem Beispiel sollten vermieden werden, weil die Gefahr besteht, dass diese Texte nicht oder nur oberflächlich gelesen werden. Befragte haben z.B. beim Ausfüllen des Fragebogens gelernt, dass die wichtigen Fragetexte fett gedruckt sind und alles Fettgedruckte auch gelesen werden muss. Texte, die nicht fett gedruckt sind, werden deshalb als eher unwichtig eingestuft und aus diesem Grund gar nicht oder nur oberflächlich gelesen. Damit besitzt der Befragte nicht alle für die Beantwortung der Frage wichtigen Informationen.

Beispiel 2 zu M3

Wenn Sie mehr als eine berufliche Tätigkeit ausüben, beantworten Sie die folgende Frage bitte nur für Ihre derzeitige berufliche Haupttätigkeit. Sollten Sie nicht erwerbstätig sein, beantworten Sie sie in Bezug auf Ihre letzte ausgeübte Tätigkeit.

Welchen Beruf üben Sie aus?

Kommentar zu Beispiel 2:

Hier gilt im Prinzip das Gleiche wie für Beispiel 1: Auch hier wird ein Text mit wichtigen Informationen – in einer kleineren Schriftgröße als der Fragetext – *vor* die Frage gestellt und deshalb von Befragten evtl. überhaupt nicht oder nicht vollständig gelesen. Solche wichtigen Zusatzinformationen sollten besser in den eigentlichen Fragetext integriert werden. Wenn Zusatzinformationen nur für einen Teil der Befragten zutreffen, z.b. nur für Erwerbstätige, dann kann man diese auch in einer anderen Schriftformatierung, z.b. kursiv unter den Fragetext stellen.

M4   Der Fragetext ist unvollständig.

Beschreibung:
Unvollständige Fragetexte findet man oft bei Demographiefragen.
So steht z.B. bei einer selbst-administrierten Frage anstelle der Formulierung „Wie alt sind Sie?" die Abkürzung: Ihr Alter:_____

Beispiel 1 zu M4

Im Demographieteil eines schriftlichen Fragebogens befinden sich an Stelle eines Fragetextes zum Schulabschluss die Worte:

Ihr Schulabschluss:_____

Kommentar zu Beispiel 1:
Bei der Frage zum Schulabschluss wird in der Umfrageforschung standardmäßig nach dem höchsten und dem allgemein bildenden Schulabschluss gefragt. Mit der Formulierung „Ihr Schulabschluss" werden diese Teile der Frage den Befragten nicht vermittelt. So notieren Befragte unter Umständen alle Schulabschlüsse, die sie gemacht haben, oder solche, die nicht als allgemein bildende Schulabschlüsse gelten wie z.B. Abschluss an einer Kochschule.

Um keine unbrauchbaren Daten zu erheben, muss die Frage präzise ausformuliert werden:

Welchen *höchsten* allgemein bildenden Schulabschluss haben Sie?
Bitte kreuzen Sie nur ein Kästchen an
- Volks-, Hauptschulabschluss
- Mittlere Reife, Realschulabschluss, Fachschulreife
- Fachhochschulreife, Abschluss einer Fachoberschule
- Abitur
- Anderen Schulabschluss, und zwar: _____

Beispiel 2 zu M4

Im Demographieteil eines schriftlichen Fragebogens wird nicht mittels einer Frageformulierung nach dem Beruf gefragt, sondern mittels folgender Abkürzung:

Ihr Beruf:_____*(Bitte eintragen)*

Kommentar zu Beispiel 2:
Befragte können in diesem Beispiel sehr unterschiedlich antworten. Eine mögliche Antwort wäre z.B. „Angestellter" oder „Friseur". Beide Antwortbeispiele reichen nicht aus, um mit Hilfe der allgemein gültigen Standardklassifikation der Berufe (International Standard Classification of Occupations: ISCO) die berufliche Situation des Befragten zu bestimmen. Hierzu müssen die beiden standardmäßig eingesetzten Demographiefragen zur beruflichen Position und zur Beschreibung der beruflichen Tätigkeit gestellt werden (siehe hierzu: Demographische Standards, Statistisches Bundesamt, Wiesbaden).

Beispiel 3 zu M4

In einem schriftlichen Fragebogen zum Thema „Essstörungen" steht im Kontext der Demographiefragen die Abkürzung:
Größe:_____

Kommentar zu Beispiel 3:

Das Ziel des Forschers war es, mit dem Wort „Größe" die „Körpergröße" zu erfassen. Tatsächlich aber trugen die befragten Studierenden (Erstsemesterbefragung) hier Zahlen ein wie z.B. 36, 40, 44 und meinten damit Ihre Kleidergröße.

Der Fehler erklärt sich zum einen daraus, dass das Wort „Größe" ohne Maßeinheit verwendet wurde. Die Maßeinheit „cm" hätte zur Präzisierung beigetragen. Zum anderen erklärt sich der Fehler aber auch aus den vorausgegangenen Fragen zu Essgewohnheiten und zum Körpergewicht. Die Angabe der Konfektionsgröße stand deshalb für sie inhaltlich in einem logischen Zusammenhang mit den bereits beantworteten Fragen. Besser wäre gewesen:

Ihre Körpergröße_____cm (bitte eintragen)

4 Übungsbeispiele

Anhand von 2 Übungsbeispielen wird noch einmal gezeigt, wie der Nutzer des FBS die Probleme/Fehler einer Frage identifizieren kann. Die Fragenbeispiele sollen eine Hilfestellung sein, den Umgang mit dem Checksystem zu erlernen.

Für jede Frage wurde jeweils *eine* Checkliste verwendet. Auf dem Deckblatt der Checkliste wurde jeweils der Fragetext eingetragen. Für jeden Problempunkt der Checkliste wurde überprüft, ob dieser bei der Frage vorhanden ist oder nicht. Wurde das Problem/der Fehler bei der Frage identifiziert, so wurde in der Checkliste das entsprechende Kästchen angekreuzt und der bei der überprüften Frage konkret aufgetretene Mangel in dem freien Feld notiert.

Zu Übungszwecken kann der Leser die von uns angekreuzten Kästchen im ersten Schritt abdecken, um selbst zu entscheiden, welche Probleme/Fehler seines Wissens nach bei den Übungsfragen vorhanden sind.

4.1 Erstes Übungsbeispiel

FRAGE - BEWERTUNGS - SYSTEM

CHECKLISTE

Die FBS-Checkliste wird nur für jeweils <u>eine</u> Frage benutzt.

FRAGE:
An wie vielen Tagen nutzen Sie im Allgemeinen in einer Woche politische Informationsangebote im Internet?
INT: Gemeint sind damit alle Arten von Internet-Angeboten mit politischem Inhalt, z.B. Websites von politischen Parteien, Medienangebote wie Spiegel Online, netzeitung.de, oder allgemeine Informationsangebote, wie z.B. die Seiten der Bundes- und Landeszentralen für politische Bildung, politik-digital u.dgl., oder auch politische Weblogs.
an allen 7 Tagen in der Woche
an 6 Tagen in der Woche
an 5 Tagen in der Woche
an 4 Tagen in der Woche

an 3 Tagen in der Woche
an 2 Tagen in der Woche
an 1 Tag in der Woche
seltener
nie
habe kein Internet

PROJEKT:

BEWERTER/CODER:

- Bearbeiten Sie die FBS-Checkliste Punkt für Punkt. Kreuzen Sie jeweils an, wenn das genannte Problem/der Fehler in der zu untersuchenden Frage vorhanden ist.
- Das von Ihnen identifizierte Problem bzw. den identifizierten Fehler können Sie in der Checkliste jeweils unterhalb der Beschreibung notieren.

A   Probleme mit Worten/Texten

A1   Der Fragetext enthält Worte/Formulierungen mit vager/unklarer Bedeutung
Beschreibung/Beispiele ab Seite 128

Unpräzise Worte/Formulierungen... ☒

Was genau ist mit „nutzen" gemeint? Wie ist die Formulierung „im Allgemeinen" zu verstehen? Was sind „politische Informationsangebote" (die Definition steht nicht im Fragetext, sondern nur in der Intervieweranweisung, die der Interviewer nur auf Rückfrage vorliest)?

Ungenaue Bezeichnungen von Zeiträumen oder Zeitpunkten...... ☐

Ungenaue Häufigkeitsbezeichnungen.. ☐

Ungenaue Intensitätsbezeichnungen... ☐

Ungenaue Mengenbezeichnungen.. ☐

A2 **In der Frage werden mehrere inhaltlich unterschiedliche Sachverhalte angesprochen**.. ☐
Beschreibung/Beispiele Seite 139

A3 **Der inhaltliche Fokus des Einleitungstextes entspricht nicht dem der Frage/Aussage**.. ☐
Beschreibung/Beispiele Seite 144

A4 **Die Frage ist hypothetisch formuliert** .... ☐
Beschreibung/Beispiele Seite 147

A5 **Der sprachliche Ausdruck kann vereinfacht werden**................... ☐
Beschreibung/Beispiele Seite 149

A6 Es werden Fremdworte oder Fachausdrücke verwendet, die für Befragte vielleicht unbekannt sind.. ☒
Beschreibung/Beispiele Seite 150

Was sind „Websites", „netzeitung.de", „politik-digital", „politische Weblogs"?

A7 Es werden Abkürzungen/seltene Symbole verwendet, von denen man annehmen muss, dass sie nicht allen Befragten bekannt sind.. ☐
Beschreibung/Beispiele Seite 154

B Unzutreffende Annahmen über Befragte

B1 Die Frage geht von Annahmen über Merkmale/ Verhaltenswei-sen von Befragten aus , die unter Umständen nicht zutreffen...... ☒
Beschreibung/Beispiele Seite 155

Die Frage setzt voraus, dass der Befragte einen Internetzugang besitzt. Die Alternative „habe kein Internet" wird im Fragetext nicht explizit erwähnt, so dass die Gefahr besteht, dass Befragte ohne Internetzugang spontan mit „nie" antworten und damit eine inhaltliche Häufigkeitsangabe machen.

Die Frage setzt weiterhin eine Regelmäßigkeit der Nutzung voraus, die evtl. nicht gegeben ist. Bei unregelmäßiger Nutzung kann der Befragte keine korrekten Angaben machen.

C Erinnerungsvermögen

C1 Eine Erinnerungsleistung ist schwer oder gar nicht zu erbringen.. ☐
Beschreibung/Beispiele Seite 158

D   Berechnung/Schätzung

D1   Es wird eine schwierige Berechnung/Schätzung verlangt............. ☐
Beschreibung/Beispiele Seite 162

E   Komplexität der mentalen Leistung

E1   Eine mentale Leistung ist schwer zu erbringen........................... ☐
Beschreibung/Beispiele Seite 164

F   Nicht intendierte Nebeneffekte

F1   Es besteht die Gefahr, dass die Frage gar nicht oder nicht
ehrlich beantwortet wird.. ☐
Beschreibung/Beispiele Seite 172

F2   Es besteht die Gefahr suggestiver Nebeneffekte........................... ☐
Beschreibung/Beispiele Seite 175

F3   Es besteht die Gefahr von Antworteffekten, wenn in einer Alternativfrage nicht beide Alternativen explizit formuliert
sind.. ☐
Beschreibung/Beispiele Seite 176

G „Weiß-nicht"-Kategorie bei Einstellungsfragen

H Kontext der Frage/Fragensukzession

J Antwortvorgaben/Antwortskalen

J3 Der Befragte soll alle Antwortvorgaben nennen/ankreuzen, die auf ihn zutreffen („Check-all-that-apply"-Fragen)................. ☐
Beschreibung/Beispiele Seite 194

J4 Antwortvorgaben fehlen... ☐
Beschreibung/Beispiele Seite 195

J5 Antwortvorgaben sind unlogisch/unsystematisch angeordnet...... ☐
Beschreibung/Beispiele Seite 197

J6 Wenn mehrere Antwortvorgaben vorgelesen werden, besteht die Gefahr, dass ihr Wortlaut von den Befragten nicht behalten wird... ☐
Beschreibung/Beispiele Seite 198

J7 Die Abstände zwischen Skalenpunkten sind nicht gleich/die Skala ist nicht ausbalanciert................................. ☐
Beschreibung/Beispiele Seite 201

J8 Eine negativ formulierte Aussage soll mittels einer bipolaren Antwortskala bewertet werden................................. ☐
Beschreibung/Beispiele Seite 202

J9 Es besteht die Gefahr der Antwortverzerrung durch Antwort-vorgaben/Antwortskalen................................. ☐
Beschreibung/Beispiele Seite 204

K   Offene Fragen

K1   Es besteht die Gefahr, dass die Bedeutung der offenen Frage nicht klar wird, weil der Bezugsrahmen nicht eindeutig vorgegeben ist.. ☐
Beschreibung/Beispiele Seite 208

K2   Es besteht die Gefahr von Zuordnungsfehlern, wenn der Interviewer die Antwort auf eine offene Frage während des Interviews verschlüsseln muss (Feldverschlüsselung)................ ☐
Beschreibung/Beispiele Seite 209

L   Instruktionen bei Interviewer-administrierten Fragen

L1   Der Interviewer hat Probleme zu entscheiden, ob vorhandene Zusatztexte vorzulesen sind.. ☐
Beschreibung/Beispiele Seite 212

L2   Dem Interviewer fehlen Anweisungen zur technischen Vorgehensweise/Anweisungen stehen an der falschen Stelle................ ☒
Beschreibung/Beispiele Seite 214

Sind die Kategorien vorzulesen oder werden sie auf einer Liste vorgelegt?

L3   Der Interviewer muss wichtige Zusatzinformationen, die für das Stellen der Frage wichtig sind, informell ermitteln................ ☐
Beschreibung/Beispiele Seite 218

L4 Inhalte/Informationen, die für die Beantwortung der Frage relevant sind, stehen nur in der Anweisung und nicht im Fragetext.. ☒
Beschreibung/Beispiele Seite 219

Dem Interviewer wird nicht vorgegeben, wie er mit der Intervieweranweisung umzugehen hat (vollständig oder nur Teile vorlesen? Nur auf Rückfrage des Befragten vorlesen?).

M Probleme im Zusammenhang mit der Aufgabenbeschreibung in selbst-administrierten Fragen

M1 Es fehlen Anweisungen zur technischen Vorgehensweise............ ☐
Beschreibung/Beispiele Seite 212

M2 Mehrere Fragen müssen vom Befragten in einem komplizierten Antwortschema beantwortet werden... ☐
Beschreibung/Beispiele Seite 222

M3 Wichtige Zusatzinformationen sind nicht im Fragetext integriert, sondern getrennt aufgeführt... ☐
Beschreibung/Beispiele Seite 223

M4 Der Fragetext ist unvollständig... ☐
Beschreibung/Beispiele Seite 225

4.2 Zweites Übungsbeispiel

FRAGE - BEWERTUNGS - SYSTEM

CHECKLISTE

Die FBS-Checkliste wird nur für jeweils <u>eine</u> Frage benutzt.

FRAGE:
Man kann zu verschiedenen politischen Themen unterschiedliche Meinungen haben. Wie ist das bei Ihnen: Was halten Sie von der folgenden Aussage? Benutzen Sie für Ihre Antwort bitte die Skala auf der Liste.
Int.: Liste überreichen (Aussage und Skala)
Einwanderer sind gut für die deutsche Wirtschaft.
Stimme voll und ganz zu, stimme eher zu, weder/noch, lehne eher ab, lehne voll und ganz ab

PROJEKT:

BEWERTER/CODER:

- Bearbeiten Sie die FBS-Checkliste Punkt für Punkt. Kreuzen Sie jeweils an, wenn das genannte Problem/der Fehler in der zu untersuchenden Frage vorhanden ist.
- Das von Ihnen identifizierte Problem bzw. den identifizierten Fehler können Sie in der Checkliste jeweils unterhalb der Beschreibung notieren.

A   Probleme mit Worten/Texten

A1   **Der Fragetext enthält Worte/Formulierungen mit vager/unklarer Bedeutung**
Beschreibung/Beispiele ab Seite 128

Unpräzise Worte/Formulierungen... ☒

Was bedeutet „gut"? In welcher Hinsicht sind Einwanderer gut?

Unklar ist auch der Begriff „Einwanderer". Welche Gruppen sind hier zu berücksichtigen? Sind zum Beispiel Russlanddeutsche „Einwanderer"?

Ungenaue Bezeichnungen von Zeiträumen oder Zeitpunkten...... ☐

Ungenaue Häufigkeitsbezeichnungen.. ☐

Ungenaue Intensitätsbezeichnungen... ☐

Ungenaue Mengenbezeichnungen... ☐

A2   **In der Frage werden mehrere inhaltlich unterschiedliche Sachverhalte angesprochen**... ☐
Beschreibung/Beispiele Seite 139

A3   Der inhaltliche Fokus des Einleitungstextes entspricht nicht
dem der Frage/Aussage... ☐
Beschreibung/Beispiele Seite 144

A4   Die Frage ist hypothetisch formuliert .... ☐
Beschreibung/Beispiele Seite 147

A5   Der sprachliche Ausdruck kann vereinfacht werden................... ☐
Beschreibung/Beispiele Seite 149

A6   Es werden Fremdworte oder Fachausdrücke verwendet, die für
Befragte vielleicht unbekannt sind... ☐
Beschreibung/Beispiele Seite 150

A7   Es werden Abkürzungen/seltene Symbole verwendet, von denen
man annehmen muss, dass sie nicht allen Befragten bekannt
sind.. ☐
Beschreibung/Beispiele Seite 154

B   Unzutreffende Annahmen über Befragte

B1   Die Frage geht von Annahmen über Merkmale/ Verhaltenswei-
sen von Befragten aus , die unter Umständen nicht zutreffen...... ☐
Beschreibung/Beispiele Seite 155

240

C Erinnerungsvermögen

C1 Eine Erinnerungsleistung ist schwer oder gar nicht zu
erbringen... ☐
Beschreibung/Beispiele Seite 158

D Berechnung/Schätzung

D1 Es wird eine schwierige Berechnung/Schätzung verlangt............. ☐
Beschreibung/Beispiele Seite 162

E Komplexität der mentalen Leistung

E1 Eine mentale Leistung ist schwer zu erbringen........................ ☐
Beschreibung/Beispiele Seite 164

F Nicht intendierte Nebeneffekte

F1 Es besteht die Gefahr, dass die Frage gar nicht oder nicht
ehrlich beantwortet wird.. ☐
Beschreibung/Beispiele Seite 172

F2 Es besteht die Gefahr suggestiver Nebeneffekte........................... ☐
Beschreibung/Beispiele Seite 175

F3 **Es besteht die Gefahr von Antworteffekten, wenn in einer Alternativfrage nicht beide Alternativen explizit formuliert sind**.. ☐
Beschreibung/Beispiele Seite 176

G „Weiß-nicht"-Kategorie bei Einstellungsfragen

G1 **Probleme mit der expliziten Vorgabe einer „weiß-nicht"-Kategorie bei Einstellungsfragen**...................................... ☒
Beschreibung/Beispiele Seite 179

Die Frage besitzt keine „weiß-nicht"-Kategorie. Es besteht die Gefahr, dass solche Befragte, die zu dem angesprochenen Thema keine Meinung haben, sich vermutlich der mittleren Kategorie als Ersatz für eine „weiß-nicht"-Kategorie zuordnen.

Andererseits ist für die Beantwortung der Frage kein hohes Spezialwissen erforderlich, so dass auch Befragte mit nur vager Meinung die Frage beantworten können.

In Anbetracht dieser Überlegungen sollte die Vorgabe einer „weiß-nicht"-Kategorie überdacht werden.

H Kontext der Frage/Fragensukzession

H1 **Es besteht die Gefahr, dass die Frage auf Grund vorangegangener Fragen nicht in der intendierten Weise interpretiert wird**..... ☐
Beschreibung/Beispiele Seite 182

H2 **Es besteht die Gefahr, dass die Beantwortung der Frage von der Beantwortung vorangegangener Fragen beeinflusst wird**...... ☐
Beschreibung/Beispiele Seite 184

J Antwortvorgaben/Antwortskalen

J1 Die Antwortvorgaben passen nicht zur Frage............................. ☒
Beschreibung/Beispiele Seite 189

Eine als Fakt formulierte Aussage kann man nicht ablehnen. Die Skala sollte unipolar formuliert werden und von „Stimme voll und ganz zu" bis „Stimme überhaupt nicht zu" reichen.

J2 Antwortvorgaben überschneiden sich.. ☐
Beschreibung/Beispiele Seite 191

J3 Der Befragte soll alle Antwortvorgaben nennen/ankreuzen, die auf ihn zutreffen („Check-all-that-apply"-Fragen)................. ☐
Beschreibung/Beispiele Seite 194

J4 Antwortvorgaben fehlen.. ☐
Beschreibung/Beispiele Seite 195

J5 Antwortvorgaben sind unlogisch/unsystematisch angeordnet...... ☐
Beschreibung/Beispiele Seite 197

J6 Wenn mehrere Antwortvorgaben vorgelesen werden, besteht die Gefahr, dass ihr Wortlaut von den Befragten nicht behalten wird.. ☐
Beschreibung/Beispiele Seite 198

J7   **Die Abstände zwischen Skalenpunkten sind nicht gleich/die Skala ist nicht ausbalanciert**.. ☐
Beschreibung/Beispiele Seite 201

J8   **Eine negativ formulierte Aussage soll mittels einer bipolaren Antwortskala bewertet werden**.. ☐
Beschreibung/Beispiele Seite 202

J9   **Es besteht die Gefahr der Antwortverzerrung durch Antwortvorgaben/Antwortskalen**.. ☐
Beschreibung/Beispiele Seite 204

K   Offene Fragen

K1   **Es besteht die Gefahr, dass die Bedeutung der offenen Frage nicht klar wird, weil der Bezugsrahmen nicht eindeutig vorgegeben ist**.. ☐
Beschreibung/Beispiele Seite 208

K2   **Es besteht die Gefahr von Zuordnungsfehlern, wenn der Interviewer die Antwort auf eine offene Frage während des Interviews verschlüsseln muss (Feldverschlüsselung)**.................. ☐
Beschreibung/Beispiele Seite 209

L   Instruktionen bei Interviewer-administrierten Fragen

L1   Der Interviewer hat Probleme zu entscheiden, ob vorhandene Zusatztexte vorzulesen sind..   ☐
Beschreibung/Beispiele Seite 212

L2   Dem Interviewer fehlen Anweisungen zur technischen Vorgehensweise/Anweisungen stehen an der falschen Stelle.................   ☐
Beschreibung/Beispiele Seite 214

L3   Der Interviewer muss wichtige Zusatzinformationen, die für das Stellen der Frage wichtig sind, informell ermitteln................   ☐
Beschreibung/Beispiele Seite 218

L4   Inhalte/Informationen, die für die Beantwortung der Frage relevant sind, stehen nur in der Anweisung und nicht im Fragetext..   ☐
Beschreibung/Beispiele Seite 219

M Probleme im Zusammenhang mit der Aufgabenbeschreibung in selbst-administrierten Fragen

M1 **Es fehlen Anweisungen zur technischen Vorgehensweise**............ ☐
Beschreibung/Beispiele Seite 221

M2 **Mehrere Fragen müssen vom Befragten in einem komplizierten Antwortschema beantwortet werden**... ☐
Beschreibung/Beispiele Seite 222

M3 **Wichtige Zusatzinformationen sind nicht im Fragetext integriert, sondern getrennt aufgeführt**... ☐
Beschreibung/Beispiele Seite 223

M4 **Der Fragetext ist unvollständig**.. ☐
Beschreibung/Beispiele Seite 225

Literaturverzeichnis

Zeitschriften zur fortlaufenden Orientierung:

Public Opinion Quarterly
International Journal of Public Opinion
Survey Research Methods
Journal of Official Statistics
Social Science Computer Review
International Journal of Internet Science
Sociological Methods & Research
Methoden, Daten, Analysen (MDA)
Applied Cognitive Psychology

Grundlegende Monographien und Sammelbände:

Biemer, P.P. et al. (Eds.) (1999). *Measurement errors in surveys.* New York: John Wiley, pp. 73-93.
Biemer, P.P. & Lyberg, L.E. (2003). *Introduction to survey quality.* New York: Wiley.
Bollen, K.A. (1989). *Structural equations with latent variables.* New York: Wiley.
Couper, M.P. et al. (Eds.) (1998). *Computer-assisted survey information collection.* New York: Wiley.
Dillman, D.A. (2007). *Mail and Internet surveys: The tailored design method.*
    (2. Auflage). New York: Wiley. (1. Auflage erschienen 2000).
De Leeuw, E., Hox, J.J. & Dillman, D.A. (Eds.) (2008). *International handbook of survey methodology.* New York: Lawrence Erlbaum.
Fowler, F.J. (1995). *Improving Survey Questions: Design and Evaluation.* Thousands Oaks, CA: Sage.
Groves, R.M. et al. (Eds.) (1999). *Telephone survey methodology.* New York: Wiley.
Groves, R.M. et al. (Eds.) (2004). *Survey Methodology.* New York: Wiley.
Groves, R.M. et al. (Eds.) (2002), *Survey nonresponse.* New York: Wiley.
Harkness, J.A., Van de Vijver, F.J.R. & Mohler, P.Ph. (Eds.) (2003). *Cross-cultural survey methods.* Hoboken, New Jersey: Wiley.
Lyberg, L. et al. (Eds.) (1997). *Survey measurement and process quality.* New York: Wiley.
Presser, S. et al. (Eds.) (2004). *Methods for testing and evaluating survey questions.* New York: Wiley.
Sirken, M.G. et al. (Eds.) (1999). *Cognition and survey research.* New York: Wiley.
Tourangeau, R., Rips, L.J. & Rasinski, K. (2000). *The psychology of survey response.* Cambridge: Cambridge University Press.
Weisberg, H.F. (2005). *The total survey error approach.* Chicago: The University of Chicago Press.

Zitierte Literatur:

Alwin, D.F. (2007). *Margins of error: A study of reliability in survey measurement.* Hoboken NJ: Wiley.
Alwin, D.F. & Krosnick, J.A. (1991). The reliability of survey attitude measurement: The influence of question and respondent attributes. *Sociological Methods & Research, 20,* 139-181.
Aquilino, W.S. (1992). Telephone vs. face-to-face interviewing for household drug use surveys. *International Journal of Addiction, 27,* 71-91.
Aquilino, W.S. & LoSciuto, L.A. (1990). Effects of interview mode on self-reported drug use. *Public Opinion Quarterly, 54,* 362-395.
Argyle, M. (1969). *Social interaction.* London: Methuen.
Austin, J.L. (1962). *How to do things with words.* Oxford: Oxford University Press.
Baker, R.P., Crawford, S. & Swinehart, J. (2004). Development and testing of web questionnaires. In: S. Presser et al. (Eds.), *Methods for testing and evaluating survey questions.* New York: Wiley.
Bandilla, W. (1999). WWW-Umfragen - Eine alternative Erhebungstechnik für die empirische Sozialforschung? In B. Batinic et al. (Hrsg.), *Online Research. Methoden, Anwendungen und Ergebnisse* (S. 9-19). Göttingen: Hogrefe.
Bandilla, W., Bosnjak, M. & Altdorfer, P. (2003). Survey administration effects? A comparison of web-based and traditional written self-Administered surveys using the ISSP environment module. *Social Science Computer Review, 21,* 235-244.
Bassili, J.N. (1996) The "How" and "Why" of Response Latency Measurement in Survey Research. In N. Schwarz & S. Sudman (Eds.), *Answering questions: Methodology for determining cognitive and communicative processes in survey research* (S. 319-346). San Francisco: Jossey-Bass.
Batinic, B. Reips, U.-D. & Bosnjak, M. (Eds.) (2002). *Online social sciences.* Göttingen: Hogrefe.
Belson, W.A. (1981). *The design and understanding of survey questions.* Aldershot, England: Gower.
Belson, W.A. (1986). *Validity in survey research.* Aldershot, England: Gower.
Bentler, P.M. (1985). *Theory and implementation of EQS.* Los Angeles: BMDP Statistical Software Inc.
Bentler, P.M. (2001). *EQS 6: Structural equations program manual.* Encino: Multivariate Software.
Bentler, P.M. & Chou, C.-P. (1987). Practical issues in structural equation modeling. *Sociological Methods & Research, 16,* 78-117.
Bergmann, L.R. et al. (1994). Decentralised CATI versus paper and pencil interviewing: Effects of the results in the Swedish labor force surveys. *Journal of Official Statistics, 10,* 181-195.
Bethlehem, J. (1999). The routing structures of questionnaires. In C. Christie & J. Francis (Eds.), *Compilation.* London: Association of Survey Computing.
Bethlehem, J. (2002). Weighting nonresponse adjustments based on auxiliary information. In R. Groves et al. (Eds.), *Survey nonresponse* (S. 275-288). New York: Wiley.
Biemer, P.P. & Lyberg, L.E. (2003). *Introduction to survey quality.* New York: Wiley.
Biemer, P.P. & Stokes, L. (1989). The optimal design of quality control samples to detect interviewer cheating. *Journal of Official Statistics, 5,* 23-40.
Biemer, P.P. & Trewin, D. (1997). A review of measurement error effects on the analysis of survey data. In Lyberg, L. et al. (Eds.). *Survey measurement and process quality (S. 603-632).* New York: Wiley.

Billiet, J. (2003). Cross-cultural equivalence with structural equation modeling. In J.A. Harkness, F.J.R. Van de Vijver, & P.Ph. Mohler, (Eds.) (2003). *Cross-cultural survey methods* (S. 247-263). Hoboken, NJ: Wiley.

Birkett, N.J. (1986). Selecting the number of response categories for a Likert-type scale. *Proceedings of the American Statistical Association*, 488-492.

Bishop, G., Oldendick, R. & Tuchfarber, A. (1986). Opinions on fictitious issues: The pressure of answer survey questions. *Public Opinion Quarterly, 50*, 240-250.

Bishop, G. et al. (1988). A comparison of response effects in self-administered and telephone surveys. In R.M. Groves et al. (Eds.), *Telephone survey methodology*. (S. 321-340). New York: Wiley.

Blair, J. et al. (2006). The effect of sample size on cognitive interview findings. *Paper presented at the Annual conference of the American Association of Public Opinion Research*, Montreal.

Blau, P. (1964). Exchange and power in social life. New York: Wiley.

Bohrnstedt, G.W. (1983). Measurement. In P.H. Rossi, J.D. Wright & A.B. Anderson (Eds.), *Handbook of survey research* (S. 70-122). New York: Academic Press.

Bohrnstedt, G.W., Mohler, P. Ph. & Müller, W. (Eds.) (1987). An empirical study of reliability and stability of survey research. *Sociological Methods & Research 15*.

Boomsma, A. (1987). On the robustness of maximum likelihood estimation in structural equation models. In P Cuttance & R. Ecob (Eds.) *Structural equation modelling by example* (S. 160-188). Cambridge: Cambridge University Press.

Bortz, J. & Döring, N. (2006). *Forschungsmethoden und Evaluation (4. Auflage)*. Berlin: Springer.

Bradburn, N.M. & Miles, C. (1979). Vague quantifiers. *Public Opinion Quarterly, 43*, 92-101.

Bredenkamp, J. (1969). Experiment und Feldexperiment. In C.F. Graumann (Hrsg।) *Handbuch der Psychologie Band 7. Sozialpsychologie* (S. 332-374). Göttingen: Hogrefe.

Campbell, D.T. & Fiske, D.W. (1959). Convergent and discriminant validation by the multitrait-multimethod matrix. *Psychologcial Bulletin, 56*, 833-853.

Cannell, C.F., Fowler, F.J. & Marquis, K.H. (1968). The influence of interviewer and respondent psychological and behavioral variables in the reporting of household interviews. *Vital and Health Statistics, Series 2, No. 26*.

Chaudhuri, A. & Mukerjee, R. (1988). *Randomized response: Theory and techniques*. New York: Marcel Dekker.

Christian, L.M., Dillman, D.A. & Smyth, J.D. (2007). Helping respondents get it right the first time: The influence of words, symbols, and graphics in web surveys. *Public Opinion Quarterly, 71*, 113-125.

Cliff, N. (1959). Adverbs as multipliers. *Psychological Review, 66*, 27-44.

Conrad, F.G. & Schober, M.F. (2000). Clarifying question meaning in a household telephone survey. *Public Opinion Quarterly, 64*, 1-28.

Conrad, F.G., Schober, M.F. & Coiner, T. (2007). Bringing features of human dialogue to web surveys. *Applied Cognitive Psychology, 21*, 165-187.

Converse, J.M. (1964). The nature of belief systems in mass publics. In D. Apter (Ed.), *Ideology and discontent* (S. 206-261). New York: Free Press.

Converse, J.M. & Presser, S. (1986). *Survey questions. Handcrafting the standardized questionnaire*. Beverly Hills: Sage.

Couper, M.P. (2000a). Web surveys. *Public Opinion Quarterly* 64, 464-494.

Couper, M.P. (2000b). Usability evaluation of computer-assisted survey instruments. *Social Science Computer Review, 18*, 384-396.

Couper, M.P. & Nicholls II, W.L. (1998). The history and development of computer-assisted survey information collection methods. In M.P. Couper et al. (Eds.), *Computer-assisted survey information collection* (1-21). New York: Wiley.

249

Couper, M.P., Hansen, S.E. & Sadosky, S.A. (1997). Evaluating interviewer use of CAPI technology. In L. Lyberg et al. (Eds.). *Survey measurement and process quality (S. 267-285)*. New York: Wiley.

Couper, M.P., Singer, E. & Tourangeau, R. (2003). Understanding the effects of audio-CASI on self-reports of sensitive behavior. *Public Opinion Quarterly, 67*, 385-395.

Couper, M.P., Singer, E. & Tourangeau, R. (2004). Does voice matter? An interactive voice response (IVR) experiment. *Journal of Official Statistics, 20*, 551-570.

Couper, M.P., Tourangeau, R. & Conrad, F.G. (2007). Evaluating the effectiveness of visual analogue scales. *Social Science Computer Review, 24*, 227-245.

Couper, M.P., Tourangeau, R. & Kenyon, K. (2004). Picture this!: Exploring visual effects in web surveys. *Public Opinion Quarterly, 68*, 255.266.

Couper, M.P., Traugott, M.W. & Lamias, M.J. (2001). Web survey design and administration. *Public Opinion Quarterly, 65*, 235-253.

Crites, S.L. et al. (1995). Bioelectrical echoes from evaluative categorization: II. A late positive brain potential that varies as a function of attitude registration rather than attitude report. *Journal of Personality and Social Psychology, 68*, 997-1013.

De Leeuw, E. & Collins, M. (1997). Data collection methods and survey quality: An overview. In L. Lyberg et al. (Eds.). *Survey measurement and process quality (S. 199-220)*. New York: Wiley.

De Leeuw, E., Hox, J.J. & Kef, S. (2003). Computer-assisted self-interviewing for special populations and topics. *Field Methods, 15*, 223-251.

DeMaio, T. (1984). Social desirability and survey measurement. In C. Turner & E. Martin (Eds.). *Surveying subjective phenomena (S. 257-282)*. New York: Russell Sage.

Dickinson, T.L. & Zellinger, P.M. (1980). The effect of lack of information on the undecided response in attitude surveys. *Journal of Applied Psychology, 40*, 150-153.

Diekmann, A. (2007). *Empirische Sozialforschung: Grundlagen, Methoden, Anwendungen*. Reinbeck: Rowohlt.

Dillman, D.A. (1978). *Mail and Telephone Surveys: The Total Design Method*. New York: Wiley.

Dillman, D.A. & Tarnai, J. (1991). Mode effects of cognitively designed recall questions: A comparision of answers to telephone and mail surveys. In P.P. Biemer et al. (Eds.), *Measurement errors in surveys (S. 73-93)*. New York: John Wiley.

Dillman, D. & Redline, C.D. (2004). Testing paper self-administered questionnaires: Cognitive interview and field test comparisons. In S. Presser et al., *Methods for testing and evaluating survey questions (S. 299-317)*. New York: Wiley.

Dippo, C.S. (1997). Survey measurement and process improvement: concepts and integration. In L. Lyberg. et al. (Eds.). *Survey measurement and process quality (S. 457-474)*. New York: Wiley.

Edwards, A.L. (1957). *The social desirability variable in personality assessment and research*. New York: Dryden.

Erslöh, B. & Koch, A. (1988). Die Nonresponse-Studie zum ALLBUS 1986. Problemstellung, Design, erste Ergebnisse. *ZUMA-Nachrichten, 22*, 29-44.

Evans, J.St.B.T. (2008).Dual-processing accounts of reasoning, judgment and social cognition. *Annual Review of Psychology, 59*, 255- 278.

Faulbaum, F. (1983). Konfirmatorische Analysen der Reliabilität von Wichtigkeitseinstufungen beruflicher Merkmale. *ZUMA-Nachrichten, 13*, 22-44.

Faulbaum, F. (1984a). Zur Konstruktinvarianz numerischer und verbaler Kategorialskalen. *ZUMA-Nachrichten, 14*, 46-59.

Faulbaum, F. (1984b). *Ergebnisse der Methodenstudie zur internationalen Vergleichbarkeit von Einstellungsskalen* (ZUMA-Arbeitsbericht Nr. 04/84). Mannheim: ZUMA.

Faulbaum, F. (1990). Der internationale Vergleich von Messmodellen unter verallgemeinerten Verteilungsbedingungen. *ZUMA-Nachrichten, 26*, 56-71.

Faulbaum, F. (2004a). Computer Assisted Pretesting of CATI-Questionnaires. *Bulletin de Methodologie Sociologique, 83*, 5-17.

Faulbaum, F. (2004b). Computer Assisted Pretesting of CATI-Quesionnaires. In P. Prüfer, M. Rexroth, & F.J. Fowler (Eds.), *Proceedings of the 4th International conference on Question Evaluation Standards* (ZUMA-Nachrichten Spezial Nr.9, S. 129-141). Mannheim: ZUMA.

Faulbaum, F. & Stein, P. (2000). Wie homogen sind Einstellungen gegenüber Ausländern? Zur Aufdeckung und Modellierung unbeobachteter Heterogenität in Umfragedaten. In R. Alba, P. Schmidt, P. & M.Wasmer (Hrsg.), *Deutsche und Ausländer: Freunde, Fremde oder Feinde?* (485-518). Wiesbaden: Westdeutscher Verlag.

Fillmore, C.J. (1970). Subjects, speakers and roles. *Synthese,* 21, 251-275.

Finn, R.H. (1972). Effects of some variations in rating scale characteristcs on the mean and reliabilities of ratings. *Educational and Psychological Measurement, 32,* 255-265.

Forsyth, B. & Lessler, J. (1991). Cognitive laboratory methods: a taxonomy. In P.P. Biemer et al. (Eds), *Measurement errors in Surveys* (S. 393-418). New Yok: Wiley.

Forsyth, B., Lessler, J. & Hubbard, M. (1992). Cognitive evaluation of the questionnaire. In J. Tanur, J. Lessler & J. Gfroerer (Eds.), *Survey measurement of drug use: Methodological studies* (S. 12-53). Rockville, MD: National Institute of Drug Abuse.

Fowler, F.J. (1992). How unclear terms affect survey data. *Public Opinion Quarterly, 56,* 218-231.

Fowler, F.J. (1995). *Improving Survey Questions: Design and Evaluation.* Thousands Oaks, CA: Sage.

Fowler, F.J. (2001). Why it is easy to write bad questions? *ZUMA-Nachrichten 48,* 49-66.

Fowler, F.J. (2004). *Survey Research Methods.* Thousands Oaks, CA: Sage.

Fowler, F.J. & Cosenza, C. (2008). Writing effective questions. In E. De Leeuw, J. Hox, & D.A. Dillman (Eds.), *International handbook of survey methodology* (S.136-160). New York: Lawrence Erlbaum.

Fowler, F.J. & Mangione, T.W. (1990). *Standardized survey interviewing.* Beverly Hills: Stage.

Frege, G. (1892). Über Sinn und Bedeutung. *Zeitschrift für Philosophie und philosophische Kritik, NF 100,* 25-50.

Fricker, S. et al. (2005). An experimental comparison of web and telephone surveys. *Public Opinion Quarterly, 69,* 370-392.

Gribble, H.P. et al. (2000). The impact of T-ACASI interviewing on reporting drug use among men who have sex with men. *Substance Use and Misuse, 80,* 869-890.

Grice, H. (1975). Logic and conversation. In P. Cole & T. Morgan (Eds.), *Syntax and semantics* (Vol 3, Speech acts, S. 41-58). New York: Seminar Press.

Groves, R.M. (1991). Measurement error across disciplines. In P.P. Biemer et al. (Eds.), *Measurement errors in surveys* (S. 1-25). New York: Wiley.

Groves, R.M. (1999). *Telephone survey methodology.* New York: Wiley.

Groves, R.M. et al. (2004). *Survey Methodology.* New York: Wiley.

Groves, R.M. (2006). Nonresponse rates and nonresponse bias in household surveys. *Public Opinion Quarterly, 70,* 646-675.

Groves, R.M. & Couper, M.P. (1999). *Nonresponse in Household interview surveys.* New York: Wiley.

Groves, R.M., Singer, E. & Corning, A. (2000). Leverage-salience theory of survey participation. *Public Opinion Quarterly 64,* 251-268.

Gulliksen, H. (1950). *Theory of mental tests.* New York: Wiley.

Hartmann, P. (1991). *Wunsch und Wirklichkeit. Theorie und Empirie sozialer Erwünschtheit.* Wiesbaden: Deutscher Universitätsverlag.

Häder, M. (2006). *Empirische Sozialforschung. Eine Einführung.* Wiesbaden: VS Verlag für Sozialwissenschaften.

Hambleton, R.K., Merenda, P.F. & Spielberger, C.D. (Eds.) (2005). *Adapting educational and psychological tests for cross-cultural assessment.* Mahwah: Lawrence Erlbaum.

Hansen, S.E. & Couper, M.P. (2004). Usability testing to evaluate computer-assisted instruments. In S. Presser et al. (2004). *Methods of testing and evaluating survey questionnaires* (S. 357-384). Hoboken NJ: Wiley.

Hansen, M.H., Hurwitz, ,W.N. & Pritzker, L. (1967). Standardization of procedures for the evaluation of data: Measurement errors and statistical standards in the Buero of the Census. *Bulletin of the International Statistical Institute, 36th session, 49-66.*

Harkness, J.A., Van de Vijver, F.J.R. & Mohler, P.Ph. (Eds.) (2003). *Cross-cultural survey methods.* Hoboken, NJ: Wiley.

Harkness, J.A., Pennell, B.E. & Schoua-Glucksberg, A. (2004). Survey questionnaire translation and assessment. In S. Presser et al. (2004). *Methods of testing and evaluating survey questionnaires* (S. 453-473). Hoboken NJ: Wiley.

Harkness, J.A., Van de Vijver, F.J.R. & Johnson, T.P. (2003). Questionnaire design in comparative research. In J.A. Harkness, F.J.R. Van de Vijver. & P.Ph. Mohler. (Eds.) (2003). *Cross-cultural survey methods.* Hoboken, NJ: Wiley.

Heckel. C. (2007). Weiterentwicklung der ADM-CATI-Auswahlgrundlagen. In S. Gabler & S. Häder (Hrsg.), *Mobilfunktelefonie – Eine Herausforderung für die Umfrageforschung* (ZUMA-Nachrichten Spezial Nr. 7, S. 25-38). Mannheim: ZUMA.

Heise, D.R. (1969). Separating reliability and stability in test-retest correlation. *American Sociological Review, 34,* 93-101.

Higgins, C.A., Dimnik, T.P. & Greenwood, H.P. (1987). The DiskQ survey method. *Journal of Market Research Society, 37,* 437-445.

Hippler, H.-J. & Schwarz, N. (1989). „No Opinion" filters: A cognitive perspective. *International Journal of Public Opinion* Research 1: 77 – 88.

Hippler, H.-J. & Schwarz, N. (1992). *The impact of administration modes on response effects in surveys.* ZUMA-Arbeitsbericht Nr. 92/14.

Hippler, H.-J., Schwarz, N., Noelle-Neumann, E., Knäuper, B. & Clark, L. (1991). Der Einfluss numerischer Werte auf die Bedeutung verbaler Skalenpunkte. *ZUMA-Nachrichten 28,* 54 - 64.

Hippler, H.-J., Schwarz, N. & Sudman, S. (Eds.) (1987). *Social information processing and survey methodology.* New York: Springer.

Hochstim, J.R. (1967). A critical comparison of three strategies of collecting data from households. *Journal of the American Statistical Association, 62,* 976-989.

Hoffmeyer-Zlotnik, J.H. & Warner, U. (2008). *Privater Haushalt. Konzepte und ihre Operationalisierung in nationalen und internationalen sozialwissenschaftlichen Umfragen.* Forschung Raum und Gesellschaft: Mannheim

Hofmans, J. et al. (2007). Bias and changes in perceived intensity of verbal qualifiers effected by scale orientation. *Survey Research Methods, 1,* 97-108.

Holbrook, A.L., Green, M.C. & Krosnick, J.A. (2003). Telephone vs. face-to-face interviewing of national probability samples with long questionnaires: Comparison of respondent satisficing and social desirability response bias. *Public Opinion Quarterly, 67,* 79-125.

Homans, G. (1958). Social behavior as exchange. *Amercian Journal of Sociology, 62,* 597-606.

Hox, J.J. (1997). From Theoretical Concepts to Survey Questions. In L. Lyberg (Eds.), *Survey Measurement and Process Quality.* New York: Wiley.

Hüfken, V. (2000*). Methoden in Telefonumfragen.* Wiesbaden: Westdeutscher Verlag.

Jabine, T., Straf, M., Tanur, J. & Tourangeau, R. (1984). *Cognitive Aspects of Survey Methodology: Building a Bridge between Disciplines.* Washington, DC: National Academy Press.

Jagodzinski, W., Kühnel, S.M. & Schmidt, P. (1987). Is there a "Socratic effect" in nonexperimental panel studies. *Sociological Methods & Research, 15,* 259-302.

252

Jenkins, C.R. & Dillman, D.A. (1997). Towards a theory of self-administered questionnaires. In L. Lyberg et al. (Eds.), *Survey Measurement and Process Quality* (S. 165-196). New York: Wiley.

Jobe, J.B., Pratt, W.F., Tourangeau, R., Baldwin, A.K. & Rasinski, K. (1997). Effects of interview mode on sensitive questions in a fertility survey. In L. Lyberg et al. (Eds.), *Survey Measurement and Process Quality* (S. 311-329). New York: Wiley

Jöreskog, K.G. (1969). A general approach to confirmatory maximum likelihood factor analysis. *Psychometrika, 34,* 183-202.

Jöreskog, K.G. (1971). Statistical analysis of sets of congeneric tests. *Psychometrika, 36,* 109-133.

Jöreskog, K.G. & Sörbom, D. (1978). *LISREL IV. Analysis of linear structural relationahips by maximum likelihood.* Chicago: National Educational Resorces.

Jöreskog, K.G. et al. (2000). *LISREL 8: User's reference guide.* Chicago: Scientific Software.

Johnson, T.P. (2003). Approaches to equivalence in cross-cultural and cross-national survey research. In J.A. Harkness (Ed.), *Cross-cultural survey equivalence. (ZUMA-Nachrichten Spezial No. 3, S. 1-40).* Mannheim: ZUMA

Judd, C. & Harackiewicz, J. (1980). Contrast effects in attitude judgments: An examination of the accentuation hypothesis. *Journal of Personality and Social Psychology, 38,* 390-398.

Kaase, M. (Hrsg.) (1999). *Qualitätskriterien in der Umfrageforschung.* Berlin: Akademie Verlag.

Kahnemann, D. & Frederick, S. (2002). Representativeness revisited: Attribute substitution in intuitive judgment. In T. Gilovich, D. Griffin & D. Kahnemann (Eds.), *Heuristics and Biases: The psychology of intuitive judgment* (S. 267-294). Cambridge, UK: Cambridge University Press.

Kalton, G., Kasprzyk, D. & McMillen, D. (1989). Nonsampling errors in panel surveys. In D. Kasprzyk et al. (Eds.), *Panels surveys* (S. 249-270). New York: Wiley.

Kano, Y. & Azuma, Y. (2003). Use of SEM programs to precisely measure scale reliability. In H. Yanai, A. Okada, K. Shigemasu, Y. Kano & J.J. Meulman (Eds.), *New developments in psychometrics* (S. 141-148). Tokyo: Springer-Verlag.

Knäuper, B. et al. (2007). The perils of interpreting age differences in attitude reports: Question order effects decrease with age. *Journal of Official Statistics, 23,* 515-528

Komorita, S.S. & Graham, W.K. (1965). Number of scale points and the reliability of scales. *Educational and Psychological Measurement, 25,* 987-995.

Krebs, D. (1987). *Soziale Empfindungen.* Frankfurt/M.: Campus.

Kristoff, W. (1966). Das Cliffsche Gesetz im Deutschen. *Psychologische Forschung, 29,* 22-31.

Krosnick, J.A. (1991). Response strategies for coping with the cognitive demands of attitude measures in surveys. *Applied Cognitive Psychology, 5,* 213-236.

Krosnick, J.A. & Berent, M.K. (1990). The impact of verbal labeling of response alternatives and branching on attitude measurement reliability in surveys. *Paper presented at the American Association for Public Opinion Research, Annual Meeting,* Lancaster, Pennsylvania.

Krosnick, J.A. & Fabrigar, L.R. (1997). Designing rating scales for effective measurement in surveys. In L. Lyberg (Eds.), *Survey Measurement and Process Quality* (S. 141-164). New York: Wiley.

Krosnick, J.A. & Alwin, D.F. (1987). An evaluation of a cognitive theory of response-order effects in survey measurement. *Public Opinion Quarterly, 51,* 201-219.

Krosnick, J.A., Narajan, J. & Smith, W. (1996). Satisficing in surveys: Initial evidence. *New Directions of Evaluation, 70,* 29-44.

Krosnick, J.A. et al. (2002). The impact of „No Opinion" response options on data quality. Nonattitude reduction or an invitation to satisfice? *Public Opinion Quarterly 66,* 371-403.

Kubovy, M. & Psotka, J. (1976). The predominance of seven and the apparent spontaneity of numerical choices. *Journal of Experimental Psychology: Human Perception and Performance, 2,* 291-294.

Lam, T.C. & Klockars, A.J. (1982). Anchor points effects on the equivalence of questionnaire items. *Journal of Educational Measurement 1982; 19,* 317-322.

Landy, F.J. & Farr, J.L. (1980). Performance rating. *Psychological Bulletin, 87,* 72-197.

Leary, M.R. (2007). Motivational and emotional aspects of the self. *Annual Review of Psychology, 58,* 317-344.

Lensvelt-Mulders, G.J.L.M. et al. (2005). Meta-analysis of randomized response research: Thirty-five years of validation. *Sociological Methods & Research, 33,* 319-348.

Lessler, J. & Forsyth, B. (1996). A Coding System for Appraising Questionnaires. In N. Schwarz & S. Sudman (Eds.), *Answering questions: Metodology for determining cognitive and communicative processes in survey research.* San Francisco: Jossey Bass.

Likert, R. (1932). A technique for the measurement of attitudes. *Archives for Psychology, 22,* 1-55.

Little, R.J.A. & Rubin, D.B. (2002). *Statistical analysis with missing data.* New York: Wiley.

Lodge, M. (1981). *Magnitude scaling, quantitative measurement of opinions.* London: Sage.

Lord, F.M. & Novick, M.R. (1968). *Statistical theories of mental test scores.* Reading, Mass.: Addison-Wesley.

Madden, J.M. & Bourdon, R.D. (1964). Effects of variations in scale format on judgment. *Journal of Applied Psychology, 48,* 147-151.

Master, J.R. (1974). The relationship between number of response categories and reliability of Likert-type questionnaires. *Journal of Educational measurement, 11,* 49-53.

Morris, C.W. (1938). Foundations of the theory of signs. In O. Neurath (Ed.). *International Encyclopedia of Unified Science* (Vol. I.) Chicago: Chicago University Press,

Morris, C.W. (1946). *Signs, language and behavior.* New York: Prentice-Hall.

Moxey, L.M. & Sanford, A.J. (1993). *Communicating quantities.* Hilldale, N.J.: Lawrence Erlbaum

Muthén, B.O. (1983). Latent variable structural equation modeling with categorical variables. *Journal of Econometrics, 22,* 48-65,

Muthén, B.O. & Muthén, L. (2007). *MPlus User's guide (Version 5).* Los Angeles: Muthén & Muthén.

Neter, J. & Waksberg, J. (1964). A study of response errors in expenditures data from household interviews. *Journal of the American Statistical Association, 59,* 17-55.

Nicholls, W.L., Baker, R.P. & Martin, J. (1997). The effect of new data collection technologies on survey data quality. In L. Lyberg et al. (Eds.), *Survey measurement and process quality* (S. 221-248). New York: Wiley.

Noelle-Neumann, E. (1971). Wanted: Rules for wording structured questionnaires. *Public Opinion Quarterly 34,* 191 – 201.

O'Muircheartaigh, C., Gaskell, G. & Wright, D.B. (1995). Weighing anchors: verbal and numerical labels for response scales. *Journal of Official Statistics, 11,* 295-307.

Ongena, Y.P. & Dijkstra, W. (2006). Methods of behavior coding of survey interviews. *Journal of Official Statistics, 22,* 419-451.

Oppenheim, A.N. (1966). *Questionnaire Design and Attitude Measurement.* Aldershot, England: Gower.

Parducci, A. (1965). Category judgment: A range frequency model. *Psychological Review, 72,* 407-418.

Parducci, A. (1974). Contextual effects: A range-frequency analysis. In E. Carterette & M. Friedman (Eds.), *Handbook of perception: Psychophysical judgment and measurement* (Vol II, S. 127-141). New York: Academic Press.

Park, D. & Schwarz, N. (2000). *Cognitive aging: A primer.* Philadelphia: Pychology Press.

Payne, S.L. (1951). *The art of asking questions.* Princeton: Princeton University Press

Porst, R. & Jers, C. (2007). Die ALLBUS-"Gastarbeiter-Frage". Zur Geschichte eines Standardinstruments in der Allgemeinen Bevölkerungsumfrage der Sozialwissenschaften (ALLBUS). *Soziale Welt, 54,* 145 – 161.

Porst, R. (2008). *Fragebogen: Ein Arbeitsbuch.* Wiesbaden: VS Verlag für Sozialwissenschaften.

Prüfer, P. & Rexroth, M. (1985). Zur Anwendung der Interaction-Coding-Technik. *ZUMA-Nachrichten, 17,* 2-49.

Prüfer, P. & Rexroth, M. (1996). Verfahren zur Evaluation von Survey-Fragen. Ein Überblick. *ZUMA-Nachrichten 39,* 95-116.

Prüfer, P. & Rexroth, M. (2000). Zwei-Phasen-Pretesting. *ZUMA-Arbeitsbericht Nr. 2000/08.* Mannheim: ZUMA.

Prüfer, P. & Rexroth, M. (2005). Kognitive Interviews (ZUMA-How-to-Reihe, Nr. 15). Mannheim: ZUMA: http://www.gesis.org/Publikationen/Berichte/ZUMA_How_to/Dokumente/pdf.

Prüfer, P. & Stiegler, A. (2002). *Die Durchführung standardisierter Interviews: Ein Leitfaden* (ZUMA How-to-Reihe Nr. 11). Mannheim: ZUMA

Przeworski, A. & Teune, H. (1967). Equivalence in cross-national research. *Public Opinion Quarterly, 30,* 551-568.

Orth, B. (1975). *Einführung in die Theorie des Messens.* Stuttgart: Kohlhammer.

Raffalovich, L.E. & Bohrnstedt, G.W. (1987). Common, specific and error variance components of factor models: Estimation with longitudinal data. *Sociological Methods & Research, 15,* 385-405.

Rammstedt, B. & John, O.P. (2007). Measuring personality in one minute or less: A 10-item short version of the Big Five Inventory in English and German. *Journal of Research in Personality, 41,* 203-212.

Rammstedt, B. et al. (2004) Entwicklung und Validierung einer Kurzskala für die Messung der Big-Five-Persönlichkeitsdimensionen in Umfragen. *ZUMA-Nachrichten, 55,* 5-28.

Ramos, M., Sedivi, B.M. & Sweet, E.M. (1998). Computerized self-administered questionnaires. In M.P. Couper et al. (Eds.). *Computer-assisted survey information collection.* New York: Wiley.

Rasch, D., Guiard, V. & Nürnberg, G. (1992). *Statistische Versuchsplanung.* Stuttgart: Lucius & Lucius.

Reinecke, J. (1991). *Interviewer- und Befragtenverhalten.* Opladen: Westdeutscher Verlag.

Reinecke, J. (2007). *Strukturgleichungsmodelle in den Sozialwissenschaften.* München: Oldenbourg.

Reips, U.-D. & Funke, F. (2008). Interval level measurement with visual analogue scales in internet-based research: VAS generator. *Behavior Research Methods, 40,* 699-704.

Rescher, N. (1967). Aspects of action. In N. Rescher (Ed.), *The logic of decision and action* (S. 215-219). Pittsburgh: Pittsburgh University Press.

Rohrmann, B. (1978). Empirische Studien zur Entwicklung von Antwortskalen für die psychologische Forschung. *Zeitschrift für Sozialpsychologie, 9.* 222-245.

Rosch, E. (1975). Cognitive reference points. *Cognitive Psychology, 7,* 532-547.

Rost, J. (2004). *Lehrbuch Testtheorie/Testkonstruktion.* Bern: Huber.

Rubin, D.B. (1976). Inference and missing data. *Biometrika, 63,* 581-592.

Rugg, D. & Cantril, H. (1965). Die Formulierung von Fragen. In R. König (Hrsg.), *Das Interview. Formen – Technik – Auswertung* (S. 86-114). Köln und Berlin: Kiepenheuer & Witsch.

Särndal, C.E., Swensson, B. & Wretman, J. (1991). *Model assisted survey sampling.* New York: Springer.

Saris, W.E. (1991) *Computer-assisted interviewing.* London: Sage.

Saris, W.E. (1988). *Variations in response functions: A source of measurement error in attitude research.* Amsterdam: Sociometric Research Foundation.

Saris, W.E. (1998). Ten years of interviewing without interviewers: The telepanel. In M.P. Couper et al. (Eds.), *Computer-assisted survey information collection* (S. 409-429). New York: Wiley.

Saris, W.E. & Münnich, A. (Eds.) (1995). *The multitrait-multimethod approach to evaluate measurement instruments.* Amsterdam: North-Holland.

Schaeffer, N.C. (1991). Hardly ever or constantly? Group comparisons using vague quantifiers. *Public Opinion Quarterly, 55,* 395-423.

Schaeffer, N.C. & Barker, K. (1995). *Issues in using bipolar response categories: Numerical labels and the middle category. Paper presented at the annual meeting of the American Association for Public Opinion research,* Ft. Lauerdale, FL, May 23.

Schafer, J.L. (1997). *Analysis of incomplete multivariate data.* London: Chapman & Hall.

Scherpenzel, A.C. (1995). *A question of quality: Evaluating survey questions by multitrait-mutlimethods studies.* Leidschendam: KPN Research.

Scherpenzel, A.C. & Saris, W.E. (1997). The validity and reliability of survey questions: A meta-analysis of MMTM-studies. *Sociological Methods & Research, 25,* 341-383.

Schneid, M. (1995). *Disk by Mail. Eine Alternative zur schriftlichen Befragung* (ZUMA-Arbeitsbericht 95/02). ZUMA: Mannheim.

Schneid, M. (2004). Zum Einsatz stationärer Rechner, Notebooks und PDAs bei der Erhebung im Feld. *Zeitschrift für Sozialpsychologie, 35,* 3-13.

Schnell, R. (1997). *Nonresponse in Bevölkerungsumfragen.* Opladen: Leske und Budrich.

Schnell, R., & Hill, P. B. & Esser, E. (2005). *Methoden der empirischen Sozialforschung,* 7. Auflage, München: Oldenbourg.

Schober, M.F. & Conrad, F.G. (1997). Does conversational interviewing reduce survey measurement error? *Public Opinion Quarterly, 61,* 576-602.

Schober, M.F., Conrad, F.G. & Fricker, S.S. (2004). Misunstanding standardized language in research interviews. *Applied Cognitive Psychology, 18,* 169-188.

Schuman, H. & Presser, S. (1981). *Questions and answers in attitude surveys: Experiments in question form, wording and context.* New York: Academic Press.

Schwarz, N. (1988). Kognition und Umfrageforschung: Themen, Ergebnisse und Perspektiven. *ZUMA-Nachrichten 22,*15 - 28.

Schwarz, N. (1991). *In welcher Reihenfolge fragen? Kontexteffekte in standardisierten Befragungen* (ZUMA-Arbeitsbericht 91/16). Mannheim: ZUMA.

Schwarz, N. (1996). *Cognition and communication: Judgmental biases, research methods, and the logic of conversation.* Mahwah: Lawrence Erlbaum.

Schwarz, N. (1997). Questionnaire Design: The Rocky Root from Concepts to Answers. In L. Lyberg (Eds.), *Survey measurement and process quality* (S. 29-46). New York: Wiley.

Schwarz, N. (2007). Cognitive aspects of survey methodology. *Applied Cognitive Psychology, 21,* 277-287.

Schwarz, N. et al. (1985). Response categories: Effects on behavioral reports and comparative judgments. *Public Opinion Quarterly, 49,* 388-395.

Schwarz, N. & Strack, F. (1988). *The survey interview and the logic of conversation:implications for questionnaire construction* (ZUMA-Arbeitsbericht 88/03). Mannheim: ZUMA.

Schwarz, N. & Bless, H. (1992). Assimilation and Contrast Effects in Attitude Measurement: An Inclusion/Exclusion Model. *Advances in Consumer Research 19,* 72-77.

Schwarz, N. & Hippler, H.-J. (1995). Subsequent questions may influence answers to preceding questions in mail surveys. *Public Opinion Quarterly, 59,* 93-97.

Schwarz, S. & Sudman, S. (1993). *Autobiographical memory and the validity of retrospective reports.* New York: Springer.

Schwarz, N. & Sudman, S. (1996). *Answering Questions. Methodology for Determining Cognitive and Communicative Processes in Survey Research.* San Francisco: Jossey-Bass.

Schwarz, N., Hippler, H.J., Deutsch, B. & Strack, F. (1985). Response Categories: Effects on Behavioral Reports and Comparative Judgements. *Public Opinion Quarterly 49*, 388-395.

Schwarz, N., Strack, F., Müller, G. & Chassein, B. (1988). The Range of Response Alternatives May Determine the Meaning of the Question: Further Evidence on Informative Functions of Response Alternatives. *Social Cognition 6*, 107-117.

Sears, D.O. (1983). The person-positivity bias. *Journal of Personality and Social Psychology, 44*, 233-250.

Sless, D. (1994). Public forums: Designing and evaluating forms in larger organizations. *Paper presented at the International Symposium on Public Graphics*, Lunteren, Netherlands.

Smith, T.W. (2003). Developing comparable questions in cross-national surveys. In J.A. Harkness, F.J.R. Van de Vijver. & P.Ph. Mohler. (Eds.) (2003). *Cross-cultural survey methods* (S. 69-100). Hoboken, NJ: Wiley.

Smyth, J. et al. (2006). Comparing check-all and forced-choice question formats in web surveys. *Public Opinion Quarterly, 70*, 66-77.

Sperry, S. et al. (1998). Evaluating interviewer use of CAPI navigation features. In M.P. Couper et al. (Eds.) (1998). *Computer-assisted survey information collection*. New York: Wiley.

Stanovich, K.E. (1999). *Who is rational? Studies of individual differences in reasoning*. Mahwah: Lawrence Erlbaum.

Statistisches Bundesamt (2004). *Demographische Standards*. Wiesbaden: Statistisches Bundesamt.

Statistisches Bundesamt (Hrsg.) (1996). *Pretest und Weiterentwicklung von Fragebogen*. Band 9 der Schriftenreihe Spektrum der Bundesstatistik. Wiesbaden: Statistisches Bundesamt.

Steiger, D.M. & Conroy, B. (2008). IVR: Interactive voice response. In E. De Leeuw, J.J. Hox, & D.A. Dillman (Eds.) *International handbook of survey methodology* (S. 285-298). New York: Lawrence Erlbaum.

Stern, M.J., Dillman, D.A. & Smyth, J.D. (2007). Visual design, order effects, and respondent characteristics in a self-administered survey. *Survey Research Methods, 1*, 121-138.

Steyer, R. & Eid, M. (2001). *Messen und Testen*. Berlin: Springer.

Stevens, S.S. (1946). On the scales of measurement. *Science, 103*, 677-680.,

Sudman, S. & Bradburn, N. M. (1982). *Asking questions: A practical guide to questionnaire design*. San Francisco: Jossey-Bass.

Sudman, S., Bradburn, N.M. & Schwarz, N. (1996). *Thinking about answers. The application of cognitive processes to survey methodology*. San Francisco: Jossey-Bass.

Suppes, P. & Zinnes, J.L. (1963). Basic measurement theory. In R.D. Luce, R. Bush & E. Galanter (Eds.). *Handbook of mathematical psychology* (Vol. 1. S. 1-76). New York: Wiley.

Sutcliffe, J.P. (1965). A probability model for errors of classification. I. General considerations. *Psychometrika, 30*, 73-96.

Sykes, M. & Collins, M. (1988). Effects of mode of interview: Experiments in the UK. In R.M. Groves, P.P. Biemer & L.E. Lyberg (Eds.), *Telephone survey methodology* (S. 301-320). New York: Wiley.

Tanur, J. (1992). *Questions about Questions: Inquiries into the Cognitive Bases of Surveys*. New York: Russell Sage.

Tarnai, J. & Moore, D.L. (2004). Methods for testing and evaluating computer-assisted questionnaires. In S. Presser et al., *Methods for testing and evaluating survey questions* (S. 319-335). New York: Wiley.

Theobald, A., Dreyer, M. & Starsetzki, Th. (2001). *Online-Marktforschung*. Wiesbaden.

Tourangeau, R. (1984). Cognitive science survey methods: a cognitive perspective. In T. Jabine, M. Straf, J. Tanur & R. Tourangeau (Eds.), *Cognitive aspects of survey methodology: Building a bridge between disciplines* (S. 73-100). Washington, DC: National Academy Press.

Tourangeau, R. (1987). Attitude measurement: A cognitive perspective. In H.-J. Hippler, N. Schwarz & S. Sudman (Eds.), *Social information processing and survey methodology* (S. 149-162). New York: Springer.

Tourangeau, R. & Rasinski, K. (1988). Cognitive processes underlying context effects in attitude measurement. *Psychology Bulletin 103*. 299-314.

Tourangeau, R. & Smith, T.W. (1996). Asking Sensitive Questions: The Impact of Data Collection, Question Format and Question Context. *Public Opinion Quarterly 60*, 275-304.

Tourangeau, R. & Smith, T.W. (1998). Collecting sensitive information with different modes of data collection. In M.P. Couper et al. (Eds.), *Computer assisted survey information collection* (S. 431-454). New York: Wiley.

Tourangeau, R., Couper, M.P. & Conrad, F. (2004). Spacing, position, and order. Interpretive heuristics for visual features of survey questions. *Public Opinion Quarterly, 68,* 368-393.

Tourangeau, R., Couper, M.P. & Conrad, F. (2007). Color, labels, and interpretive heuristics for response scales. *Public Opinion Quarterly, 71,* 91-112.

Tourangeau, R., Steiger, D.M. & Wilson, D. (2002). Self-administered questions by telephone. *Public Opinion Quarterly, 66,* 265-278.

Tourangeau, R. et al. (1997). Sources of error in a survey of sexual behavior. *Journal of Official Statistics, 13,* 341-365.

Tracy, D. & Mangat, N. (1996). Some developments in randomized response sampling during the last decade – a follow up of review by Chaudhuri and Mukerjee. *Journal of Applied Statistical Science, 4,* 147-158.

Turner, C.F. et al. (1998). Automated self-interviewing and the survey measurement of sensitive behaviors. In M.P. Couper et al. (Eds.). *Computer-assisted survey information collection* (S. 457-474). New York: Wiley.

Van de Pol, F. & De Leeuw, J. (1986). A latent Markov model to correct for measurement error. *Sociological Methods & Research, 15,* 118-141.

Warner, S.L. (1965). Randomized Response: A Survey Technique for Eliminating Evasive Answer Bias. *Journal of the American Statistical Association, 60,* 63-9.

Wedell, D.H. & Parducci, A. (1988). The category effect in social judgment: Experimental ratings of happiness. *Journal of Personality and Social Psychology, 55,* 341-356.

Wedell, D.H., Parducci, A. & Geiselman, R.E. (1987). A formal analysis of ratings of physical attractiveness: Successive contrast and simultaneous assimilation. *Journal of Experimental Social Psychology, 23,* 230-249.

Wedell, D.H., Parducci, A. & Lane, M (1990). Reducing the dependance of clinical judgment on the immediate context effects of number of categories and type of anchors. *Journal of Personaliy and Social Psychology, 58,* 319-329.

Wegener, B. (Ed.) (1982). *Social attitudes and psychophysical measurement*. Hilldale, NJ.: Lawrence Erlbaum.

Wegener, B. (1982). Fitting category to magnitude scales for a dozen survey-assessed attributes. In B. Wegener (Ed.), *Social attitudes and psychophysical measurement* (S. 379-399. Hilldale, NJ.: Lawrence Erlbaum.

Wegener, B. (1983). Category-rating and magnitude estimation scaling techniques. *Sociological Methods & Research, 12,* 31-75.

Wegener, B., Faulbaum, F. & Maag, G. (1982). Die Wirkung von Antwortvorgaben bei Kategorialskalen. *ZUMA-Nachrichten, 10,* 3-20.

Weisberg, H. F. (2005). *The total survey error approach*. Chicago: The University of Chicago Press.

Willis, G. (1999). *Cognitive interviewing: a „how to" guide*. Research Triangle Institute. http://appliedresearch.cancer.gov/areas/cognitive/interview.pdf

258

Willis, G.B (2004). Cognitive interviewing revisited: A useful techznique, in theory? In S. Presser et al. (Eds.), *Methods for testing and evaluating survey questionnaires (S. 23-43).* Hoboken NJ: Wiley.

Willis, G.B. (2005). *Cognitive interviewing: A tool for improving questionnaire design.* London: Sage.

Willis, G.B. & Lessler, J.T. (1999). *Question Appraisal System.* Research Triangle Institute.

Zaller, J. (1988). *Vague questions get vague answers: An experimental attempt to reduce response instability.* Unpublished manuscript, University of California at los Angeles.

Zeller, R.A. & Carmines, E.G. (1980). *Measurement in the social sciences.* Cambridge: Cambridge University Press.

Autorenverzeichnis

Sachregister

Theorie

Dirk Baecker (Hrsg.)
**Schlüsselwerke
der Systemtheorie**
2005. 352 S. Geb. EUR 24,90
ISBN 978-3-531-14084-1

Ralf Dahrendorf
Homo Sociologicus
Ein Versuch zur Geschichte,
Bedeutung und Kritik der Kategorie
der sozialen Rolle
16. Aufl. 2006. 126 S. Br. EUR 14,90
ISBN 978-3-531-31122-7

Shmuel N. Eisenstadt
**Die großen Revolutionen und
die Kulturen der Moderne**
2006. 250 S. Br. EUR 34,90
ISBN 978-3-531-14993-6

Shmuel N. Eisenstadt
Theorie und Moderne
Soziologische Essays
2006. 607 S. Geb. EUR 49,90
ISBN 978-3-531-14565-5

Axel Honneth /
Institut für Sozialforschung (Hrsg.)
**Schlüsseltexte der
Kritischen Theorie**
2006. 414 S. Geb. EUR 34,90
ISBN 978-3-531-14108-4

Niklas Luhmann
Beobachtungen der Moderne
2. Aufl. 2006. 220 S. Br. EUR 24,90
ISBN 978-3-531-32263-6

Uwe Schimank
**Differenzierung und Integration
der modernen Gesellschaft**
Beiträge zur akteurzentrierten
Differenzierungstheorie 1
2005. 297 S. Br. EUR 29,90
ISBN 978-3-531-14683-6

Uwe Schimank
**Teilsystemische Autonomie
und politische Gesellschafts-
steuerung**
Beiträge zur akteurzentrierten
Differenzierungstheorie 2
2006. 307 S. Br. EUR 29,90
ISBN 978-3-531-14684-3

Jürgen Raab / Michaela Pfadenhauer /
Peter Stegmaier / Jochen Dreher /
Bernt Schnettler (Hrsg.)
Phänomenologie und Soziologie
Theoretische Positionen, aktuelle Pro-
blemfelder und empirische Umsetzungen
2008. 415 S. Br. EUR 29,90
ISBN 978-3-531-15428-2

Erhältlich im Buchhandel oder beim Verlag.
Änderungen vorbehalten. Stand: Juli 2008.

www.vs-verlag.de

VS VERLAG FÜR SOZIALWISSENSCHAFTEN

Abraham-Lincoln-Straße 46
65189 Wiesbaden
Tel. 0611.7878-722
Fax 0611.7878-400

Soziologie

Hans Paul Bahrdt
Die moderne Großstadt
Soziologische Überlegungen
zum Städtebau
Hrsg. von Ulfert Herlyn
2. Aufl. 2006. 248 S. Br. EUR 34,90
ISBN 978-3-531-14985-1

Jürgen Gerhards
**Kulturelle Unterschiede
in der Europäischen Union**
Ein Vergleich zwischen Mitgliedsländern,
Beitrittskandidaten und der Türkei
2., durchges. Aufl. 2006. 316 S.
Br. EUR 29,90
ISBN 978-3-531-34321-1

Andreas Hadjar / Rolf Becker (Hrsg.)
Die Bildungsexpansion
Erwartete und unerwartete Folgen
2006. 362 S. Br. EUR 29,90
ISBN 978-3-531-14938-7

Ronald Hitzler /
Michaela Pfadenhauer (Hrsg.)
Gegenwärtige Zukünfte
Interpretative Beiträge zur sozialwissen-
schaftlichen Diagnose und Prognose
2005. 274 S. Br. EUR 19,90
ISBN 978-3-531-14582-2

Andrea Mennicken /
Hendrik Vollmer (Hrsg.)
Zahlenwerk
Kalkulation, Organisation
und Gesellschaft
2007. 274 S. (Organisation und
Gesellschaft) Br. EUR 29,90
ISBN 978-3-531-15167-0

Armin Nassehi
Soziologie
Zehn einführende Vorlesungen
2008. 207 S. Geb. EUR 16,90
ISBN 978-3-531-15433-6

Gunter Schmidt / Silja Matthiesen /
Arne Dekker / Kurt Starke
Spätmoderne Beziehungswelten
Report über Partnerschaft und Sexualität
in drei Generationen
2006. 159 S. Br. EUR 24,90
ISBN 978-3-531-14285-2

Georg Vobruba
**Entkoppelung von Arbeit
und Einkommen**
Das Grundeinkommen in der
Arbeitsgesellschaft
2., erw. Aufl. 2007. 227 S. Br. EUR 24,90
ISBN 978-3-531-15471-8

Erhältlich im Buchhandel oder beim Verlag.
Änderungen vorbehalten. Stand: Juli 2008.

www.vs-verlag.de

VS VERLAG FÜR SOZIALWISSENSCHAFTEN

Abraham-Lincoln-Straße 46
65189 Wiesbaden
Tel. 0611.7878 - 722
Fax 0611.7878 - 400

3370748R00157

Printed in Germany
by Amazon Distribution
GmbH, Leipzig